三度操盘教育

股是股非之二

强势大形态

一路奔行◉著

四川人民出版社

图书在版编目（CIP）数据

股是股非之二：强势大形态/一路奔行著．—成都：四川人民出版社，2023.1（2025.11 重印）

ISBN 978－7－220－12823－3

Ⅰ.①股…　Ⅱ.①一…　Ⅲ.①股票投资－基本知识

Ⅳ.①F830.91

中国版本图书馆 CIP 数据核字（2022）第 193464 号

GUSHI GUFEI (ZHI ER): QIANGSHI DAXINGTAI

股是股非（之二）：强势大形态

一路奔行　著

责任编辑	薛玉茹
装帧设计	李其飞
责任校对	张东升
责任印制	周　奇
出版发行	四川人民出版社 （成都市锦江区三色路 238 号新华之星 A 座 33、35 层）
网　　址	http://www.scpph.com
E-mail	scrmcbs@sina.com
新浪微博	@四川人民出版社
微信公众号	四川人民出版社
发行部业务电话	（028）86361653　86361656
防盗版举报电话	（028）86361653
照　　排	成都木之雨文化传播有限公司
印　　刷	四川机投印务有限公司
成品尺寸	185mm×260mm
印　　张	15.75
字　　数	250 千
版　　次	2023 年 1 月第 1 版
印　　次	2025 年 11 月第 8 次印刷
印　　数	36001—46000
书　　号	ISBN 978－7－220－12823－3
定　　价	68.00 元

序一

不神之神　股是股非

《股是股非（之二）：强势大形态》是《股是股非（之二）：暴涨大形态》的修订版，本书从价格形态、量能形态入手，讲述了把握股票大行情的操盘方法和理念，书中奉献的心得都是取自实战并经过多次提炼的精粹。本书与《股是股非（之一）：猎取强势股》一样，归属于蒋文辉先生撰写的“股是股非”系列，是蒋先生从事股票操作16年的呕心力作。

蒋先生善抓涨停板，尤其偏好连续的涨板，如果没有接触“股是股非”，只看蒋先生操盘，难免觉得不可思议——他似乎买啥涨啥，目睹股价拔地冲天却难解缘由——感觉很是神奇，亲眼所见不能不认，于是就称其为“神”，或者惊叹他“有如神助”。有这种感觉可以理解，毕竟不知究竟，因为这种感觉只是当前股票市场普遍存在的通俗意识，不在“股是股非”范畴之内——剥光了说，这是市井层面的操盘认知。

如果有缘接触“股是股非”，必然脱离市井层面，认知也就大相径庭。

“股是股非”以蒋先生创立的“三度交易系统”为核心，力图客观解析股票市场的是是非非，如实对照股票交易，大致可以划分三个层面，体现三种认知。这三种认知取决于信息存储的多少和思维的推断，如果细读“股是股非”，通过学习、感知或者参悟，可以推演“股是股非”的内在认知。

“股是股非”的第一个层面是辨识强势形态、使用经典操盘模式。这个层面的知识点大致就是：规避“压制股价拉升或导致股价夭折的风险”，理解“三阳控三阴”的量价关系，以及把握“量价异动让均线归位”的形态。学习这些知识，蒋先生称为“得形”。古印度的《瑜伽经》将这种接受外界的正确知识表述为获得正知。获得正知，用之，可以不求究竟，就像小孩学习一加一等于二。《素书》曰：“道者，人之所蹈，使万物不知其所由。”这句话的字面意思是，规律被人们遵循，却让万物不知道其中来由。从这个意义上说，“得形”可以理解为“股是股非”的交易之“术”。所谓“术”，就是做事的方式、驾驭的手段。学习之余看蒋先生操盘就会理解买啥涨啥是“当然”，没有什么不可思议——股市里没有什么“神”，所谓的神，只是常人没有理解的平常事。由此脱离市井层面的操盘认知，不再将买啥涨啥视为奇迹，目睹股价拔地冲天也视为“不神”。

“股是股非”的第二个层面是认识市场规律、感悟强势操盘理论。这个层面的内容大致涉及：“简单与高效并存，强势与安全共生”表述的逻辑关系，“厚度、力度、速度的能量体叠加”表述的强势体征，“强势资金的行为与意志体现”表述的强者风范，再加上“各时段强势行情以及龙头股行情的追踪与交易策略”。“股是股非”强调强势，直指资本市场的规律。强势理论造就强者，弱势理论造就弱者，这是天然属性，本就如是，不容更改。领会这些内容，蒋先生称为“得意”。“得形”在于切实执行，“得意”在于领会精髓，“知行合一”就是“得意忘形”。从这个意义上说，“得意”可以理解为“股是股非”的交易之“道”。所谓“道”，就是规律、法则，不以人的意志为转移。有些看着不神奇的事，往往包含着难以言表的神奇，规律使然，只不过智谋韬略不及、认知感悟不达罢了，正如《黄帝阴符经》所说：“人知其神之神，不知不神之所以神。”领悟之余再看蒋先生操盘就会认为，不神的看法并不究竟——神与不神只在于能否感知其中的规律，能感知并按规律办事就是神。由此演绎“股是股非”的内在操盘认知，就能感悟“不神之神”。

“股是股非”的第三个层面是以“中正平和、合作共赢”为核心理念，操盘讲求和谐、厚道与顺应。这个层面的认知重点在于：“积极、健康的交易心态修炼。包括交易内、交易外的修炼。”懂得“股市人生终究是同市场、同主力大和解的过程”这个理念，蒋先生称为“品格力量”。应该说，这个理念的本质意义已经不仅仅是对股票交易的指导。如果“股是股非”第二个层面是股市操盘的一种境界，那么，“股是股非”第三个层面的境界就因为善良、诚实而彰显“股是股非”的交易之“德”。所谓“德”，就是品行，人们共同生活及行为的准则和规范。“德”是用，是对道、对自然规律的理解和践行，是人文精神的一种实践。《素书》“正道章”阐述的就是怀德与行德，正所谓：“道不可以非正。”有了这种认知再回顾蒋先生操盘就会明白“不神之所以神”的道理——众多看着不神奇而包含着难以言表的神奇之事，根源都是遵从规律、崇尚品行。《道德经》曰：“道生之，德畜之，物形之，势成之。是以万物莫不尊道而贵德。”由此对照“股是股非”的交易理念，就可以体会“不神之所以神”。

“外得于人，内得于己”是古人按哲理对德的诠释，操盘讲求和谐、厚道与顺应正是这种诠释在股市的具体践行方式。对于这一点，似乎可以做一点推演、阐释。

在证券市场里，包括我看过、了解过的股票类图书中，许多人抑或机构在谈及股票操作或操作股票时，或多或少把自己放在市场主力或者他人的对立面，这就导致在理念上，让自己与市场主力构成了对抗关系，故而在操作上采用的是一种争夺模式。而在蒋先生眼中，自己与市场主力是朋友，是和谐的关系，应该给予厚道与顺应的对待，于是，和谐、厚道与顺应的操盘模式就随之而生，继而传为经典。

对朋友讲求和谐、厚道与顺应，体现在股票操作上，就是将主力作为朋友，想主力所想，动主力所动，力图共进退。所谓厚道，就是用坦诚的态度对待朋友，不唯利是图。比如，看到主力建仓时，不去与主力争抢，主动让先，只是静静地观察书中论述的“三阳控三阴”的状态，厘清“压制股价拉升或导致股价夭折的风险”，关注“量价异动让均线归位”的形态；所谓顺应，就是要理解朋友的意愿，领会“强势资金的行为与意志体现”，适时给力。比如，主力一旦表露出拉升意愿，立即于“半步之间”响应、参与。做到这两点，朋友之间的关系必然和谐，同时，就股价的运行方向而言，自己的参与也是与主力合力而为，或者说与之契合。从这个意义上说，也是帮助了主力，尽管这种帮助可能微不足道，但是反过来看，自己恰好买在了股价拉升的起爆点，资金利用率很高。账面有了利润，股价拉升、暴涨，更不可忘了朋友，厚道与顺应要自始至终。比如，主力在拉升股价过程中，自己应该协力锁仓，除非不得已，不要“利己”抛出股票给上涨“造堵”——堵也堵不住，抛股票应该抱着把最后一根阳线还给主力的感谢之心，等待主力表露抛出意愿，于“半步之间”跟随主力退场，而不是早早地背着朋友溜之大吉——江湖一点的说法是，为朋友两肋插刀，不为自己去插朋友两刀。这样做，往往会过滤股价上涨过程中的短暂调整，排除只是盈利在半途的尴尬，而抛出时也未必会把最后一根阳线还干净，结果就是在股价下跌确认的高位抛出了股票。我以为，这当是和谐的操盘模式，以及厚道与顺应的操作过程。

回顾整个操作过程，或许没有看到其中的操作有任何能让人感到“神”的招式，诚实而简单，每一时段的具体操作都是普通交易者完全可以做到的普通事，整个过程也是自然而然，没有什么秘密或者诀窍，但是结果竟然出乎意料地做到了开涨买开跌卖！这就是尊道而贵德的结果。这个结果表明：善良诚信、实事求是就是神！所谓的“神”就是这么平淡、简单——大道至简。

证券类图书，我看过不算太少，偏爱的不多，带回家存阅更是寥寥，而蒋文辉先生所著之书存在家中书架的前端。原因很简单，这就是书中表达的理念应该推崇、点赞。思想起来，蒋先生这种“中正平和、合作共赢”的交易理念，可以喻为在股市中传承“道生一，一生二”之光辉。如此推演，这般阐释，不知读者以为然否？蒋先生可否认同？反正我视之然也——我的视角我做主。

“股是股非”首次出版是在2014年，我当时作为第一读者，曾向好友举荐，同时也向读者、向市场做过推荐，看到图书获得市场的普遍好评，受到众多交易者的喜爱和称赞，更是由衷地为蒋先生感到高兴。七八年时间过去，“股是股非”系列图书一而再再而三地加印发行，足以证明这套系列图书的生命力。如今，“股是股非”修订出版，我再次向大家推荐——清新高尚的理念、经典实用的操盘模式应该大家分享。

是为序。

江風 于成都

2022年6月

序二

翻过那座山

挑战与超越，是人类天性之一，也是战胜自我的一场艰难涅槃。

为何要攀登珠峰？“因为山在那里！”著名登山家乔治·马洛里如是说。

只要有山，就有人想去攀、去翻越。

“股市有风险，入市需谨慎。”每一个初入股市的人，都曾看到这句话，但是大都不以为意。入市的人满眼是对财富的渴望，都坚定认为在股市攫取财富如同弯腰拾物般简单，而绝大多数人不知道股市里群山巍峨，一屏幕一键盘轻而易举地屏蔽股市里的险象环生，直至遍体鳞伤无力自拔。

多年在一级市场的投资并购经历同成绩，一度让我自认为依然可以在股市二级市场顺风顺水，游刃有余，但事实与预判大相径庭，结果与意愿严重背驰。一年、两年，因对股票市场，对股票交易缺失认知，股市给自己上了惨痛一课。这时隐隐感到股市里有座山，不单在红绿相间的K线中，也扎根在思维里，是什么山挡在面前却不自知呢？

正值迷茫的时候，经股友介绍拜读了蒋文辉先生的“股是股非”三本书，从书中字里行间看到了著书人与众不同的格局，决然踏上寻三度遂宁之行。也是这次三度之行，才终于掀开股市投资生涯的新天地。2018年的秋天，注定此生难以忘怀的季节，真希望这是自己在股市里最后一个萧飒秋天，应该是了！

“好位置，正能量，强势盘面，领涨印证”，道尽股市生存的基础和时机，振聋发聩，时时回响。好位置如山一样的量，成就多少三度人追击财富的梦想，而另一边如山一样的顶又折断多少想飞越财富巅峰的翅膀。正能量是我们登顶的结实天梯，敬畏负能量的警示，是我们做一个谦谦君子的教养，敬畏之心永存人生大道，定会逢凶化吉百事不衰。是在能量如山机会面前冲刺，还是阴云升起风险呈现时冷眼淡然，老师已道明“股是股非”之理，吾辈领悟并依径而行则可。盘面之风是股市最强劲最真实之风，透过盘面特征可见各路资金强悍的舞动，也可见资金溃退的意图。盘面是天，大于板块，更大于个股。强势印证是老师给我们的一支判官笔，股市最大的确定就是它的不确定性，在诸多因素具备的条件下，等待最后的强势确认就是最大限度降低不确定性，看上去慢了半步，但这半步慢出大智慧，实是快。

K线图里有座山，在红绿之间，何时敬畏何时翻越，正如老师所言：放低，放下，不放弃，方可取中直大道。老师说“量价异动让均线归位”是三度体系的一个大基础。而我以为，仅一个“让”字使无数自以为无所不能的股市莽汉汗颜。量价异动让主力先行，均线归位让我们和主力相向结伴。做一个守规则、懂规矩、明趋势的明智追随者，这个充满荆棘的塞途就会多几分从容。股市时刻检验着人的真善美，暴露着人性的假恶丑，让能者先行，让贡献大者先行，做人做事本就该如此。

当我们准备在“铁杵磨成针”的启激下扬帆股海人生时，且慢，还有一座大山深深地藏在心里，我们要翻过去。这座山，有时都不愿面对：“似是而非的马虎，急功近利的狂躁，疑神疑鬼的犹豫，自以为是的骄傲，明知故犯的借口”等等都在这座魔山里囿着，这是一座要征服的人性山。我走过的路，你也会走。自认为读过多遍书，真的看懂了吗？以为面授复训一两次就了然于胸，真的听明白了吗？“天道酬勤”，只是成功道路上的手段，但绝不是“勤就能行”的因果关系，何况扪心自问，真的勤吗？学而不思则罔，学而优则能，在股市里有大进步，需要用心；学习三度，修炼三度更要用心。

股海无涯，学无止境。“一招鲜吃遍天”这没问题，自认为自己能一招鲜吃遍天就是大问题，股市翻脸不认账的速度极快，一骄傲一马虎就又输了并且输得更惨。卓越之旅研修班，长时间不间断在老师眼皮之下看盘、操盘数月，感恩老师点点滴滴的传导，感恩时刻把陋习纠正，把意识行为扶正而行大道、行正道。卓越之旅也让我领悟了强势三度理论的更深内涵：上舍之德，上心攻克；明理懂势，自强不息。运用好三度理论及实战体系，不但在强势盘面引导下可以捕捉短期强势行情，同时对强势大波段的捕捉更显从容。在股市里精准出击，出击精准的交易，对我来讲已不再是昨天别人口中励志的故事，我已见证了卓越师兄完成半年10倍收益的操作。因为个人经历的差异，遵循老师指导的“大形态、大格局”，“大处着眼，细处着手”，我更钟情于三度大形之中的暗流涌动，于我，这样的稳健收益更舒心安然。

老师说：“股市有座山，一半在股市一半在人心。”因此，在稍有懈怠时，耳边就会响起老师给我这句寄语：“翻过这座山就没有人敢欺负你了!”是的，股市这座山，不单拦在红绿的K线间，也驻扎在股民心间。因为有山，我们就会去攀！因为股市有阻挡我们前行的山，我们就要去翻越！不能胜寸心，安能胜苍穹，翻过这座山就没人能欺负我们了。

三度同学们说：“主力预判了多数交易者的预判，所以是主力；三度预判了多数主力的预判，所以是三度。”愿更多股民早日结缘三度，愿三度投资理论惠泽更多的投资交易者。

值老师大作《股是股非（之二）：强势大形态》新版面世之际，作为一个三度操盘体系的受益者，渴望在三度大道上继续奔行的学生，致敬三度，致敬蒋文辉老师。愿每一个三度人，依信前行，凤凰涅槃，勇敢去攀越成就自己的高山。

王东方于北京

修订版序

亲爱的读者朋友们，“股是股非”暴涨系列图书自2014年12月上市已有七八个年头，众多读者及证券投资交易者给予了高度赞美并提出中肯建议。

为了“股是股非”更加契合当下市场结构，更务实展现“三度投资理论”，也为向更多投资交易者传递“三度投资理论”的普适性，应出版社约稿，决定将原“股是股非”暴涨系列作全面修订并更名为“股是股非”强势系列。修订将对上一版的核心理论作保留，同时以全新案例展开剖析、辩论，进一步完善三度理论同实战体系。修订版面市之际，笔者有些话给读者朋友说。

说几句老实话，我进股市就想快点赚钱，压根就没想过要写几本书，也没想到这几本书挺招一些人喜欢。进股市纯粹是被好友无心几句话，诱惑进去的，属零知识跳进股海。入市就干呗，也没啥可怕的，真应了那句话“无知者无畏”，剩下的事大家也能猜到。只不过，我亏钱的速度比很多股民更快、更猛。记忆中，重复了几次干脆的“V”字运动，右肩没左肩高的这种“V”。几个轮回下来资金消耗挺快，也开始怕了，不肆意妄为了。再后来，情况好些，右肩逐渐比左肩高点点了。右肩比左肩高，话说得简单，但这个过程，没少心酸，没少咬牙切齿。在坚持与义无反顾中不断向市场学习着，向留有铅字的前辈学习着。不学习、不变化哪条路都会是死路，这个基本道理我是明白的。三五年后，望着自己的炒股日记，记下的炒股情结的本子，堆积了好几摞而时常失神，住所迁徙了好几次，也没舍得扔掉。

一次看着这些日记发呆时，电光火石之间就决定从头到尾仔细整理一下。

整理过程中，股市里一些是是非非的景象不断呈现出来，思绪也翩翩飞起，顺手就写下了“股是股非”几个字。几年后这几个字成了书的名字。挺感谢自己，因“股是股非”几本书的编著，让日子有了更多的趣味，也让炒股情结变成了炒股情怀，并能传递出去。

说几句真心话。股市很苦，有时苦得痛彻心扉。股市里又能自娱自乐，在股市赚一百块往往能产生出赚一百万的快乐。于是很多人在“苦难”里自娱自乐挺过了一年又一年。股市的风险超过任何其他领域行业无数倍，但极少有人高度关注风险。入市就能赚钱是99.9%新股民一致的看法。新股民对风险的不知无畏，老股民对风险漠视麻木，两者是造成在股市亏钱的硬伤，硬伤不清除，凶多吉少。而同时，于股市交易赚钱的理论、法门很多，指标、战法很多，书籍著作宣教的很多，然而，却只能帮助到极少极少一批人，究其原因，始终不明白个中道理。在编写以“强势”为基调的“股是股非”的每一个日夜，总是小心翼翼，生怕某一句话没描述清楚，生怕用错一个词，生怕过度渲染，误导了人，也怕被人说“又一大抄书”。所以，在整套书中描述尽量平实些，案例尽量经典些，个股位置尽量好一些，能量充沛些，股性尽量活跃些。我想这样的高标准条件或能引导读者用高标准的眼光去挑选高标准个股，用高标准手段去交易高标准行情，获胜的概率就大一些。随之在股市里的心性也逐渐会宽广、深厚、开明些。

说几句良心话。当初决定推出“股是股非”最主要目的是希望能影响到更多的人理性去待见股市的是是非非，再想到强势，尔后靠近强势，最后帮助到投资交易。“股是股非”书中，穿插了一些同学来信，这些信均是同学们的真实来件，反映了同学们在当时段的真实情况，以及对三度的理解看法。于我，这些信件是鼓励更是鞭策，做股市的投资教育，不是一件做了就做了的事情。股市里的二级市场投资教育很“虚”，不像其他教育，好歹怎么也会很快有一个看得到的结果，股票投资教育要较长时间才能见到效果，甚至有的人见不到效果。投资交易教育“虚”在三个方面：

一个是教育者本身“虚”的东西多，难以落地长根生成的“虚飘”。

二是受教育者心性不扎实，重术轻道偏生出“虚妄”。

三是股市本身易变，变化多端生出的“虚空”。

为了尽力减少各种“虚”带来的负面情况，让投资踏实些、让交易扎实些、让盈利稳实些、让认知真实些。我把自己经营的教育，定性为“操盘教育”。操盘不是单一的技术与战法，不是单一的技术面或基本面，也不是单一的一次买进，一次卖出，操盘是系统工程。论证认知，分析交易，资金布局，技术面与基本面印证，形态位置与能量叠加，热点风向与板块呼应，板块与个股关照，盘感在与盘面融合，等等。“操盘”两字，不只买卖的事，还影射经济，贸易，心理行为，哲学，兵法，艺术，美术，还有决策力，变通能力，等等。如此多是挺难做到，也因此难倒许多人。好在“股是股非”做到了化繁为简，简了再简。终以“量时空稀释风险”得以安全边际，以“量形态还原主力身影”去见机会。以“量价异动让均线归位”踩实落脚点，力推最佳交易 AB 区定主战场，辅以经典形态印证热点主流，再以“强势”贯穿始终。如此几大块呈现于读者面前。这样看来，简单后面承载的是深厚宽广，而能以强势手段遵循深刻认知后的简单，将不再是简单。

工欲善其事必先利其器，为能更好的服务好学习者，我们自己必须要不懈努力强化自己。在自身成长方面，我们从未懈怠，一路走来扎实做事，稳实前行，近 10 年来，三度操盘教育致力达成“企业、品牌、管理者、服务”多维度的提升，总的目的是：企业要好，接受服务的对象更要好。

在疫情未消停的 2021—2022 年，对三度教育以及三度理论的推广就多了些思考。其间，委托集证券行情软件研发及销售为一体的知名企业——乾隆科技合作定制了“三度看盘宝”看盘软件。三度看盘宝是一款以“高效、合理、简洁”实时看盘分析为目的，以追踪个股主力异动资金有效成交为手段等的看盘模板。三度看盘宝融入了三度理论及一些实战体系，这样三度喜好者在实战交易方面将有较大益处，这是对三度理论的推广及教育开通了一个渠道，这也是“为提高我国股民整体投资水平贡献力所能及的力量”（的信念情怀）又踏出了坚实的一步。

证券市场，资本手段五花八门，皆为织出一张网，股市交易者熙熙攘攘皆为利来。资本逐利，横冲直撞，股是股非，机会瞬间即风险。要在股市持续盈利，就得以“做股票”的态度，面对投资交易，做股票如同做事，做事就得讲程序、讲规则、明事理、明机缘。“股是股非”的全面修订，正是为“把股票做好，做到好股票”这档事说得更清楚，说得更细致而动笔。

开始编写《股是股非（之二）：暴涨大形态》是在2015年，因出版社约稿时间较为宽裕，春节也快临近，原计划准备好好休整一段时间。1月29日这天接到一个来自广东江门的电话，对方问询是否是三度教育咨询公司，并且让转接一路奔行老师，当我告知对方我就是，对方却不说话……稍后，传来男人尽力压抑住的哽咽声……先生姓李，他告诉我，他的大额资金经过几年折腾，如今只剩下区区几万块。自己也一直在看书、学习，但总无章法，看得越多，学得越多，却越来越感觉混沌，数年来总感觉自己一直在苦海上飘零……当在书店里意外买到书架上仅剩的一本《股是股非（之一）：猎取暴涨股》回家看阅后，有种被炸雷轰顶的感觉，自己如同被一只巨大的手捞上了岸！心空荒凉如荒漠的感觉突然变得实成了，遵循自己对书里的理解，做了几只股票，意外大幅获利了！安慰并鼓励李先生后，我给他说得更多的是股市的本质、股票的本质、交易的本质、盈利的本质、"股是股非"的本质，最后，我也答应他春节后来交流的请求。放下电话，百味杂陈，感慨之余就想尽快完成《股是股非（之二）：暴涨大形态》这书，如果将两本书叠加，我深信，其内涵可以提升很多。我强烈感到，有更多的人迫切需要书中的理念，渴望看到它。

若是初心未改，多应此意须同。笔者希望，这套全新修订本"股是股非"强势系列能"正心、正念、正行"，并助你投资交易更上一层楼。

一路奔行于成都

2022年8月7日

目 录

致敬　大海

大海何以成为大海？

千百年有人问，亦有人答。

大海能成为大海，首先是因为她包容一切。这种包容极富智慧，她从不担心自己会藏污纳垢。她知道，水经不息奔流，浊浮者将被横流卷散粉碎，凝泥也因长途而停滞、沉落。一切活灵之水皆奔涌入怀。

大海能成为大海，还在于她从不拒风畏雨。仗急风，随风弄涛，舞玄极之妙；倚骤雨，咽雨生啸，擎苍穹之骚；借潮来潮消，吐故以纳新。

大海能成为大海，最重要的是她把自己的位置放得很低、很低。唯有低，方可迎江接湖，盛满丰盈。

海之态度可以成就——

博爱之胸怀！

智慧之人生！

澎湃之行情！

也能成就一个值得骄傲的华夏民族！

三度操盘教育　蒋文辉

引　言

认知大形态

在实际看盘或操盘过程中，投资者经常遇到这样的情况，在同时段里几只股票成交量、均线、技术指标几乎是一模一样的走势，过不了多久，几只股的强弱就会明显分化，甚至价格会背道而驰，除了题材热点以外，更重要的是，它们的形态大小不相同，有的是大形态，有的只是局部走势相近的小形态。大形态与小形态的市场意义很是不同。大形态折射的是市场主力充分稀释风险、充分蓄势、充分累积能量并精心构建的资金能量图，这样的格局容易产生大行情；小形态只是市场主力即兴表演或是顺势“做一把”的图表写照，其行情转瞬即逝。

“天高任鸟飞，海阔凭鱼跃。”高天、阔海就是鲲鹏的天堂。股市中，每个时期都会有鲲鹏展翅的高天与阔海，那就是大形态！大形态承载着市场主力万千是非，也吞噬着投资者无数甜梦。

大形态是指一只股票在量时空充足情况之下，上下起伏形成的股价走势轮廓。大形态暗藏大风险，大形态孕育大机会。暗藏大风险的小机会充满危险与诱惑，需要认知并规避。蕴含大机会的小风险可控并有良好介入机会。

股市里的主力有中长期主力和短期主力，阶段性好行情是主力做起来的。股票里的形态有大形态和小形态，阶段性的大小好形态均是主力运作形成的，这些毋庸置疑。中长期主力需要用大形态韬光养晦、储备能量、清除异己、运筹帷幄。短期主力需要用大形态衡量风险、判断势道、拿捏介入时机，用大形态度量可行性和上升空间。总之，大小主力均通过大形态中的小形态运作操盘，实施拉升以及抛出筹码。因此，熟知大形态，透析某些经典大形态对于投资者的意义重大。“大鹏之功，非一羽之轻；骐骥之速，非一足之力。”大形态呈现大格局，大位置描绘大手笔。

大形态可分为价线大形态、成交量大形态两种，这两种形态相互影响，相互制约。“大厦之成，非一木之材；大海之阔，非一流之归。”如同《股是股非（之一）：猎取强势股》【上一版为《股是股非（之一）：猎取暴涨股》】中谈及的“量价异动让均线归位”的哲理与逻辑一样，没有大的“量形态”匹配大的“均价线形态”就是空架子，而没有较好的价线大形态相叠加，再大的量形态也是时机未到，甚至是陷阱。

价线大形态包括三角形整理大形态、箱体整理大形态、顺上大形态、颈位大形态、底部大形态以及各类好位置的A区B区形态等，而每一种大形态都不是孤立存在的。大三角里有箱体的身影，箱体蓄势后采用颈位突破，顺上大形态也可能有小三角在蓄势，如此等等。本书罗列的大形态，旨在引导读者通过“充足的量时空”，稀释图表上的大级别风险之后，寻求最恰当的“均线归位”区，最终通过“经典盈利模式”抓取“精准交易时机”，从而取得操作大行情的胜利。

本书是《股是股非（之一）：猎取强势股》的延续、加固、扩展版，所有的大形态判断与把握，必须遵循《股是股非（之一）：猎取强势股》里的股事要素，这样，本书讲述的大形态就有更大可能暴发大行情。

大处着眼，小处着手，大形之中暗流涌动更见经典本色。

“百尺竿头须进步，十方世界是全身”，要做赢家，必须认知大形态。

一路奔行于成都

第一章

成交量形态

成交量是股价走势图表中非常重要的组成部分。股市的行情是由资金做起来的，资金的多少、资金的多空、资金的大部分意图都集中体现在成交量上面。

对于成交量在实战中的表现形式，很多观点不尽相同，甚至相反。有的人认为，股价突破时，成交量必须大，并且多多益善，突破没量怎么行呢？有的人则认为，小成交量轻松突破是控盘度高，是好征兆，突破时放大量涨势显得滞重。股价挖坑，部分人认为，挖坑必须放量，放量了才证明洗盘彻底，才达到了主力想要的效果。而部分人认为，洗盘不能放量，放量了是主力出货，后期股价主跌。主力收集筹码，有人认为不能大张旗鼓，过于嚣张的主力会引起市场的注意，跟风建仓者较多，后期拉升股价受到的抛压重，行情走得艰难。有人却认为，建仓量都没有哪有实力，明显是弱势主力。有的人认为阴量、阳量都是一样的，有人卖就有人买，谁知道是谁在买谁在卖？

看来，关于成交量的争议颇多，也的确是一件让投资者纠结的事情。

要在股市立足，就要把成交量的情况尽量搞清楚，哪怕再纠结，再有争议，也要理出一条思路，理出一条衡量成交量“是与非”的大胜率模式。

本章从成交量的形态入手，对强势股的量形态进行论证。

第一节　三阳控三阴量形态

一、三阳控三阴形态及构建机理

（一）三阳控三阴

三阳控三阴是一种量形态，是成交量之中阳量与阴量组合构成的三种不同性质的形态。三种形态在图表上分别表现为“阳众阴寡、阳放阴缩、阳聚阴散”。

“阳众阴寡”具体表现在成交量窗口上就是指阳量柱众多，阴量柱寡少，市场意义就是进场的阳量资金主控着出场的阴量资金。

“阳放阴缩”具体表现在成交量窗口上就是指阳量柱高大，阴量柱矮小，市场意义就是进场的阳量资金投放度操控着阴量资金的流出度。

“阳聚阴散”具体表现在成交量窗口上就是指阳量柱聚集成堆，阴量柱分散稀少，市场意义就是买入方阳量资金的意志，掌控了卖出方阴量资金的意志。

三阳控三阴的量形态代表主力资金运作是积极、健康、强势的。【三阳控三阴更多解析见《股是股非（之一）：猎取强势股》】。见图1-1-1、图1-1-2。

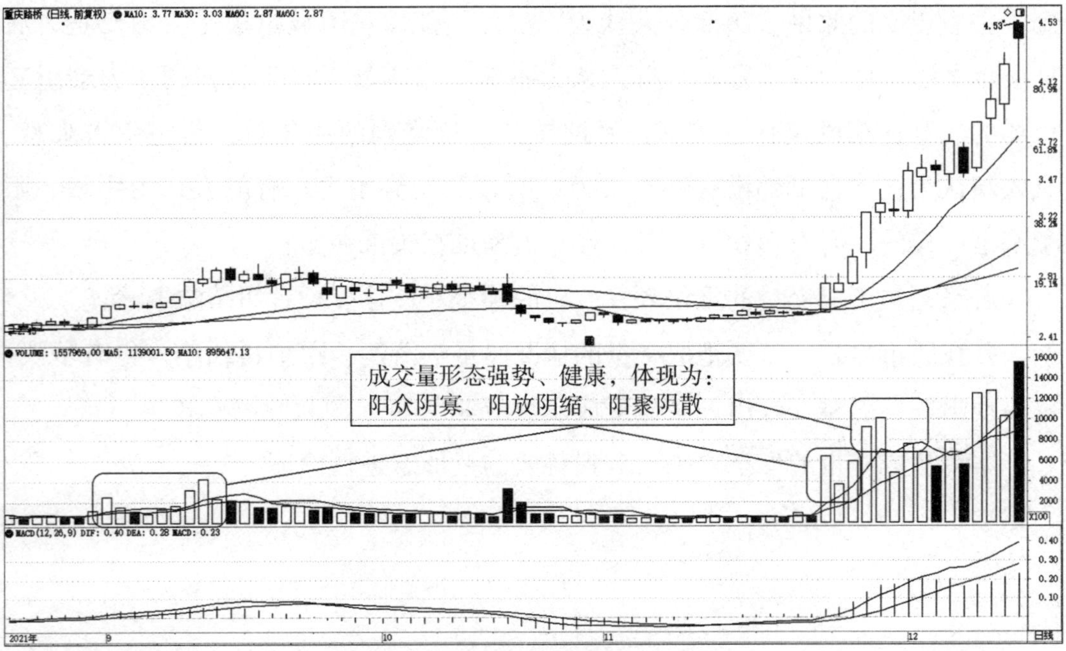

图1-1-1　三阳控三阴量形态1

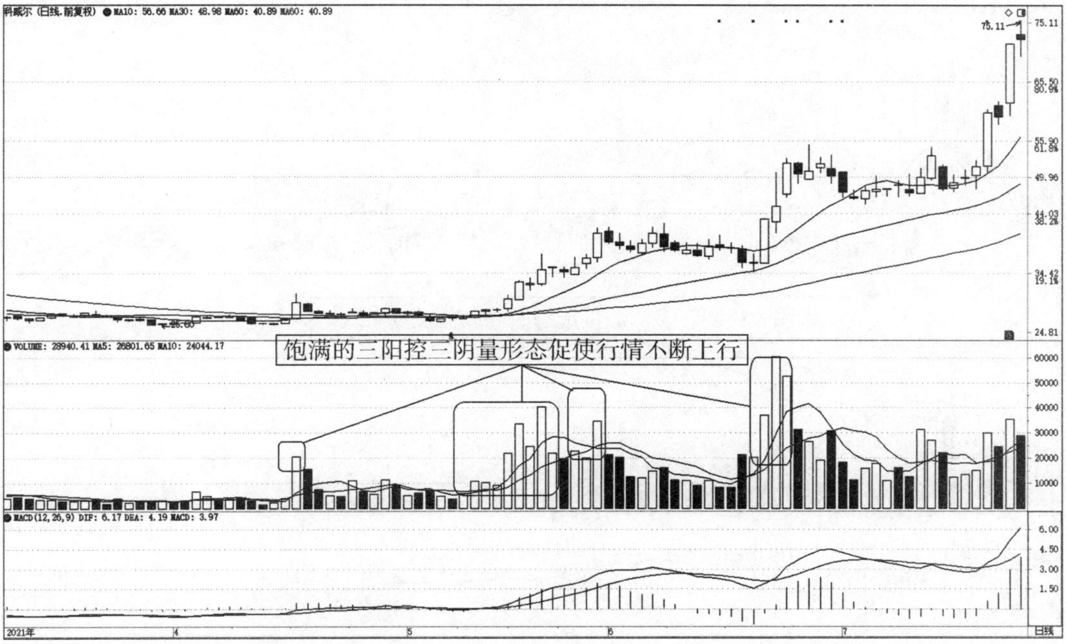

图1-1-2　三阳控三阴量形态2

与三阳控三阴相反，主力资金运作消极、不健康、凶险的，体现为三阴控三阳。见图1-1-3、图1-1-4。

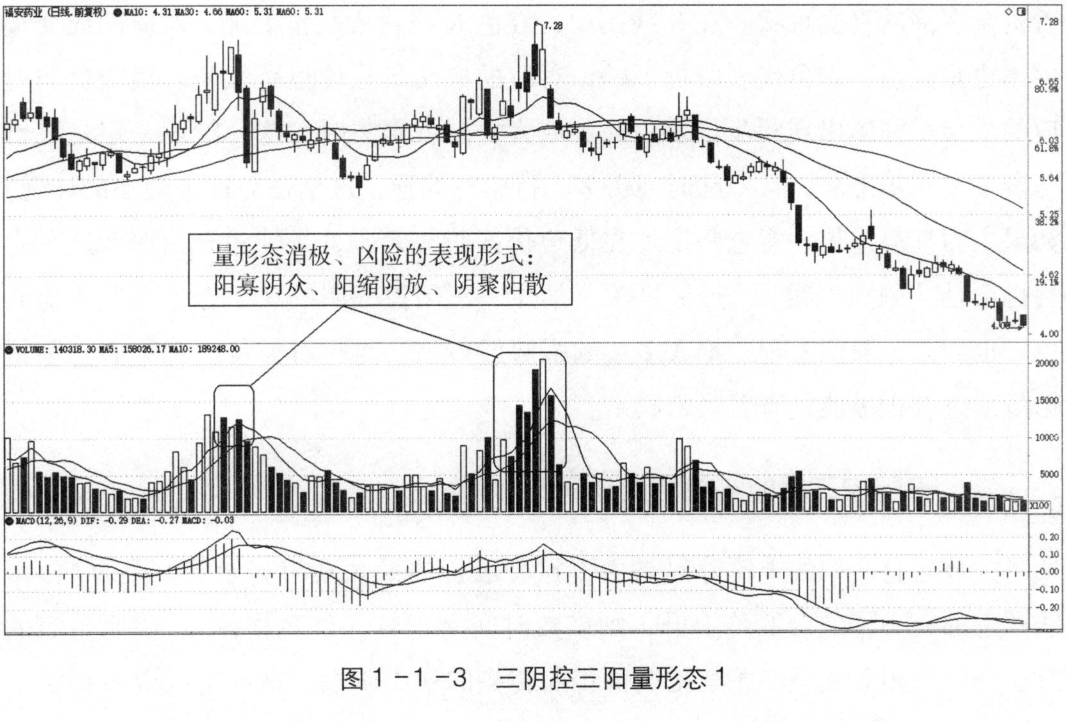

图1-1-3　三阴控三阳量形态1

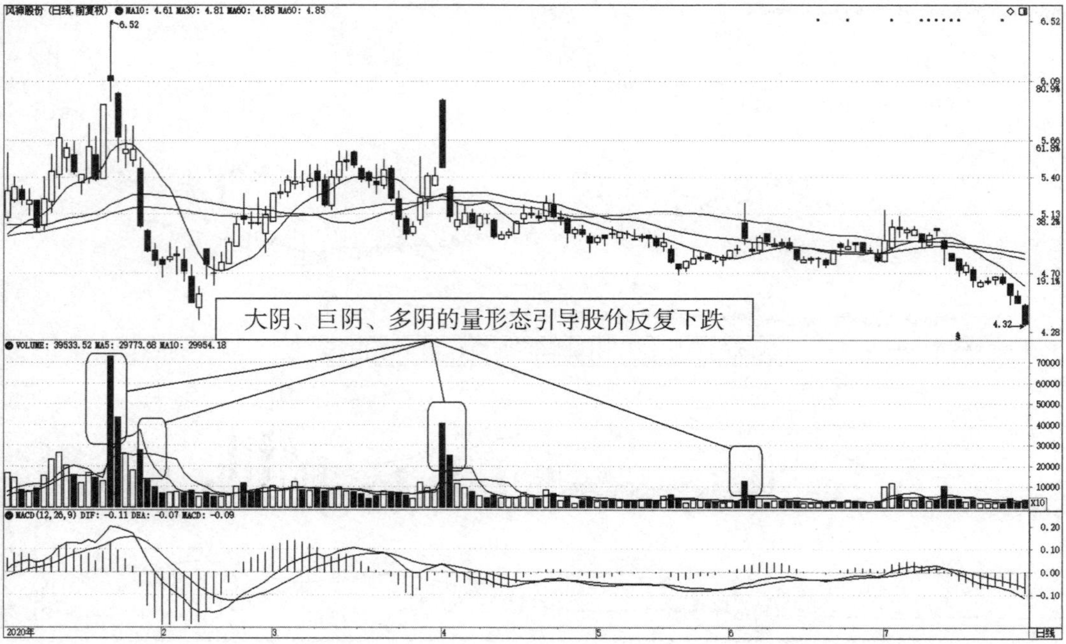

图1-1-4　三阴控三阳量形态2

（二）三阳控三阴的构建机理

股市是资本聚集的市场，而股市行情最终是由资金做起来的。成交量反映着资金多寡的真实现状。在K线图中，红色K线代表股价上涨，对应的成交量柱体也是红色；绿色代表股价下跌，对应的成交量柱体也是绿色。当股价与对应的成交量柱体出现同步增多、同步放大、同步聚集时，这一阶段一定是股价与资金在同步上涨，且上涨时间占多、持续性偏强，这是强势资金做多的体现。如果主力气势连贯、意志坚定地在低位价区收集筹码，大肆建仓，那么这个主力也会是“财大气粗”“行事果断”的主，三阳控三阴的量形态也因此应运而生。也因此，我们发现，绝大多数的强势股行情，与相对低位出现饱满三阳特性量形态的正极能量有着紧密联系。

二、三阳控三阴的实战意义

大肆建仓垒积的丰厚筹码是主力拉升股价的最大动力。如果一段时期，K线图上的成交量配合股价上升，则多数时间呈正极（红色柱体），说明主力的意志与行为相对统一，尤其是股价步入转势的初中阶段。这就给投资者提供了未来或即将成为强势主力运作个股的选择对象。

从2021年12月20日开始，以雅本化学（300261）、迦南科技（300412）为代表的注册制创业板，连续以每天20%的涨幅开始一段快速大涨行情。尽管大盘指数同时期仍在多头状态，但也有很多前期未出现大涨仍在低位的股票纹丝不动。究其原因，最主要是没有强势资金集中介入，没有三阳控三阴的量形态呈现在图上。

通过雅本化学与迦南科技的K线图，我们可以很清晰地见到方框内有非常明显的正极能量，一拨多于一拨的三阳柱体在合适的时间、合适的位置密集超众冒头，这是强势资金重磅投入的见证。

同一市场、同时投入、同时弯腰、同时“再度”出线，“三度经典盈利模式”的介入时机于图上清晰展现，在经典面前还犹豫什么呢？见图1－1－5、图1－1－6。【图表上“B区”的释义，请参阅《股是股非（之一）：猎取强势股》】

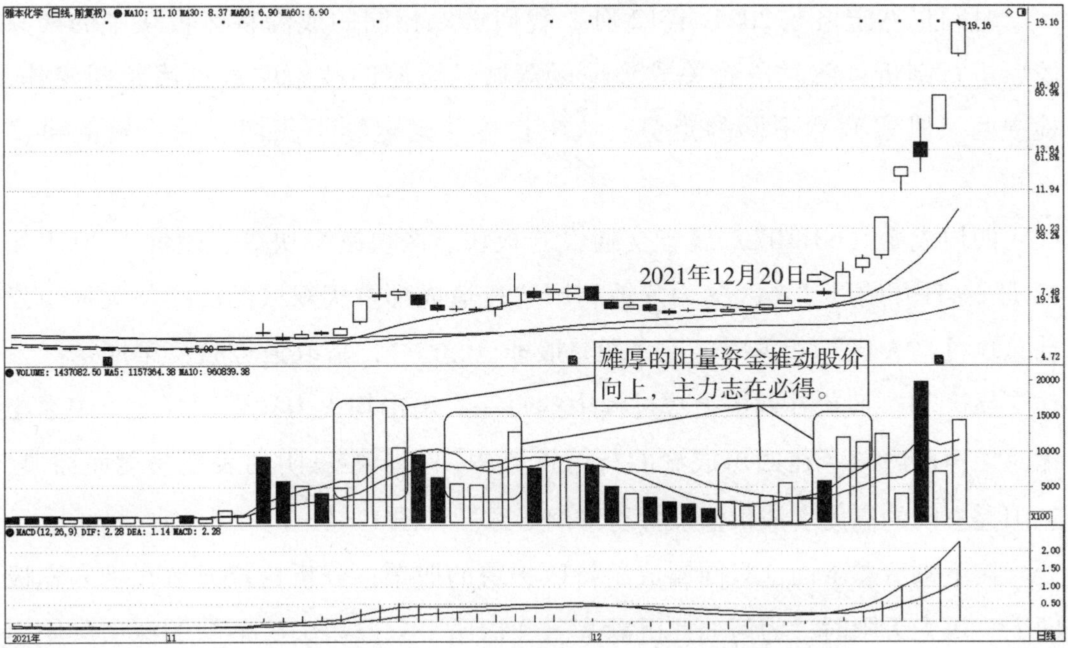

图1－1－5

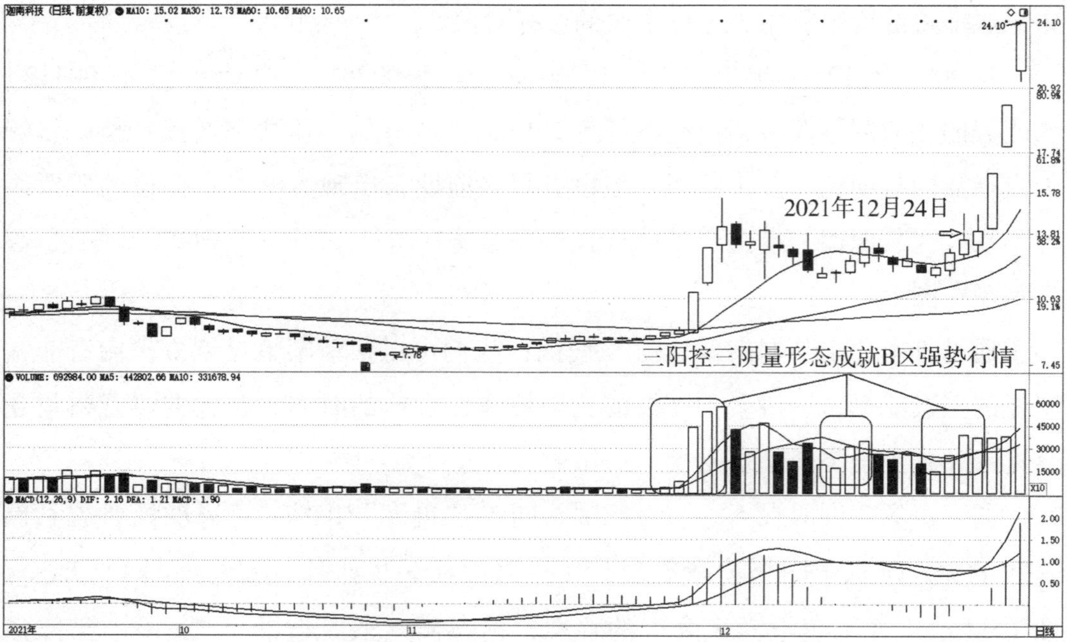

图 1-1-6

时间仍然定格在 2021 年 12 月，我们选取相同的成渝特区板块中的两只股票进行剖析，此时段有关成渝地区双城经济圈的政策频繁见诸新闻媒体，检视两只股票截然不同的走势，从中找寻并确定利于我们以后投资的事实真相。

四川成渝（601107）属于交通设施板块、区块链板块等。股价于 2021 年 12 月 14 日开始以“A 区”为阵地利用“打造成都重庆双城经济圈”为风口发动总攻【“A 区”相关内容见《股是股非（之一）：猎取强势股》第四章“最佳交易区”】。股价在两波上攻过程中的每一次出击均火力猛烈而强大，中途小休时无声而内敛。在四川成渝的行情走势中，三阳控三阴的表现完美而经典，三阳控三阴的高度实战价值发挥得淋漓尽致。见图 1-1-7。

接下来看看下面这只同属成渝特区板块的股票，分析这位兄台在别人积极向上、风光无限时，为何如此沉默寡言。探明一只股票失魂落魄的深层次原因对于投资者前行的脚步意义深远，勿当儿戏。

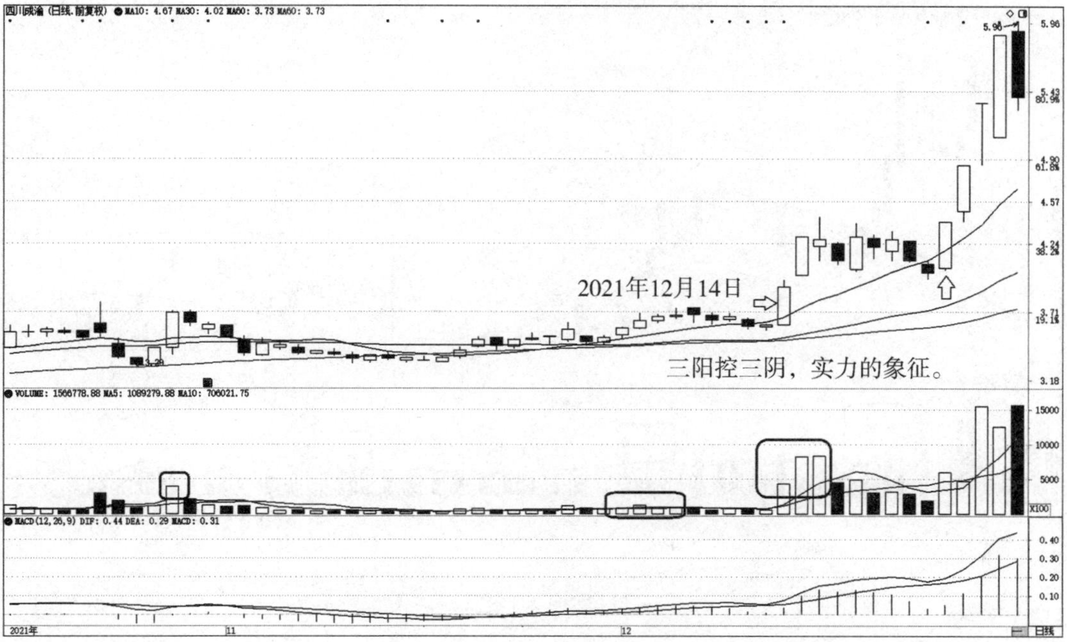

图 1-1-7

川投能源（600674）属于电力、碳中和等板块。股价于 2021 年 9 月 23 日开始在相对高位区连续出现较明显的阴量，股价也逐步过渡到风险区——C 区【“C 区”相关内容见《股是股非之一：猎取强势股》第四章“最佳交易区”】，随后股价也逐步下滑。图中出现三阴控三阳走势，随后的数月，股价一直受压于时空大压之下。图中方框内走势的时间段就是“成渝地区双城经济圈”板块某些积极强势个股的股价在上行的时间段，而川投能源却始终低垂着头不能上行。股价不上去关乎大盘、关乎题材，但更关乎资金认可度，关乎三阳控三阴在图上适时地出现。

川投能源的股价于方框内虽然有两处局部小放量上涨行为，但如果将视角往左边看看，就会发现不远处，股价之上悬着几把用巨大阴极能量铸成的利剑，如此阴雨密布的天空还指望瞬间能艳阳高照？这可不只是需要勇气！

审视一只股票，不要犯一叶障目不见泰山的错误，要把挡在眼前的树叶扒开，把眼睛上的雾珠擦干，把胸挺直，把头颈举正，“君子”就在你决定走正道、走大道的那一瞬间诞生。见图 1-1-8。股价在 2022 年 1 月初又跟随大盘缩量下行，缩量下行后是否止跌，止跌后是小幅反弹还是会有新资金进

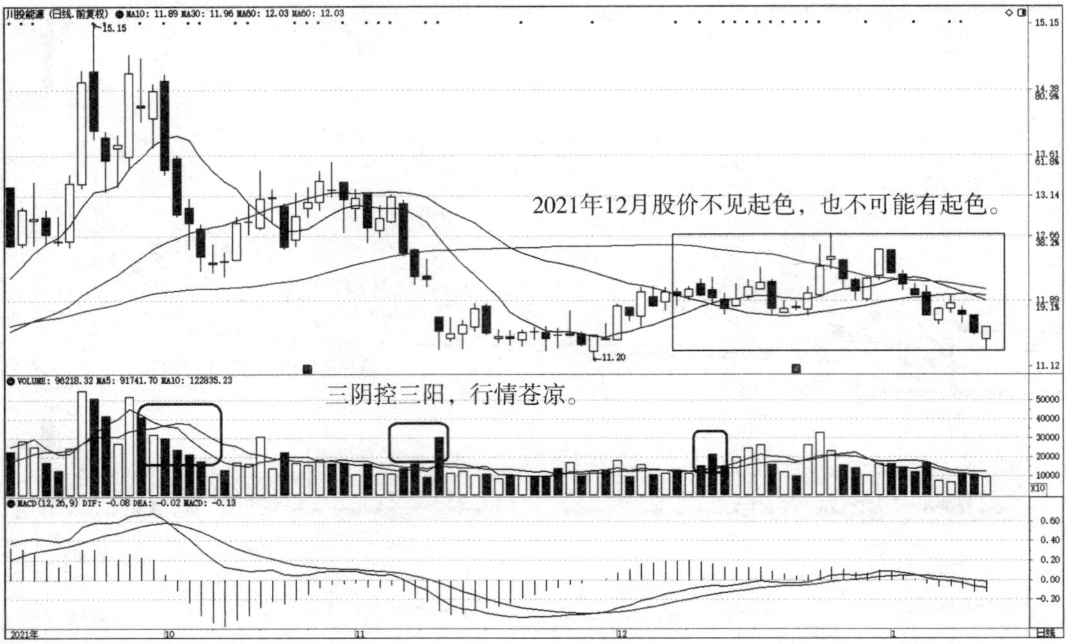

图 1-1-8

去，这些似乎没有答案，其实也不需要答案。

星云股份（300648）股价在 2021 年 7 月 27 日，于前股价平台的位置上出现一根带量长上影 K 线，八九不离十，这个位置的上影线是股价正式冲锋前的试盘加洗盘动作。随后股价冲刺走出较好波段行情。而之前，图中非常清楚能见到好几堆显眼阳量，而对应的阴量却明显地少、明显地矮且明显地分散，这充分说明主力是在重要区域进行了“筹码再收集”，以及“最后超常规短资投入”的强势建仓，并且很是珍惜手中的筹码。因此，后面股价的“热烈”拉升也就不是空穴来风了。

根基牢，位置好，不涨也要涨；

阳控阴，资金到，奇迹可预料。

而奇迹往往在厚度、力度、速度叠加于一体时诞生。【“再收集”“超常规短资投入”的内容见《股是股非（之一）：猎取强势股》】。见图 1-1-9。

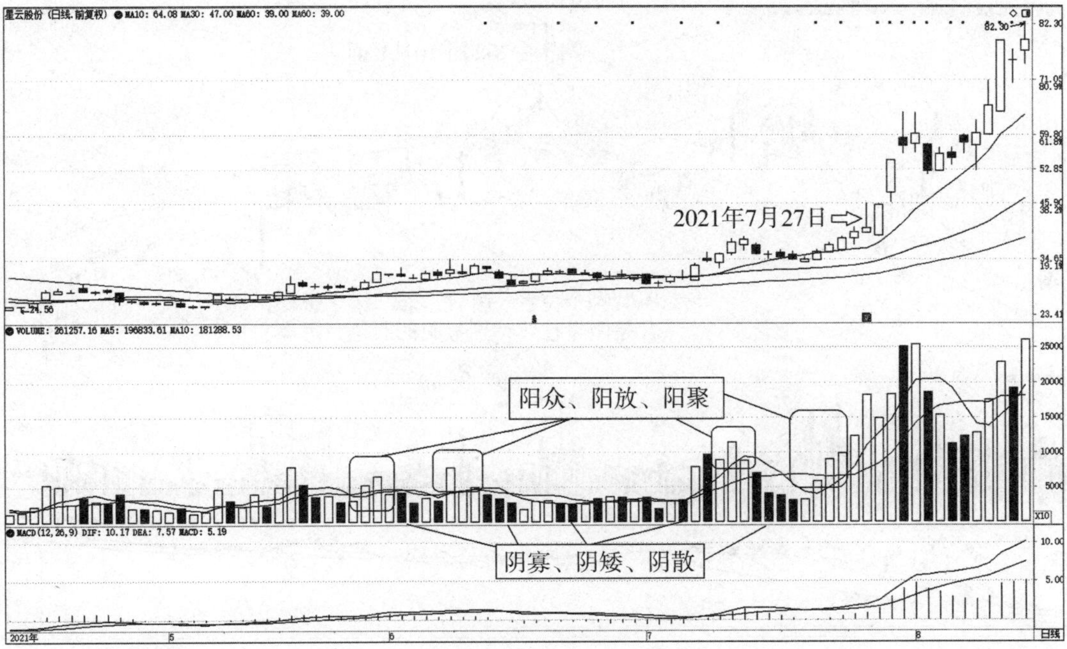

图 1－1－9

环旭电子（601231）股价前期有较大涨幅，于 2020 年 10 月 13 日在前顶部区间再一次放出明显大阴量，这昭示 M 顶大概率快来了。随之可见，环旭电子股价往下栽着跟头，跌了一波接一波。股价为什么涨知道了，更需要知道为什么跌，跌的“根源”依然在量形态中。图中清晰可见，量区里的阴量高耸入云，连成一片，而阳量低似尘埃，气枯力竭。股价欲涨，何以为战？跌了一段就抄底，底气何来？对于这种高位放出巨大阴量、明显阴量的股票，下跌程度对持仓当事人会构成意志上的摧残。当然，也许后期股价会再上去，但能否拿得住？是否忍受得住？扛不住就可能卖在最低点；这次上去了，下次也许能上去，但也许上不去；这次三个月，下次也许三年、十年，也许没有期限。大堆的阴量带动股价快速下跌，这是主力出逃的表现。主力出逃后的成交量，就算萎缩到看不清，也不是底，底是资金做出来的。

请牢牢记住，好底是资金做出来的！见图 1－1－10。

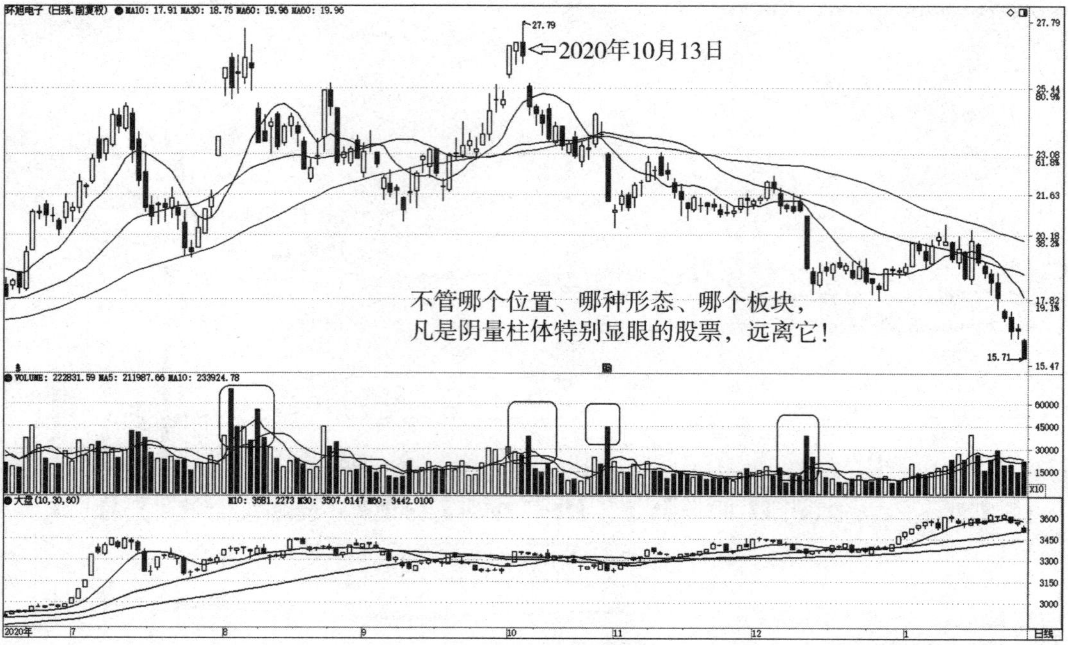

图 1－1－10

通过上面几个案例，我们可以很清楚地确定，三阳控三阴的量形态比三阴控三阳的量形态积极有为。同样要拉升，前者也会直接、猛烈得多，更适合于投资者选择。

三阳控三阴是健康的量形态，但健康的未必就“一定行”。问题的关键在于需要区分局部与整体，区分时空是否安全，区分行情是否透支。不满足三阳控三阴量形态的股票不是不可以做，关键是安全系数的问题、是上涨空间的问题、是上涨速度的问题、是投资回报的问题。本书既然论述大形态，对于量形态，就应该以更宽广的视野，以战略高度来审视量形态的优劣与主次。

“蒋先生，你说股市里哪些人可以多赚些钱？”

“君子！”

“股市里都是对手，你算计我，我算计你，还有君子么？”

“股市也是一个行业，需要有竞争，也是强胜弱败，有盈有亏，但是，难道有竞争的行业就没有君子？”

“这也是道理，股市里的君子该是什么样的呢？”

“君子都是相通的，他们都知道有所为有所不为，不过，股市里的君子更明确知道一点，就是君子不立危墙之下。”

“君子不立危墙之下？君子不立危墙之下……君子不立危墙之下！”

第二节　川量形态

一、川量形态及构建机理

（一）川量形态

川量形态是一组经典的成交量形态，属于三阳控三阴大量形态范畴。从字形上理解，“川”字体有三笔，这就是说有三次（包含第三次或三次以上，开始上攻）释放出明显成交量堆，同时明显成交量堆对应着小波段行情的价格高点区。见图1-2-1、图1-2-2。

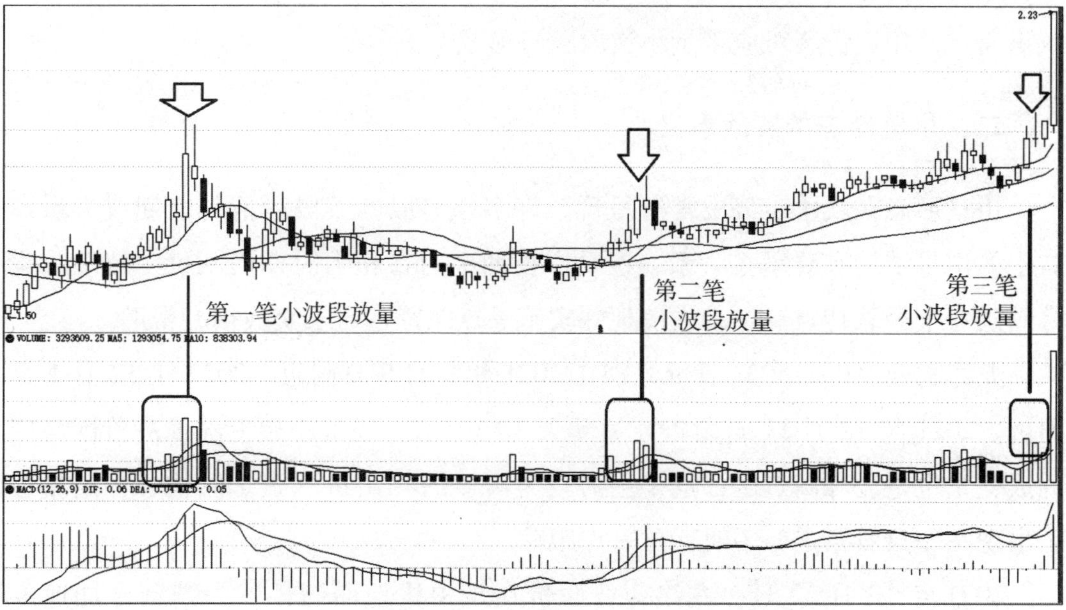

图1-2-1

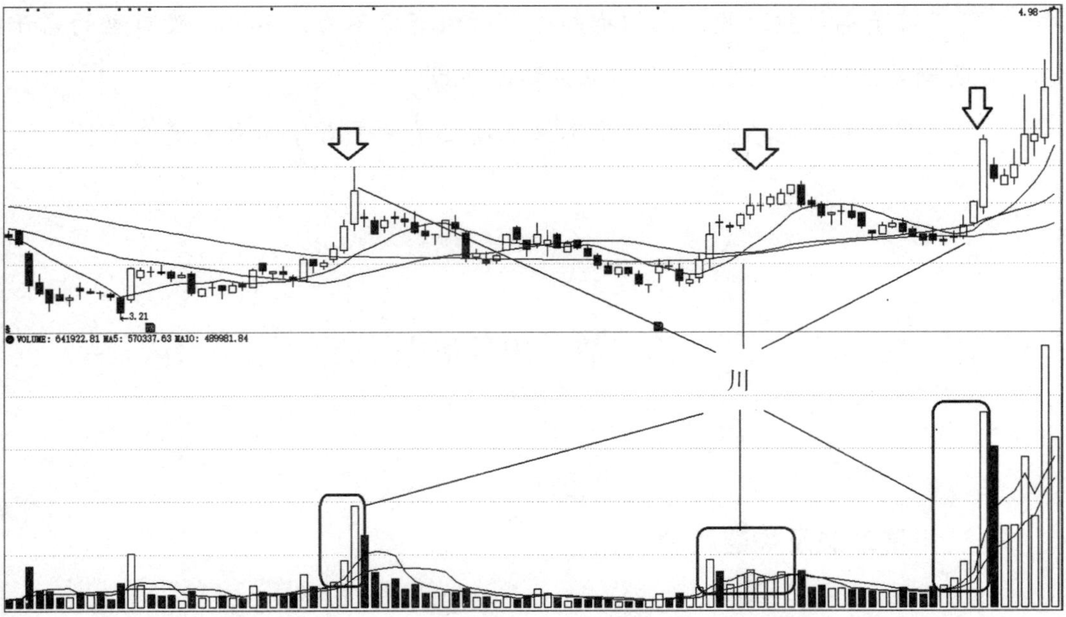

图 1-2-2

（二）川量形态构建机理

川量形态的构建机理，一是出于达到反复、充足收集市场筹码的目的。二是收集到筹码后耐心等待最佳发动行情时机。主力多次以小波段行情起落为手段，进行限价收集筹码并适度洗出浮筹，因为收集筹码的持续性加上“限价”双重需求，相近价区对应带量小波段顺势形成。

二、川量形态的实战意义

川量形态在股价走势中常有呈现，许多强势股的波段行情与前期成交量窗口中的川量结构有着紧密联系，这是中长期主力在相当时期内限价、持续收集筹码的一个显著特点。主动去发现并实施重点跟踪，对于实战很有帮助。

龙津药业（002750）股价分别在 2021 年 9 月 9 日附近、2021 年 12 月 1 日附近、2021 年 12 月 21 日附近连续几天小幅上涨，股价小幅上涨最高价区对应的成交量也是波峰高点区，这是主力较为明显的“川量”资金结构，当川量形态出现在一只股票走势中时，可重点跟踪。

2021 年 12 月 22 日，龙津药业股价在盘中拔地而起，主力携资金加速度用两三分钟吞掉所有抛单，强势封住涨停板至收盘，当天股价正式突破由川量大形态构建的股价平台，结合消息面、题材面，强势波段基本确定。见图1－2－3。

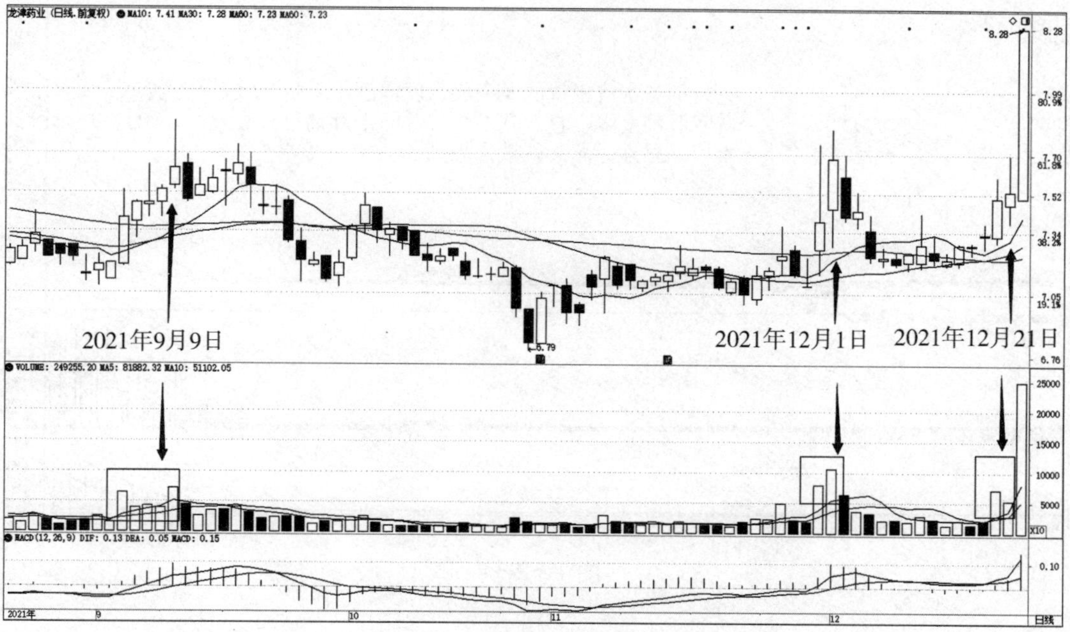

图1－2－3

一只股票的运行，多数时间在休整，更多时间在准备，极少时间才是真正的拉升。我国资本市场不断增大、增强，给了我们更多的操作机会。股价此消彼长，机会多，诱惑也在增多，在更多的机会与诱惑面前，我们更需要“稳得住”，坚决做到“实处着脚，稳处下手”！有强势能量的大形态是实处，好位置尤其是强势A区、B区是稳处。我们最明智的做法就是：大着肚皮（四川方言：腆着肚子。——编辑注）看主力翻江倒海地稀释风险、铸就能量，然后立定脚跟，跟随主力一道出征。

龙津药业在低位B区领涨启动，借助药业板块多重的、不间断的利好，急速冲锋、持续冲锋、坚挺冲锋而完成犀利暴涨行情。作为交易者，如果我们能主动搜寻、等候这样的机会，再加上平时积攒的福报，抓住这种机会的概率就会大些，资金很快就能进入快车道。对于像龙津药业这种当时段主流板块里的龙头一旦拥有，就静静用眼睛看着股价上涨，一直看到不涨，其间千万不要多加思索！一思索，龙头就会被你想飞了。见图1－2－4。

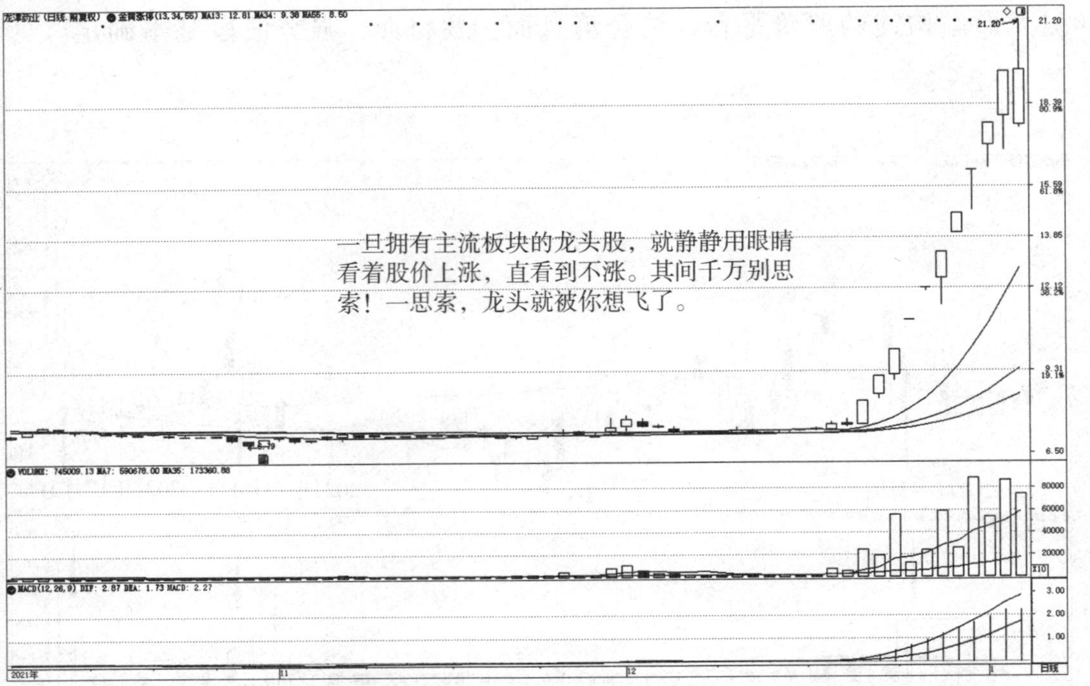

图 1-2-4

博瑞传播（600880）股价前期走势中，我们可以看见有三次小波段上涨，尤其是 2021 年 12 月 14 日这天的大阳线特别显眼，显眼不仅在于这天的股价突破平台，也在于这天的阳量异常挺拔刚勇。图中方框处有三堆明显的正极成交量释放出来，而正极成交量后的回调均是缩量收敛状态。

起时能量充沛，落时收敛有度，三堆大阳量形成大跨度“川”字。三起三落，川量大形态是了。见图 1-2-5。

博瑞传播在巨量“捅”破前高的次日低开收阴进行回调，回调多久、怎么回调都是个谜。随后股价并未下行，而是小阳止跌且往上蠕动，止跌位置刚刚好落在前期阳量堆对应的股价上，这是主力在提醒：这里不准备再下调了。

2021 年 12 月 20 日，博瑞传播的股价从开盘就稳健上攻突破川量对应的股价平台，这是对“这里不准备再下调”的确定，确定之后，股价简单休整即走出紧凑两波暴涨行情。见图 1-2-6。

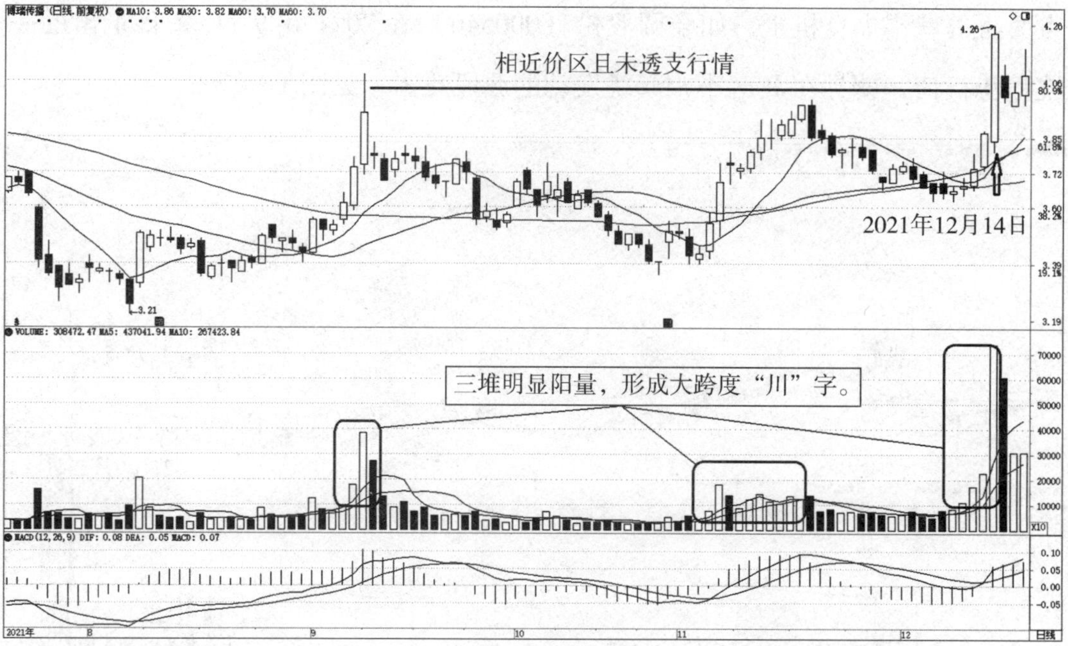

图 1 -2 -5

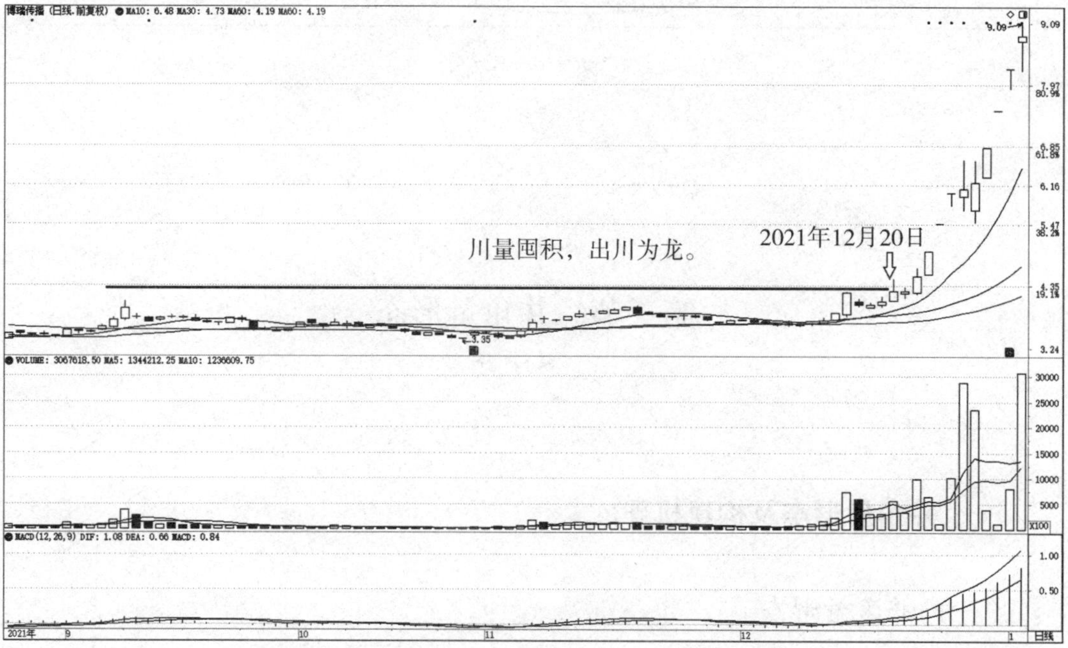

图 1 -2 -6

在川量形态中，部分股票的股价会在川字第三笔就直接进攻走波段行情，这种情况通常是股价攻击时就处在好位置，加之题材风口出现的时机刚刚好，主力再等就错失良机了，如金圆股份（000546）在2021年9月22日走出的一波强势行情，就是在B区小幅起跳发动的波段攻击。见图1－2－7。

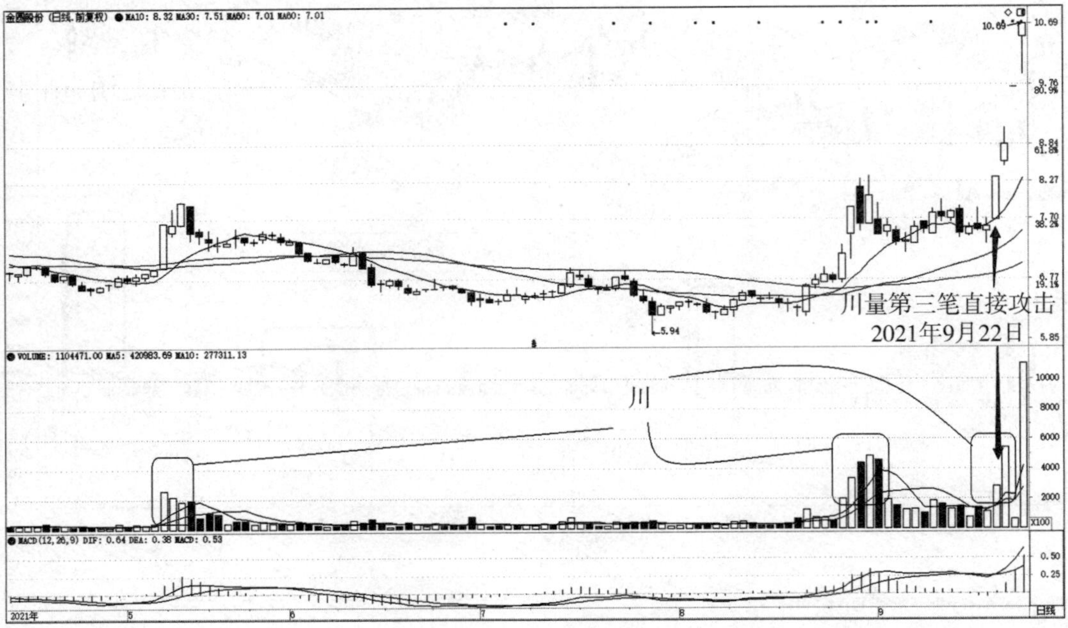

图1－2－7

第三节　并角量形态

一、并角量形态及构建机理

（一）并角量形态

并角量是股价运行过程中呈现出来的很经典的成交量形态，顾名思义，就是在相同价区对应的成交量如一对牛角般挺立在量区。并角量可以是两根异常突兀的成交量柱体，也可以是两堆很显眼的成交量柱体。并角量在好位置是机会，反之风险居多。见图1－3－1、图1－3－2。

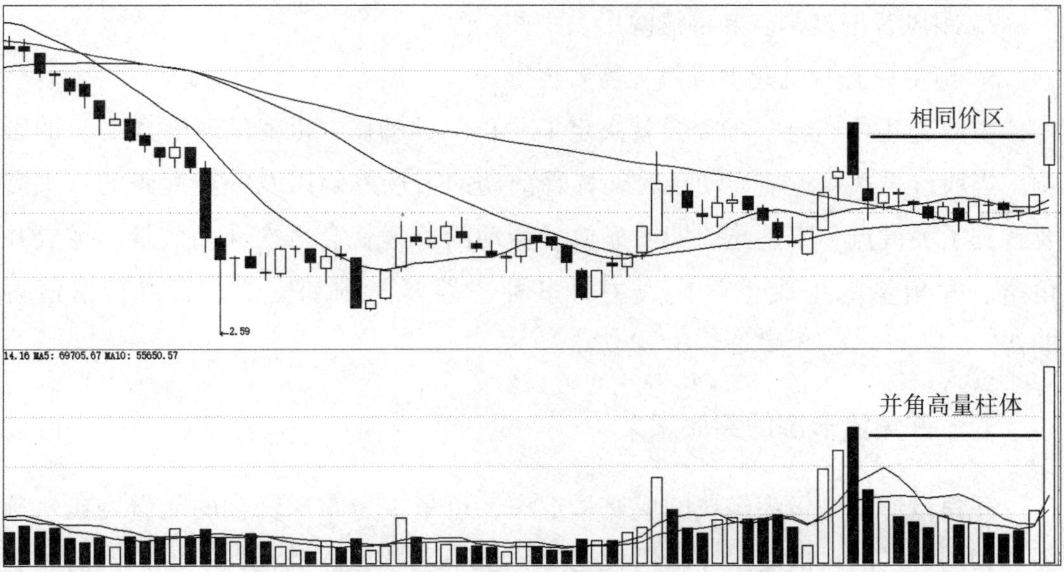

图 1-3-1

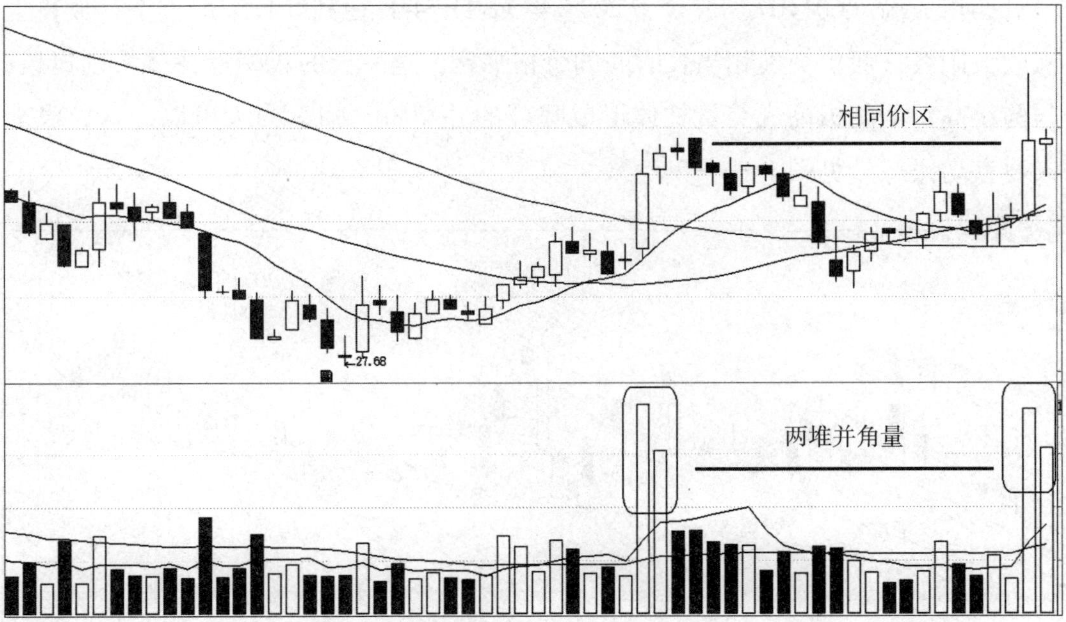

图 1-3-2

（二）并角量形态构建机理

主力在前期量价异动时收集过大量筹码后，因各种缘由并不急于拉升股价，缘由大概是这几种：

1. 收集筹码不够，需要再打压收集；

2. 跟风者偏多，需要再清洗出去一些；

3. 衡量拉升时机尚不成熟，需要再等待。

主力这几种“再”的需要就决定了“再”的动作，也就呈现出“再”的影响。当股价再次接近前异动区时，稀释前期的市场筹码以及补充筹码的双重需要就到了关键点，于是与前期明显放量异动的价区就会再次异动放量，生成并角量。并角量的生成也就代表主力多种“需要”顺利完成，后市行情值得期待。

二、并角量形态的实战意义

并角量形态是极为经典的成交量形态，也是主力布局资金的能量经典轨迹图。相同价区的再次能量异动代表主力“再一次”袒露动机，股价拉升的关键时间窗口也就再一次打开，值得交易者密切跟踪或做一些资金布局。

四川成渝（601107）股价于2021年12月14日在利好政策助推下，放量上涨收大阳线，股价突破相当长时间的价格平台。这一天的成交量柱体特别挺拔，与前小高留下的极高成交量柱体形成呼应的并角量，临盘当天可以介入，没介入要密切跟踪。见图1-3-3。

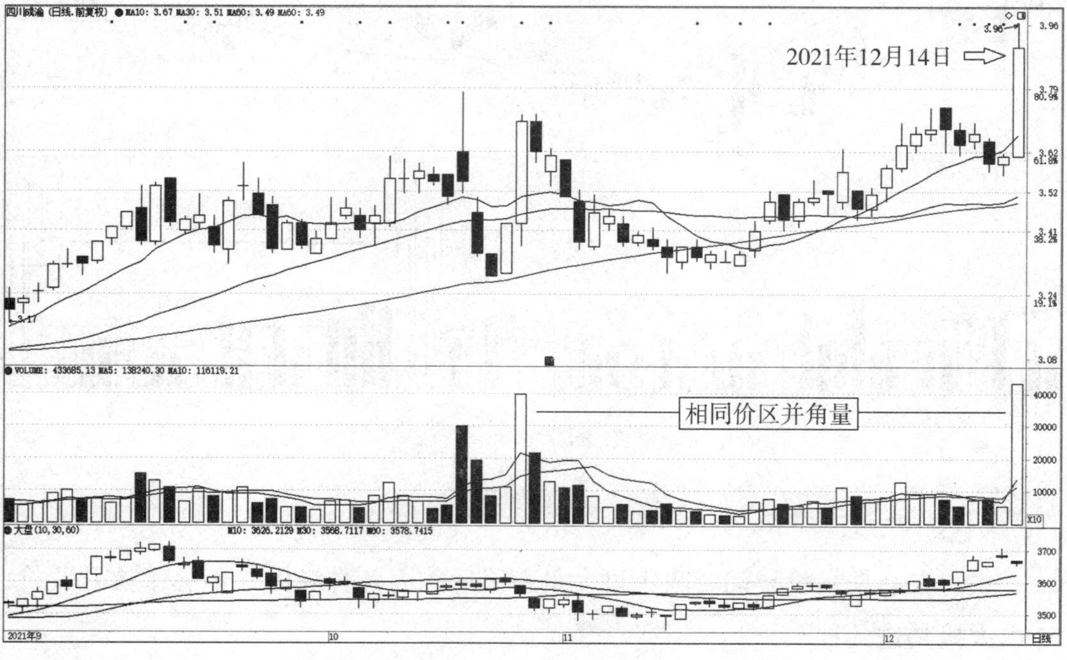

图1-3-3

次日股价直接跳高开盘很快涨停，两天短促行情放出两年多以来的最大成交量，很显然这是主力借助“成渝地区双城经济圈”的利好政策拉高建仓，这就是技术图表与题材印证的积极意义。随后股价在缺口上方调而不破，且其间阴量有序收敛，当在前强势缺口上沿处阴量已收敛到极致时，股价离强势上涨就不远了。2021 年 12 月 27 日在缺口上受到支撑的股价于盘中多波异动并强势涨停开启了强势主升浪。见图 1－3－4。

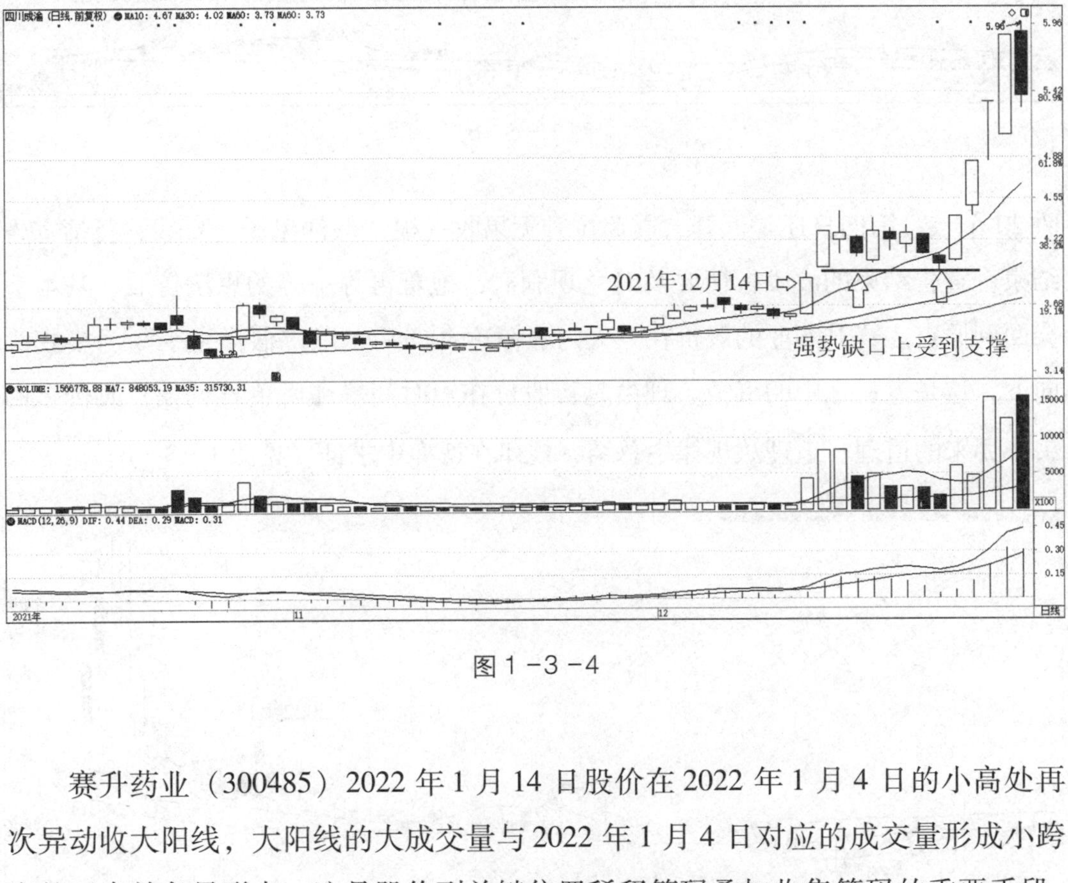

图 1－3－4

赛升药业（300485）2022 年 1 月 14 日股价在 2022 年 1 月 4 日的小高处再次异动收大阳线，大阳线的大成交量与 2022 年 1 月 4 日对应的成交量形成小跨度的近身并角量形态，这是股价到关键位置稀释筹码叠加收集筹码的重要手段。如果把眼光放宽一些，会发现此股在 2021 年 11 月 29 日附近就有一次明显的量能释放，三次量能的结合恰好是清晰的川量形态结构。大跨度的川量套小跨度的并角量，你懂的。见图 1－3－5。

并角量异动的次日，股价小幅低开，在低位震荡之后于盘中崛起全天收近 9 个点的大阳；第三日低开，盘中低位震荡后再次崛起，多波上攻封住涨停，全天

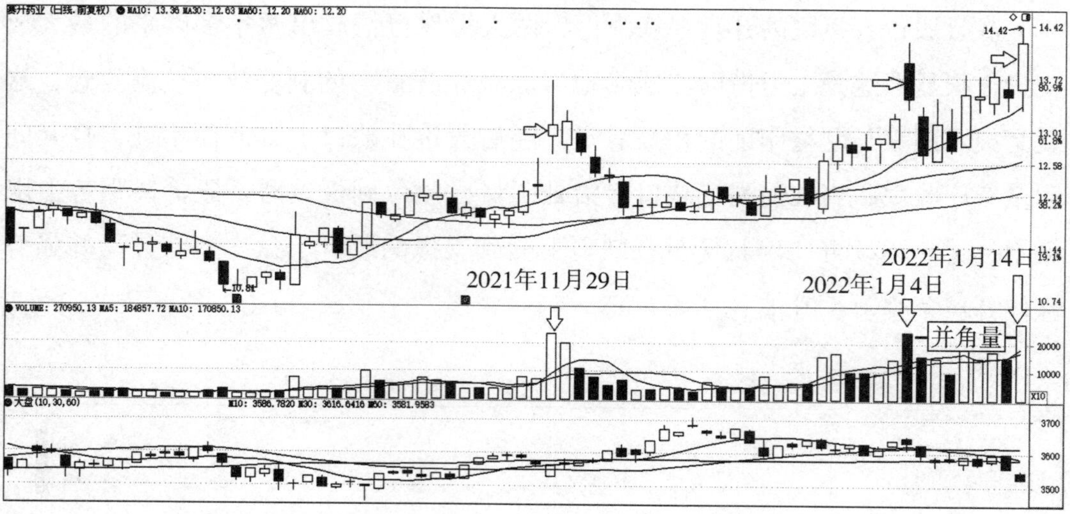

图 1 -3 -5

收20个点；第四日还是低开，震荡拉升无果收一根“假洋鬼子”K线，行情宣告结束。宣告结束的波段行情要及时兑现利润，抱着再等一等的想法持股，基本上会回到原点。赛升药业的股价在三天内涨幅达40%后，以“假洋鬼子”身姿拐头向下，这是意料之中的事情。理由是：股价在短时间暴涨后单日见顶，股价多回头！哪来的道理？道理从规律中总结，规律在博弈中求证。见图1 -3 -6。

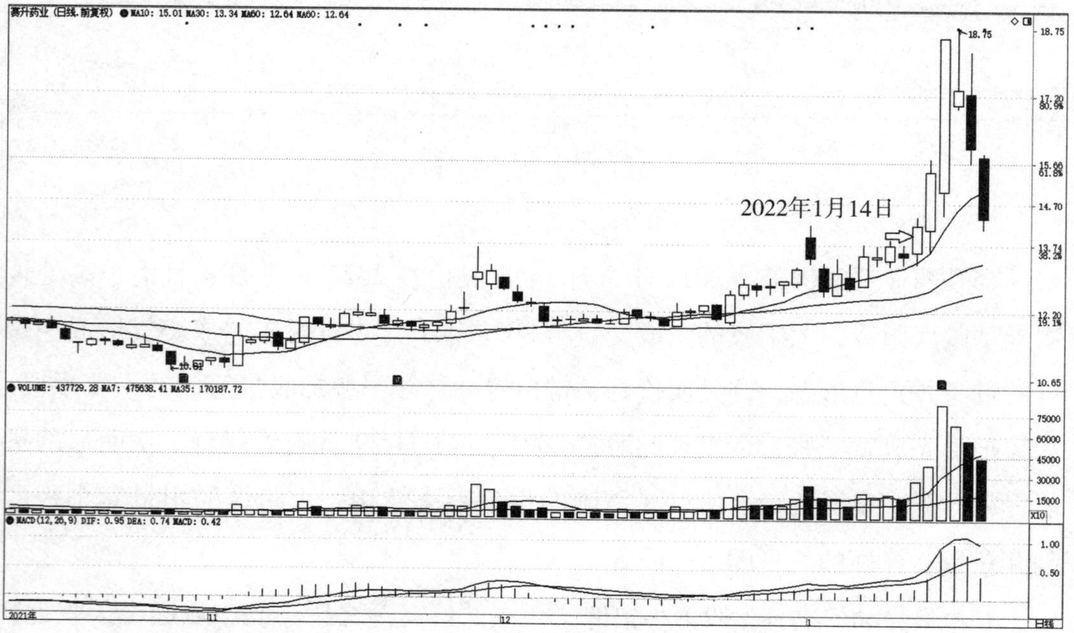

图 1 -3 -6

股市不完全是零和博弈，但可以看成是一个“零和游戏”。这个场所可以投资也可以投机，投资者不一定赚过投机者，投机者不一定跑赢大盘。强大的战略加上灵活的战术才是务实盈利之道。在投资目标的选取上，追求安全是第一要务，但稳妥不取决于股价一定要低，位置一定要低。这个市场是资金博弈的市场，胜利归属于强势。关注市场的资金流向，关注强势资金的流向，关注资金是否恰如其分在关键位置投放，这就是务实的投资态度。

具有三阳特性的系列经典成交量大形态所折射的大特性，已经证明了无数次行情真相，这样的市场主力不需要在各种场合宣称“我是强庄，我有利好，这是强势股票，是好股票!”“爱稳当时不稳当，不风流处自风流。”安全与强势并不矛盾，最佳的投资策略应该是：安全之中求强势，强势之中要安全。

这个市场没有铁定的规律，没有不变的方针，即使量形态满足上述几个条件，也不要坚定认为行情非上去不可；股价不上去或与预期背离，就要推翻以前的判断并不再固执。一旦固执就会打乱自己的正确决策，会深陷其中，会拖垮自身。“江山风月，本无常主。”行情走过了，行情变化了，就要放下，切勿恋恋不舍。这个市场一直在变，板块会轮动，位置在升降，手法在转换，尤其是关键的一着——盘面，总是忽隐忽现。因此，固守某一板块，钟情某只个股，纠缠某一形态，都不是坦诚面对市场，也不是专一、专业的体现。专业是能在任何境况下，通过对一个板块、一只股票的察言观色，心领神会主力意图，并且迅速做出决断，然后顺势、顺意而为。不应该忘记的是：大形之中暗流涌动。

接下来的几个篇章，将重点介绍市场中常见的股价大形态，结合“三度理论”“三度盈利模式”，剖析大形态成败的核心因素以及对大形态的资金布局。

本书阐述的大形态与市场中提及的大形态有共同点，也略有区别，或许就是这略有的区别，影响着大涨与一般行情的不同走势。

章结

本章通过同时段、同板块、同题材、不同量形态，在图中的不同表现，来说明后期的股价走势受到的影响、形成的不同结果。

三阳控三阴的大成交量形态是积极而健康的量形态，对股价的拉升起到坚实支撑作用。

三阴控三阳的大成交量形态是消极、有问题的量形态，对股价的上升有着抑制、压制的市场后果。

本章也从另一个方面论述了三阳控三阴的欺骗性，以及失败的三阳控三阴量形态。本章节也特别列举介绍了川量大形态与并角量两种经典的成交量形态的构建机理、图表特性，以及在实战中如何加以利用。

特别提示健康大成交量形态的有效性、强势性需要遵循如下大规则：

1. 局部服从全局。

2. 价位不在明显顶压辐射区间。

3. 股价经过大幅拉升需要充分调整或有效形成再次超越。

● 三度力量：行三度　自在大道

一路奔行老师又一部力作——《股是股非（之二）：强势大形态》【上一版为《股是股非（之二）：暴涨大形态》】在我们望眼欲穿的等待中问世，真是欢喜至极！

欢喜之一是因为自己可以再一次温暖内心一直存有的感动，欢喜之二是这本书又能让不少的人与三度结缘或走出困境！欢喜之三是可以为老师的《股是股非（之二）：强势大形态》写点文字，既幸福，又感激！

曾经有机会向老师讨教股市里的一山半水本已幸运，再翻开老师的首部大作《股是股非（之一）：猎取强势股》更是如沐春风。作为受恩惠于三度的学生，我太理解这本书的分量。诚如老师所言："三度扎根于市场，从市场坚实中走来，又从容走向市场。"尽管《股是股非（之一）：猎取强势股》已经面世一段时间，但借此机会，我还是要把这本佳作，推荐给那些依然在投资之路艰难行走的有缘人。亲爱的朋友，当你用心去研读这本朴实无华但又极具智慧的作品时，你一定会收获意想不到的宝贝。因为作者是一位用心分享自己成就的师者。

股市里的每一个人想必都有一串心酸的故事，有无数次与机会擦肩而过的迷茫，我也有。记得自己的过去，一次又一次地被套，一次又一次地血肉模糊，股市把自己弄得身心俱疲，辛辛苦苦好几年，留下的却是悲愤交加，连日子都是灰色的。山高、路远、水长，我该如何去丈量？股市何时能为我开一扇小小的窗口啊！

转机在2012年12月出现了，我碰到了恩师！我是幸运的，恩师那时收徒极其严格，许多人因为一个歪念而被拒之门外！只求能打开一扇小小窗口的我，经老师轻轻一旋转，一扇敞亮的大门为我豁然打开！没有云里雾里的大片指标，没有看不到底牌的东南西北中，只有狂风骤雨的冲刷、烈日的炙烤，然后是老师在静谧中简洁地集结，世界似乎凝固了！那时才知道授业者中，还有老师这等剖析股票如此精准之人，对强势的洞悉竟然入木到九分，对股道见地竟然如此深远！实盘技法竟然可以如此美轮美奂！“三度理念”刷新了我对股市的根本认识，也为我指明了一条强势盈利之道。

“那是心中没底，缺少一种可以说服自己的强势依据，没有找到股市的‘根’在哪里。”在了解我的困惑后，恩师如是平静地说。自老师教导以来，我努力遵循老师的“量时空寻求安全交易边际”“量形态还原主力强势身影”“量价异动促使均线归位”定格最佳交易机会这三大法则进行坚实的操盘技能筑底。然后，接近凸显市场主流的盘面大位置，最后利用老师馈赠给我们的“一路奔行技术支撑”锁定主力多空筹码成功对接，锁定主力资金行为与意志的集中爆发。正是这样环环相扣、强势印证的高效指引，以前无根无凭漂浮着的心终于生了根，发了芽。功夫不负有心人，我在极短时间内脱离了操作困境，股市的花儿终于为我尽情绽放。尤记得2013年4月23日，股市大跌，沪深两市除了两只一字板股票外，唯一涨停的美锦能源（000723）就是依据恩师的“精准强势短线”模式买进，其后的接连两个涨停板也被我收入囊中；在2013年，诸如中青宝（300052）这类强势大波段，以及上海自贸区的主流大行情，也做到了好几只。此外，2014年上半年的京津冀行情，下半年的券商行情无一漏网；2014年底，2015年初的同花顺（300033）、中铁工业（600528）的暴涨波段也有适当参与。上述这些股票的强势行情均遵循于“三度盈利模式”。老师传授于我的“三度”是厚度、力度、速度的能量体叠加，这是强势股必备条件与必经路径。“三度”之一为“厚度”，用能量做基石，以“三阳控三阴”的成交量形态，在图表上突出表现，是主力强势资金进场的依据，也是主力发动行情的最核心动力。“三度”之二是“力度”，当主力资金进场后对股价以及部分筹码做再调整、再肃清时，体现量价被健康引导、出现强势调整行为，表现为经典形态走势。“三度”之三是“速度”，各种形式的速度是意志的体现，是对前两度的求证。能有今天的收获，我深知离不开“强势三度”的“量能体叠加”法则；离不开“两点印证”策略；离不开“意随盘面舞”的“五星”要求；离不开“强势才是最安全”的理念；离不开“放低、放下、不放弃”的谆谆教导！股市人生，千回百转，能遇恩师，足矣！

股是股非，扑朔迷离，没有一套强有力的理念，缺少一种顺应市场的操作系统，很难在股市里立稳脚跟，更不要想赚大钱。于我，“强势三度理论”以及“三度盈利系统”给了我力量，从此，我不再畏惧、彷徨，在经典、强势面前从容进退。不知不觉中，凭借“三度”利器，不仅收回了以前失去的“山河”，还成全了自己的财务梦想。“股是股非”是老师用真心浸润的智慧结晶，问道亦问心！“天地间真滋味，唯静者能尝得出；天地间真机括，唯静者能看得透”，对于这本书，读者需要细心、静心，还要真心去体会，里面绝对有值得珍视的宝藏！这是作为一个老“三度”人的肺腑之言。

好雨知时节，
当春乃发生；
随风潜入夜，
润物细无声。

《股是股非（之一）：猎取强势股》《股是股非（之二）：强势大形态》两本书不经意间就摆在成千上万股票交易者的面前，因为自己曾经经历，所以深信会有更多的人因此书而受益，会有更多的人借助此书之中的理念走出困境，当然也会有更多的人“行三度，自在大道”！

沈阳　周桂杰

第二章

A区B区形态

第一节　A 区 B 区形态及构建机理

一、A 区 B 区形态

A 区 B 区是很多大行情的起始区，也正是因为 A 区、B 区的生成反过来印证了很多大行情的最终定型。

A 区形态，大体是均线系统由空头、错位运行状态转向多头形成穿越或即将穿越的区间；

B 区形态，大体是股价小幅上涨一波后波段回调，小均线（进攻线）由多头向上状态跟随回调的股价慢慢靠拢中长期均线构成密集状态，多数情况下，小均线未下叉中长期均线而再次翘头。见图 2－1－1、图 2－1－2。

【更多 A 区、B 区知识点请参阅《股是股非（之一）：猎取强势股》】

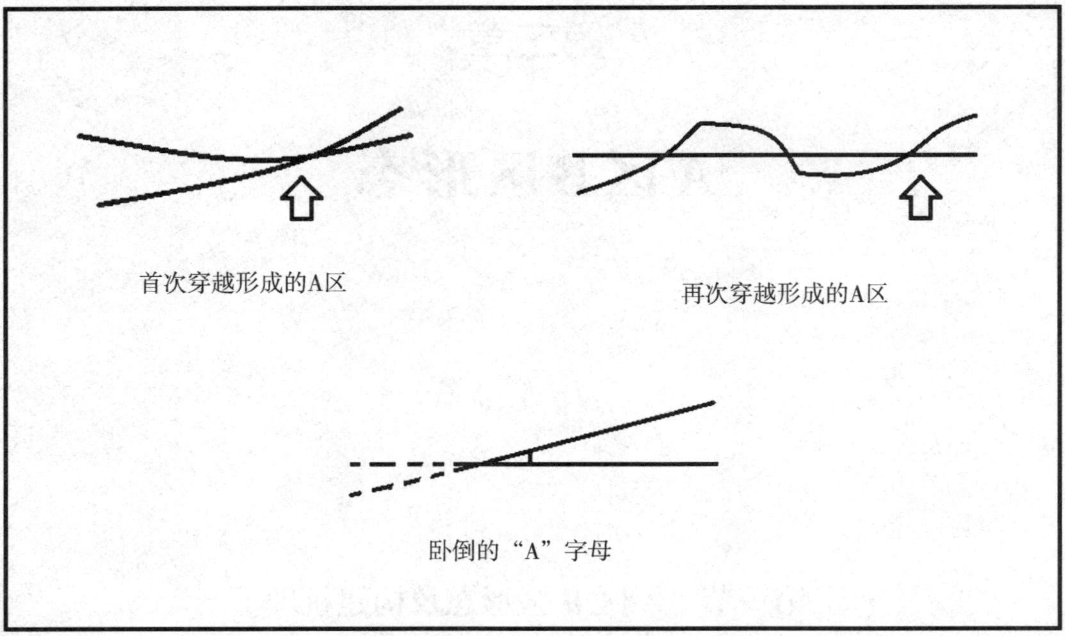

图2-1-1　A区示意图

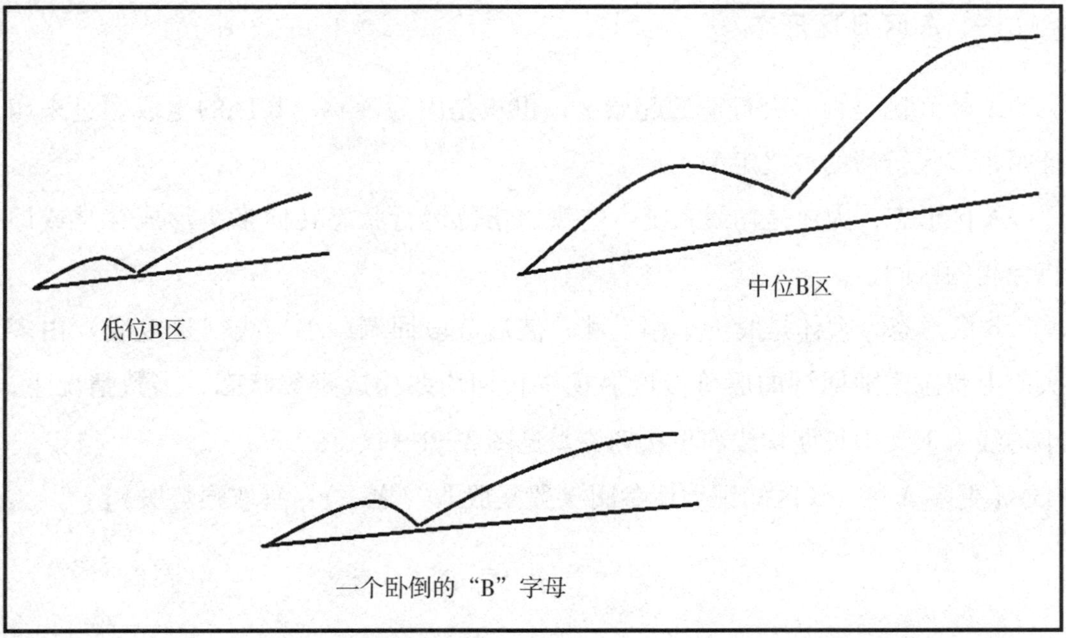

图2-1-2　B区示意图

二、A 区 B 区构建机理

A 区构建机理：股价经过相对幅度下跌或相对长时间整理，主力在相对低中价区积极收集筹码，致使股价底部逐渐抬高，随着市场成本均价的提高，之前均线系统由空头分散或错位交织状态逐渐转化为密集多头或始发散状态，A 区逐步形成，A 区形成是股价走出底部的重要标志。

B 区构建机理：股价经过前期于 A 区有一波小中幅度上涨，而后出现小波段有节制回调，且有节制回调的股价并未改变均线系统的整体走势，均线系统的中长期均线仍然延续以前多头趋势状态，进攻均线则慢慢靠拢中长期均线。随着股价止跌及新资金再次进场，进攻均线重回顺上翘头状态。B 区形成反映的是波段回调即将结束或股价即将再次拉升。

第二节　A 区 B 区形态实战意义

A 区是股价明显走出底部或再次脱离底部的重要标志，B 区是主力资金进场后，股价小波段健康回调将要结束或明显结束的重要形态见证。A 区 B 区是三度交易体系最佳交易区，尤其是量价异动让均线归位形成的 A 区 B 区，往往有较多高品质的交易机会。

长阳科技（688299）股价于 2021 年 7 月 12 日在盘中多次异动可以被发现，也就能知悉此股正在好位置上有所动作。长阳科技的股价由这天出现一根饱满的大阳线开始走出一波主升浪，主升浪启动的位置就是鲜明的 A 区。从图中可见，A 区前不远处有两堆明显阳量，其间均线系统已经处于密集汇合状态，说明市场成本已趋于一致，股价变向随时可能发生。结合前篇章的川量形态知识点，随后猎取到这一波强势行情不难。科创板在当时段相对来说活跃程度略次一些，因此异动的股票更容易发现。少归少，异动能及时发现并做到一波行情就好。见图 2－2－1。

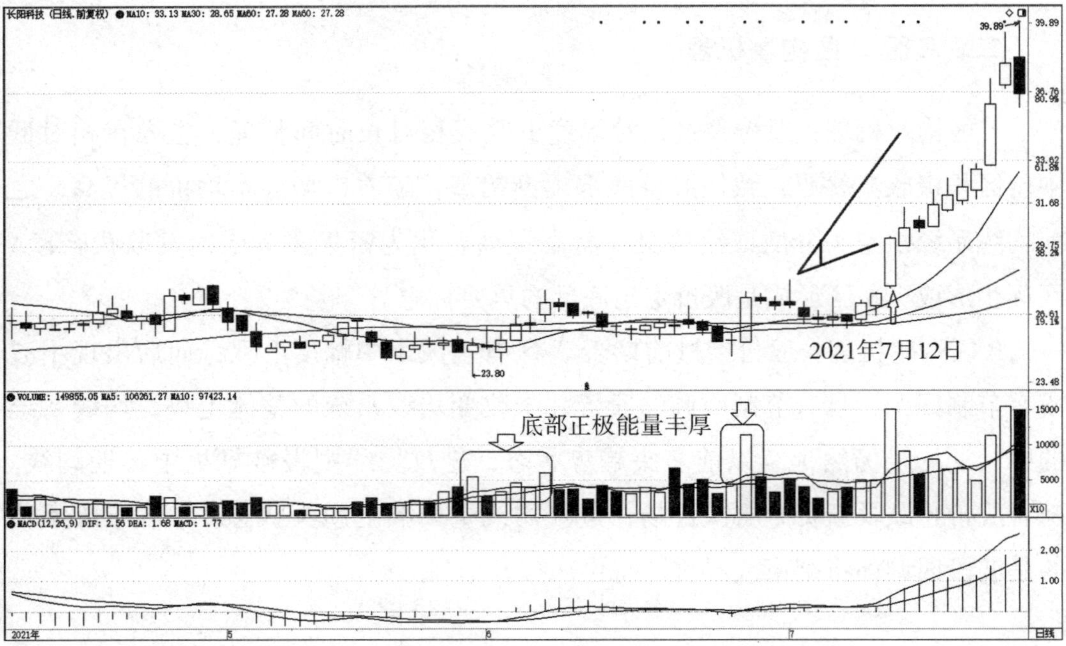

图 2－2－1

牧高笛（603908）股价在 A 区正式亮相前出现过一次放量跳空涨停板，涨停板位置刚好接近以前的股价平台。跳空涨停板次日股价大阴急杀然后再低开，但随即止跌并蓄势于缺口之上，这是强势缺口支撑经典表现行为。

上面这段话简单简洁，简单在于结合图很好理解，简洁在于可以把好几本书要写的内容轻描淡写一笔落实。

放量涨停刚好触及前高；

回调刚好在缺口上受到支撑；

均线系统刚好形成 A 区；

再次启动当天刚好有消息。

世间有很多好都挺好，有一种好叫“刚刚好”很美好！

正要找一件东西它就在你眼前；

肚子饿了，妈妈刚好叫你回家吃饭；

你爱的人刚好喜欢你；

你对缺口迷茫时刚好看到这一段……

牧高笛的股价在几多“刚好”叠加于一体后，于 2021 年 8 月 16 日大阳启动连拉大阳及涨停，短短几天时间股价大幅上涨。见图 2－2－2。

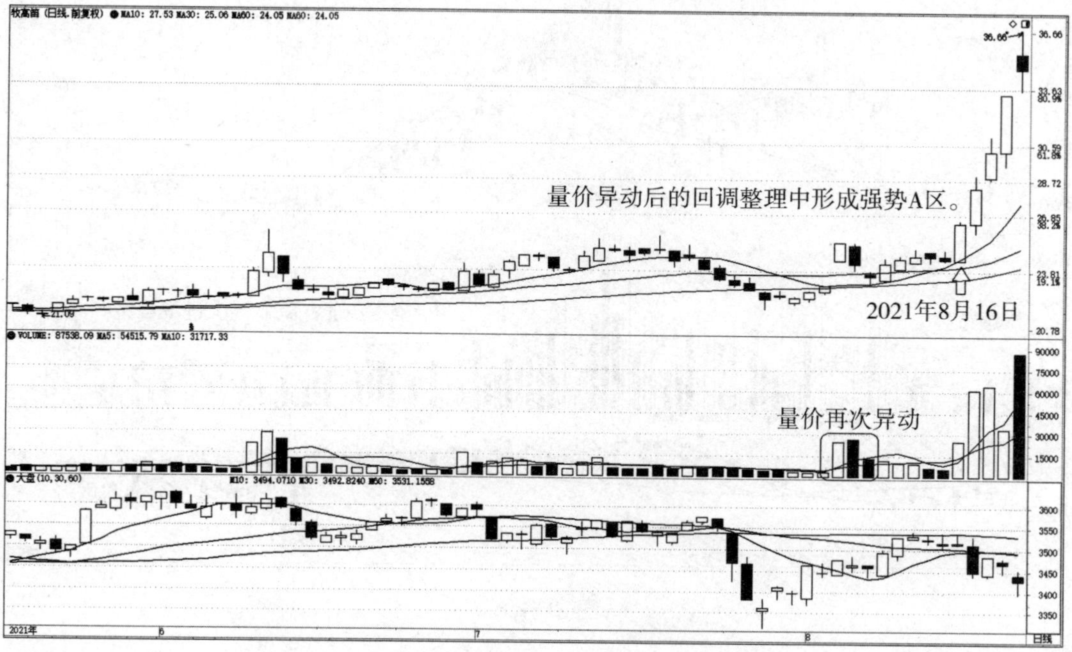

图 2－2－2

中曼石油（603619）股价带量下跌深幅度调整后，于 2021 年 8 月 23 日开始连续 5 天再次出现量价异动并促使均线系统归位形成低位 A 区，表现在图上就是价格大阳线，成交量如山般释放，均线急促穿越。量价异动之后，股价多会调整，调整方式有小阴线向下，还有中大阴线单日强洗，也有星线平台蓄势，也有阳星线略上，不一而同，不管哪种调整方式，不变的是量价异动形成 A 区的积极形态性质。该案例选用的是 10 日、30 日均线组合，你会发现股价离均线似乎有点远，这是实情，这个看上去的“有点远”往往会阻碍较多的交易者拒绝随之而来的机会，这也是实情，咋整？见图 2－2－3。

两根大阳后面接三两天小阳星，说明主力采用的是积极调整模式，也说明主力很爱惜到手的筹码，面对积极调整后的拉升要勇于跟进或再加仓，实在怕价格离均线远这一层，就多加条短期均线呗，不加就看看 60 分钟调整到位没有。中曼石油日线第三根小阳线调整之时，60 分钟刚好迎接住均线系统，股价于 A 区上方再次涨停突破前股价高位正式进入主升浪。见图 2-2-4。

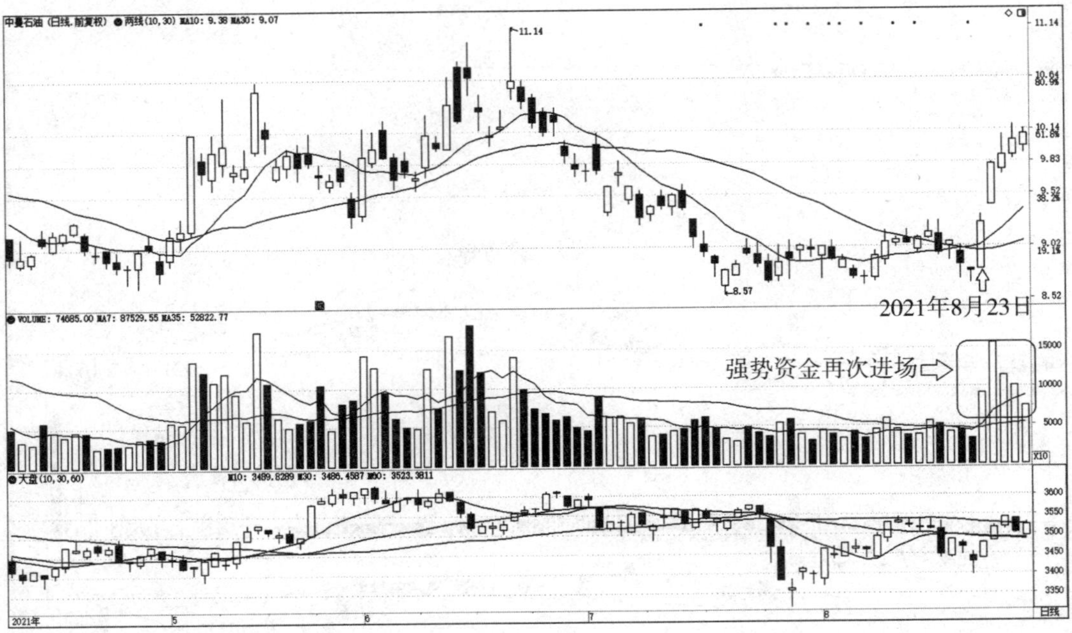

图 2-2-3

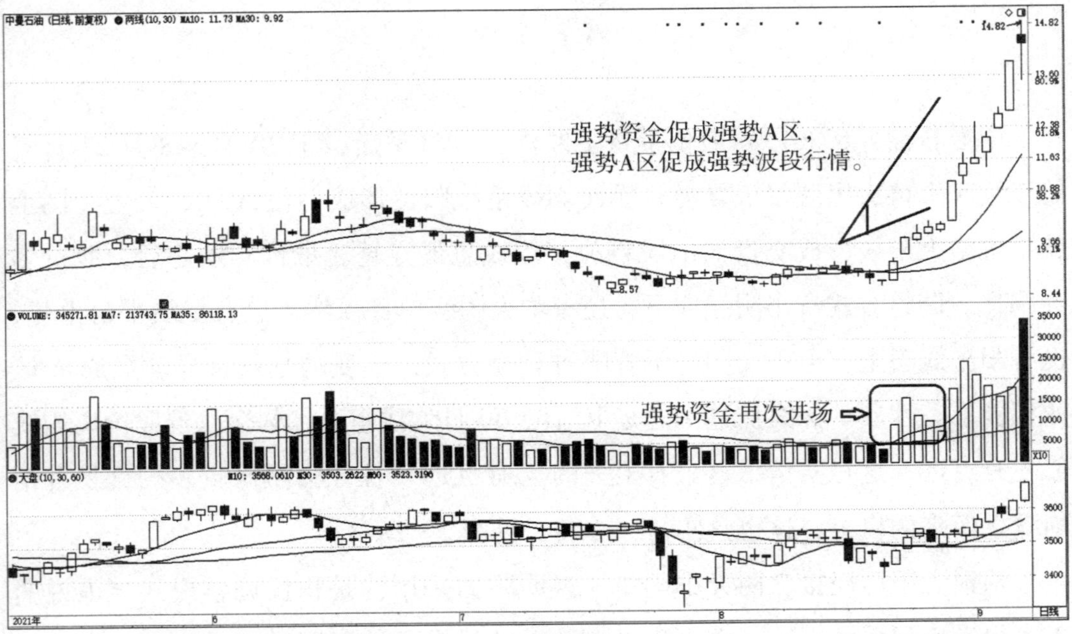

图 2-2-4

久吾高科（300631）股价前期有两小波拉升，正极成交量明显释放，尤其是第二小波有超大正极能量囤积其间，此后股价在 30 日均线附近停止纠缠并重回均线系统之上，B 区悄然形成，机会的脚步隐隐可见。2021 年 7 月 2 日，继长上影之后，久吾高科的股价全天以虎踞龙盘之势稳健上行，当日收 18 个点涨幅。很显然，强势 B 区行情启动，结合当时段“锂”概念的主流热点，当天是不错的介入机会。见图 2－2－5。

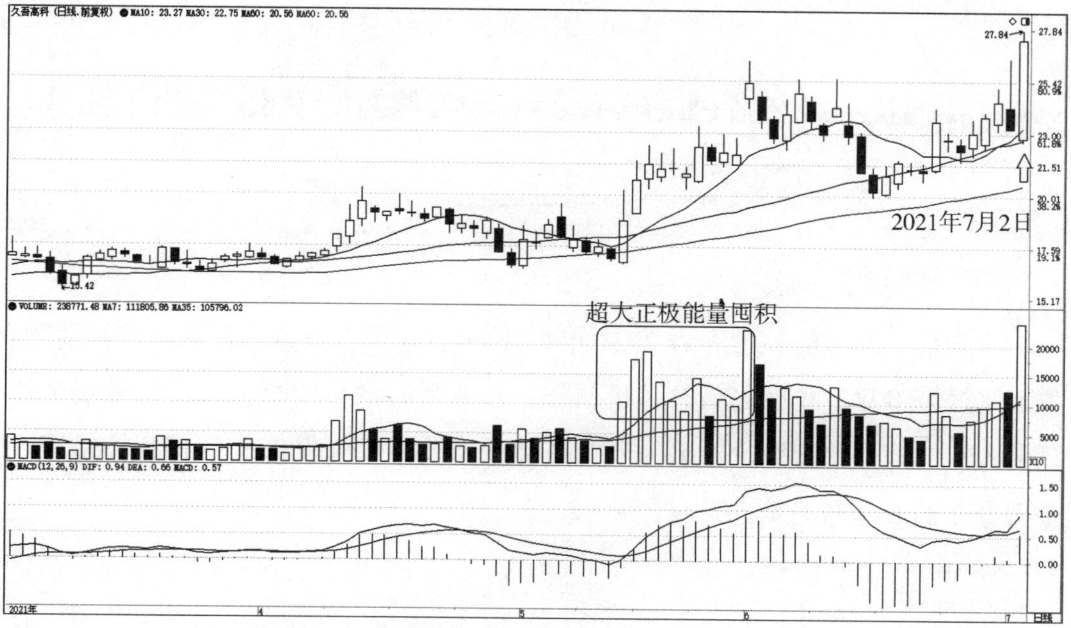

图 2－2－5

股价是否处在好位置是衡量一只股票目前好不好的核心要素，股价近期是否有强势资金异动，是判断一只股票交易时机是否成熟的核心条件，核心要素加上核心条件就是“双核”优质股。强势 B 区显然就是“双核”优质股的最佳交易区，一旦印证即是经典机会。久吾高科的主力借助热点题材，在 B 区发动了一波强势行情，急拉后的放量大阴当天可以锁定利润，至于之后的一些零星行情，那是后话。见图 2－2－6。

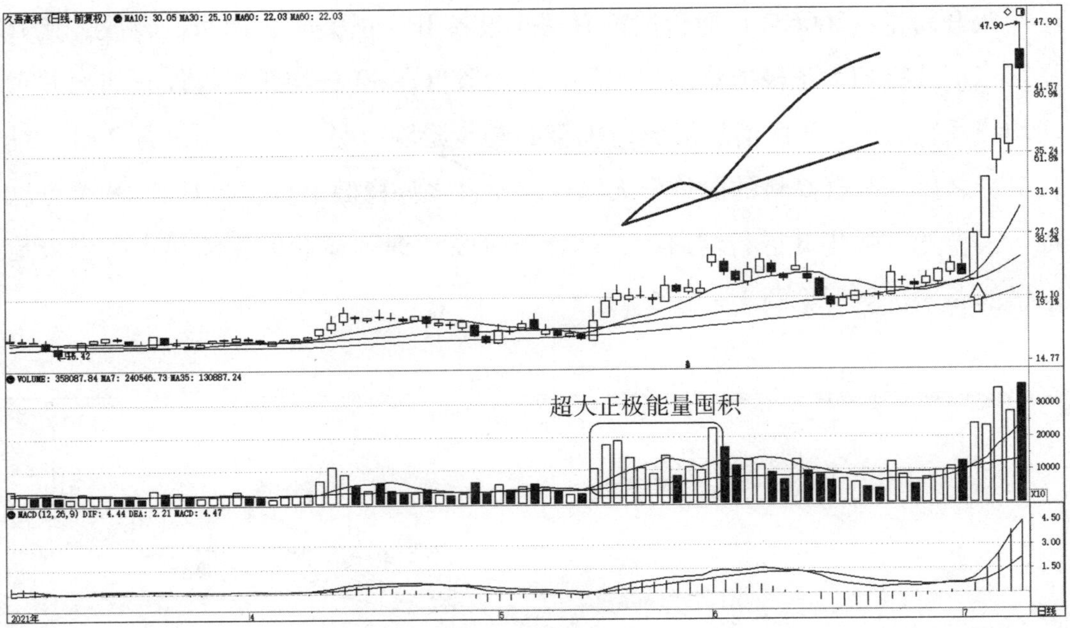

图 2 -2 -6

飞利信（300287）股价在 2021 年 6 月 11 日这天，开盘不久资金持续涌进，位置刚好是 B 区，B 区之前有阳量累积，左侧量时空也安全，说明当天资金持续涌入目的就是要把股价拉出一个新高度，当天的股价收 20% 涨停板，呈现一个很漂亮的 B 区位置形态。见图 2 -2 -7、图 2 -2 -8。

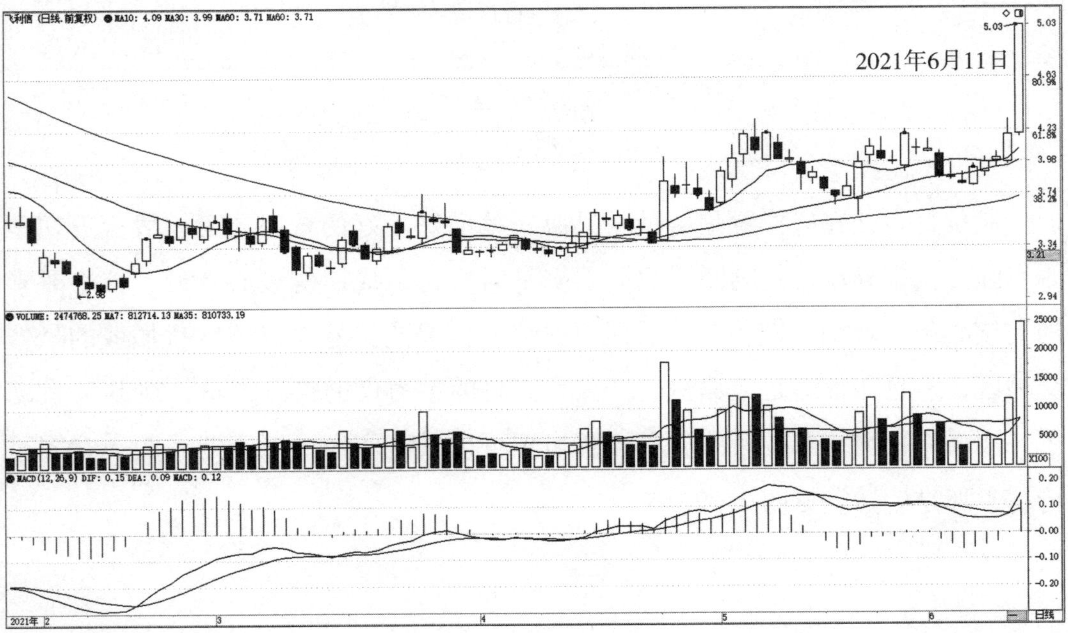

图 2 -2 -7

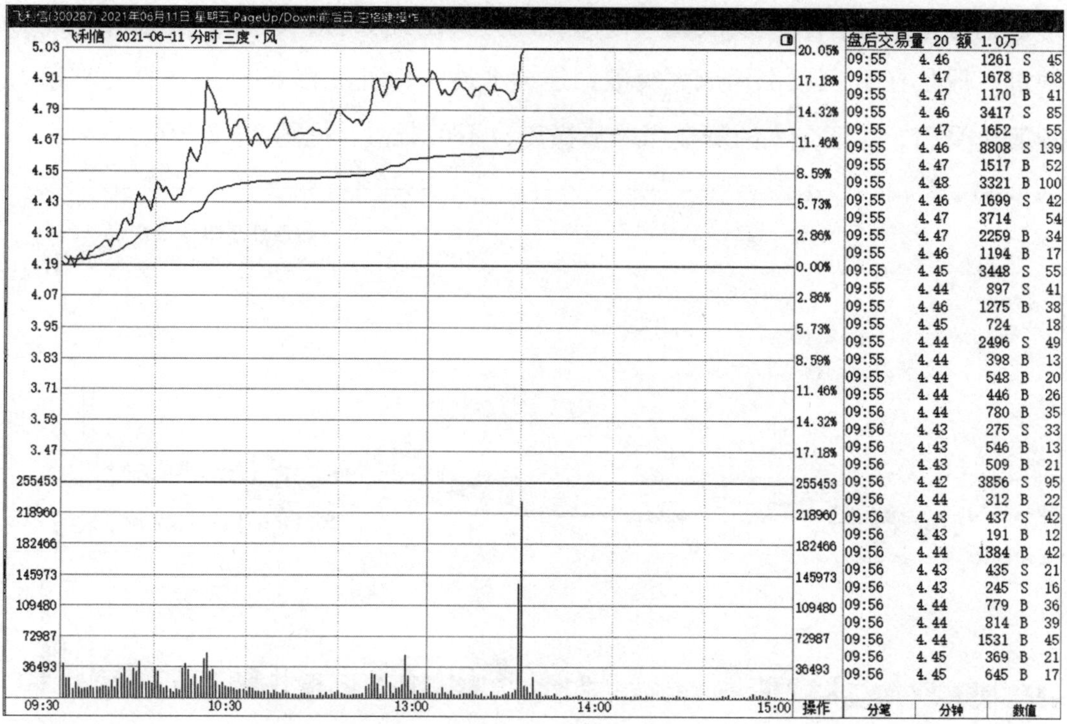

图 2-2-8

关于涨停图有一种现象，在很多人眼中涨停后的图怎么看怎么养眼，而涨停前就是不能发现它的“好看”。这种现象的产生不无道理，毕竟涨停之后均线系统被坐标压低后看上去趋于完美，涨一大波后的均线系统完美得不能再完美，而更多的人看图表就喜欢一大波段看。看久了，涨起来的股票从头到尾全都好看且顺眼且看得懂的，没涨起来就是自己看不上、不顺眼、看不懂的。为避免“盘前找不到好图，盘后全是好股票”的错觉，建议多看看起涨前几天的图、起涨前一天的图、起涨当天的图，看多了，就会找到很多起涨前也蛮“好看”的股票图，因为真实情况是：好股票大涨前也好看也经典，涨的时候也好看也经典。

“鸷鸟将击，卑飞敛翼。”凶猛的鸟即将对猎物发动攻击前，定会把自己的翅膀收敛起来，同时压低飞行速度，蓄积能量也是麻痹对方。大形态爆发的前奏，几乎均是压低、收敛的姿势，不撩动投资者的瞳孔，但是，鸷鸟的目光一定不是散乱的。飞利信的股价经过前期能量的囤积，积极健康整理，B 区均线形态的推进构建，进攻线欲翘头，冲天的势头已经具备，场外的资金准备随时跟进。股价在B区领涨形成大突破，连续上冲一口气涨幅80%，一直冲到前大顶股价受阻，B区介入的资金当顺势撤离，不可滞留。见图2－2－9。

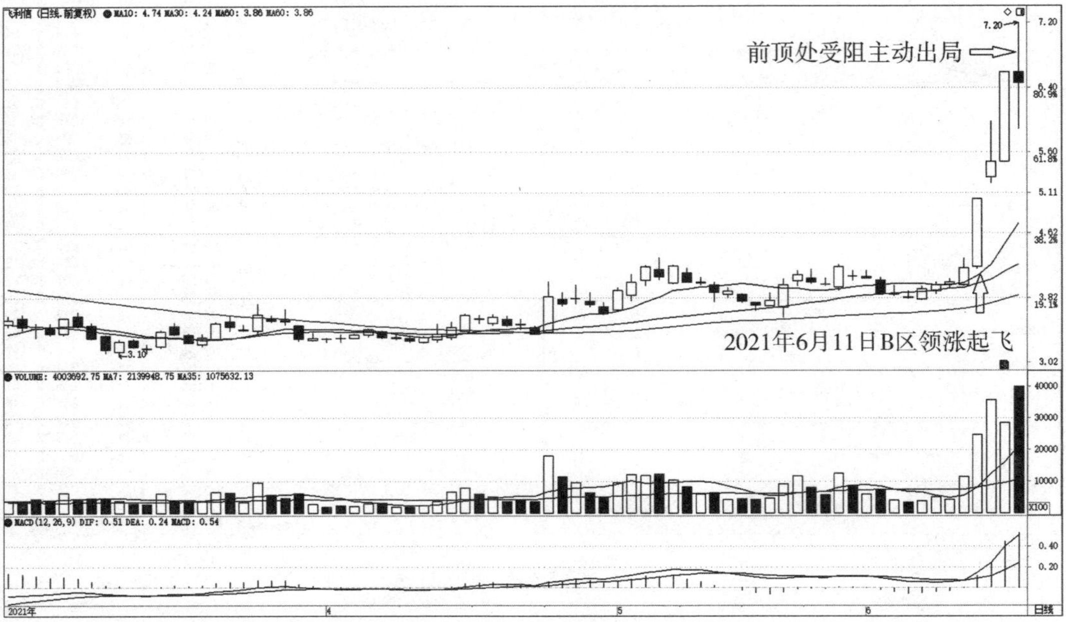

图2－2－9

沪宁股份（300669）股价在2021年12月17日开盘不久就“强劲”往上，直向涨停板冲去，这样的拉升在盘中很触动心情，当天20个点涨停板的票也挺有诱惑，何况还是“B区”，但股价到中途时后劲差那么一点，全天收出一根接近8个点带量长上影阳线，形态看上去差不多，晃眼一看也还将就。见图2－2－10。

“股是股非”强调：在任何位置，形态的有效性均要有强势能量，并与量时空安全紧密挂钩，B区出现在A区之后，A区无充足能量，B区就得补进，未补量直接拉就得慎重，这个道理交易者容易理解，不理解也要理解。

沪宁股份前小A区无能量，B区拉升也就无果。长上影后股价回落，装模作样横盘大半个月后再次步入暴跌。暴跌之后的再暴跌，多与量时空大压有联系，左边，此股前期有多次跳水暴跌形成的时空大压。“暴跌之后……”与“经过充分下跌之后……”两个概念有天壤之别，切勿混淆。见图2－2－11、图2－2－12。

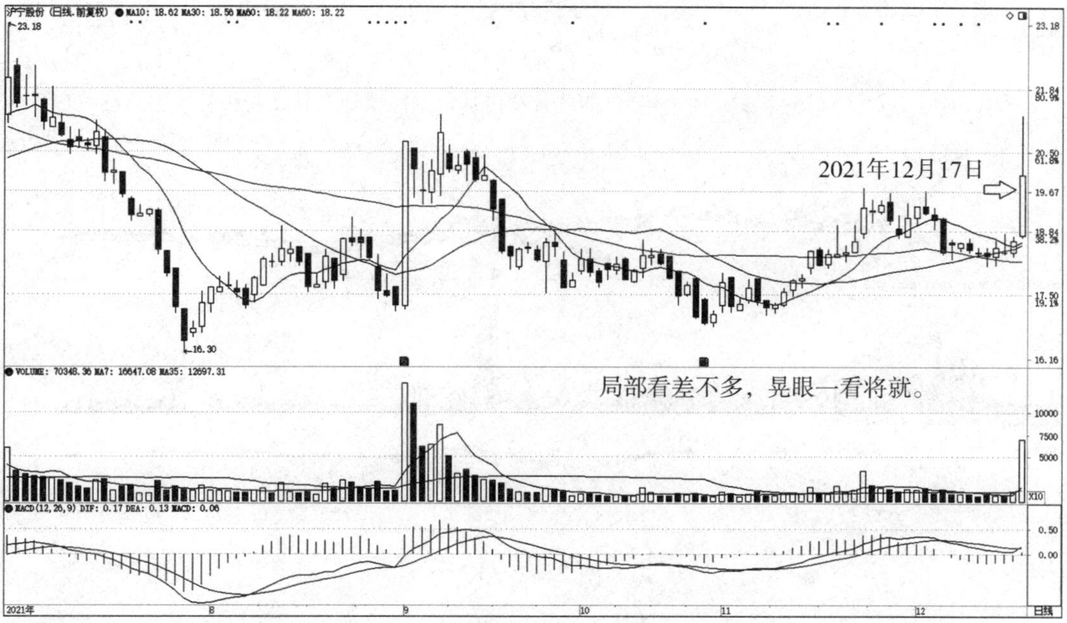

图 2－2－10

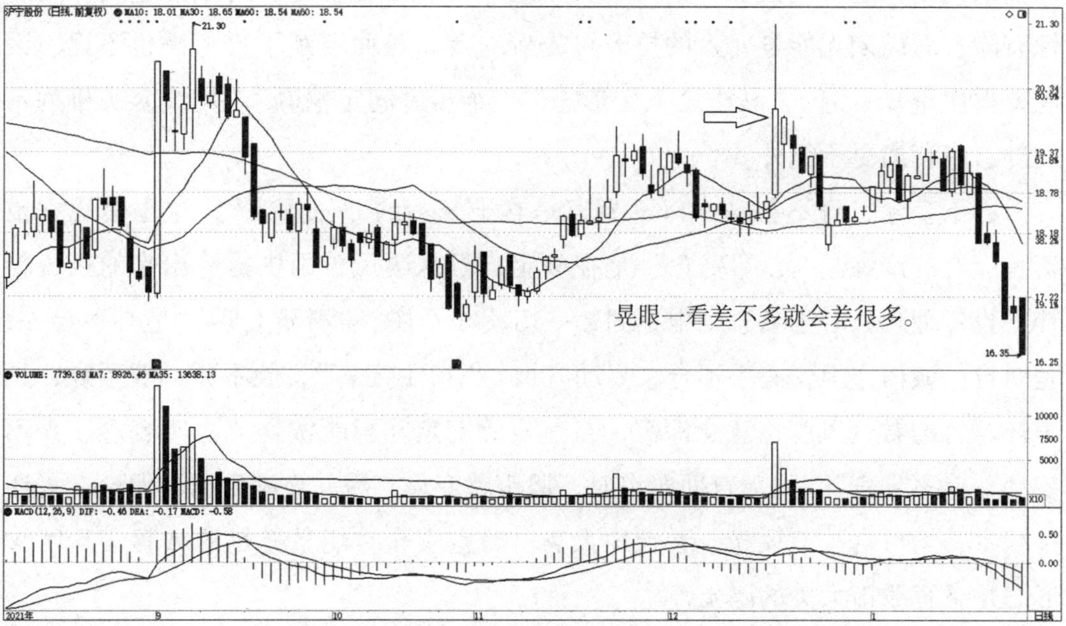

图 2－2－11

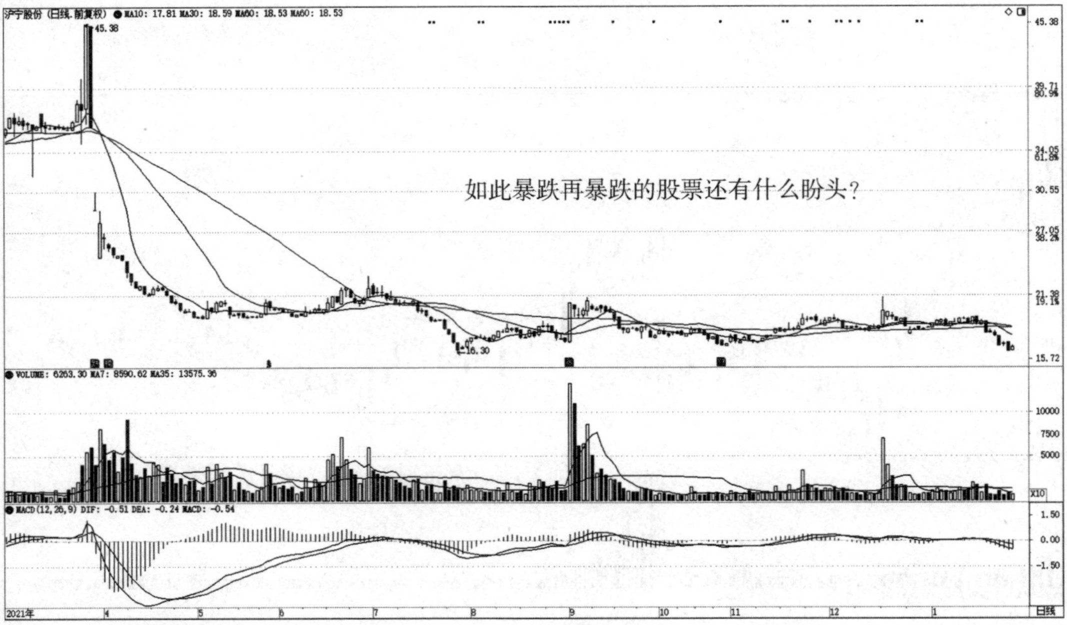

图 2-2-12

分析一只股票现阶段的真实运行态势，必须从整体走势进行分析，着眼于局部的判断肯定要吃大亏。量时空大压之下再有激情拉升，再快的速度，均有惊有险；对前期无能量介入的拉升可先等一等，盘面清楚了再考虑也不迟。因此要再次重复一遍：“高压之下无形态”“半步之间定输赢”。均线多头排列不例外，底背离更不例外。

心不妄念、身不妄动、口不妄言是君子修为的“三不妄”，这也是优秀投资者应有的修炼。“心不妄念”是在坚定自己从凄风苦雨中提炼出来的投资精粹、投资理念，心生妄念则根不固，一切就守不住。“身不妄动”是心手合一，是对自己诚信守卫，心手不合，妄动有悔。“口不妄言”，胜不骄，败不躁，是虚怀若竹的君兰风度，意念深沉，自然言辞安定。当能做到“心不妄念、身不妄动、口不妄言”，重新直面股市时，股市就变得有序并充满生机，无论春夏还是秋冬，均可赏季节风光，看天地大美。时空安全，能量充足的 A 区、B 区大形态是孕育股市大美的厚土。

章结

本章介绍了 A 区 B 区两个重要的大形态，同时也论述了 A 区 B 区形成机理与构成高品质 A 区 B 区需要满足的条件，以及 A 区 B 区的交易策略。

A 区 B 区在三度交易体系里是被定义为最佳交易区的大形态，因此其含金量很高，而欲从高含金量形态中获得收益，对投资交易者同样有“高含金量”的要求。

要求就是：

实施“半步之间”交易策略，

不要走在形态的前面，

不要走在主力的前面，

不要走在市场的前面。

三度力量：巅峰超越

蒋文辉先生是我的良师，也是益友。老师给予我很多的帮助，同时我也从他身上学到了许多极为宝贵的东西。他身上表现出的特有的乐观、坚忍、拼搏的精神深深感染着我，我的股市人生能翻开新的篇章，很大程度上得益于老师。蒋老师在股票领域成就巨大，但行事却极为低调、谦虚、简洁。其提炼的“三度系统”也体现出这样的风格。我们最初相识是在 2008 年，曾有过短暂相处。四年后，我们再次重逢，并有幸成为老师的学生。接触老师“三度战法”的瞬间，我即被其巨大能量与智慧折服，自己在股市不断真枪实弹干了好几年，能懂老师所说的分量。老师为人谦虚，但说到股票，却是一针见血，精彩霸道之处如同春雷，可以炸开一个春天。

《股是股非（之二）：强势大形态》这部作品是先生诸多精华的又一次汇总与升级。作为“大形态”，国内似乎很少见到较为全面的书籍，尤其是能把“强势大形态”论证得这般到位，并同步呈现真实交易状况可谓罕见。《股是股非（之二）：强势大形态》把“三度”与大形态精妙结合，其价值在于既能纵观全局又能把握精准交易时机。真正体现出笔者“简单中创造高效”的投资理念，真正论证了“强势与安全共生”这一主题。如此作手，实为“超越”之举。同老师交往几年，也见到老师偶尔写的文章，可谓篇篇精华，力透纸背，直指人心。通过这些文章，我能读到一种作为“三度理论”创始人对股市的深厚热爱。曾经数度沉浮的伤痛，几经追梦的荒凉，仍笑容满面执着前行，作为老师的学生，在这方面我更有共鸣。很难想象，当初需要经过多少次实战、修正、否定、总结，才能够提炼出这般经典啊！而他又能将它们呈现于世，这种胸怀、品格无一不为我辈中人所佩服。作为他的学生，我愿意把自己学习“三度”的强烈感受与通过“三度”取得的收获跟大家分享。

我认知的“三度理论”及“三度盈利模式”，科学、简单、高效，符合股道规律。看似简单的“三度”，实则隐藏着千军万马，富含着极深的智慧哲学，极具战斗力。“三度”反映了何为强势、何为经典、何为安全，指出了股市的“根”到底在哪里，最佳切入点怎么把握。“强势三度”，就是厚度、力度和速度三者完美叠加催生的极致行情。通过能量的厚度，可以发现主力的强与弱，是热点还是冷门，是强庄还是弱庄；通过力度可以发现行情是否透支，可以发现主力操控手法与这只股票的股性特征；通过速度可以确定厚度、力度的真实性与延续性以及交易时机精准性。一只股票同时满足“三度”条件，就会产生理想的效果。若有盘面契合，主力的意志将得以更为强势体现，强势涨停以及强势行情就随之产生。

有了老师的教导与启发，自己对股市、对股票的认识有了巨大提升，实盘技术同步实现了大跨度超越。面对一套严谨、高效的交易系统，遵守纪律与规则非常重要。能管住自己不去犯规逾矩比认知图表技术要难得多。正是老师一步步引导我们对“三度系统”的认识与塑型，同时也不断匡扶交易心法，最终稳固我们的交易心态，这是老师最高妙处！我很幸运，我处于运用“三度盈利模式”的不断盈利过程中；我更明白，要成就股市奇迹，最后超越的就是自己。正如老师所说，“超越，终在一心一念间”。

几年前就知道老师有书稿已成，好奇问及老师书里最主要体现什么？老师回答了两个字——“良心”！《股是股非（之一）：猎取强势股》与《股是股非(之二)：强势大形态》两本书都在说同一件事：明辨股市里的是是非非之后，借用经典获取暴涨行情。也就是说，只有认识、规避风险之后，才可以采用一些手段，抓住市场的强势行情。老师用他特有的智慧、深邃的目光、犀利的笔端，为投资者详细勾勒股市的是与非；为读者铺开强势行情的“前因后果”；剖开龙头股的前世今生，毫无保留地展现自己对股市、股票的认知。这一切无不在体现着一个写书人的良心。这何尝不是一种超越。

借此机会，作为“三度”的受惠者，我愿老师的经典之作惠及更多读者，愿“三度”理论惠及更多的投资者，愿一路奔行老师再出新篇。

万钧　武汉

第三章

三角形形态

三角形的稳固性成就了三角形的特殊性，在股票的走势中处处可见三角形的存在。在所有突破行情中，三角形突破的占比最大。同一只股票，很多时间的走势是在走三角形形态。三角形形态通常是整理形态，这种整理形态是大形态之中的明星级形态，是研究股票走势轮廓的重要形态。主力尤其喜欢应用大大小小的三角形形态来布局自己的操盘意图，达到操盘目的。我们因此需要对三角形形态有更多理解。

第一节　三角形形态及构建机理

一、三角形形态

三角形形态是股价的一种整理形态。如果股价先期有一波拉升，然后在这波行情之内震荡前行，在前行过程中，股价震荡幅度逐渐收窄，那么，整个形态轮廓就如同一个三角形。三角形形态一般体现为三种模式：平顶三角形、平底三角形、收敛三角形。

二、三角形形态的构建机理

（一）平顶三角形

股价在整理过程中，底部逐渐抬高，股价顶部多为同一价格线区。这种形态可以理解为买盘承接意愿逐渐加强，卖盘是从属地位，股价向上突破的可能性偏大，但并不是一定向上。见图3-1-1、图3-1-2、图3-1-3。

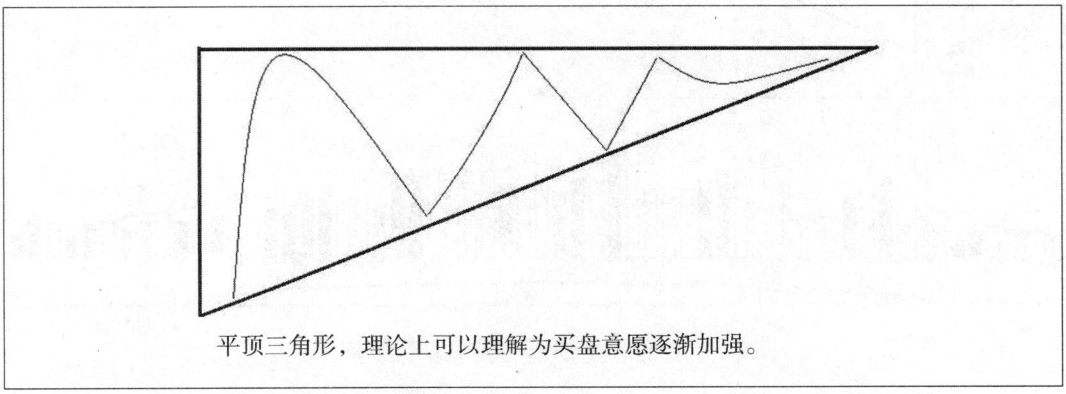

图3-1-1　平顶三角形

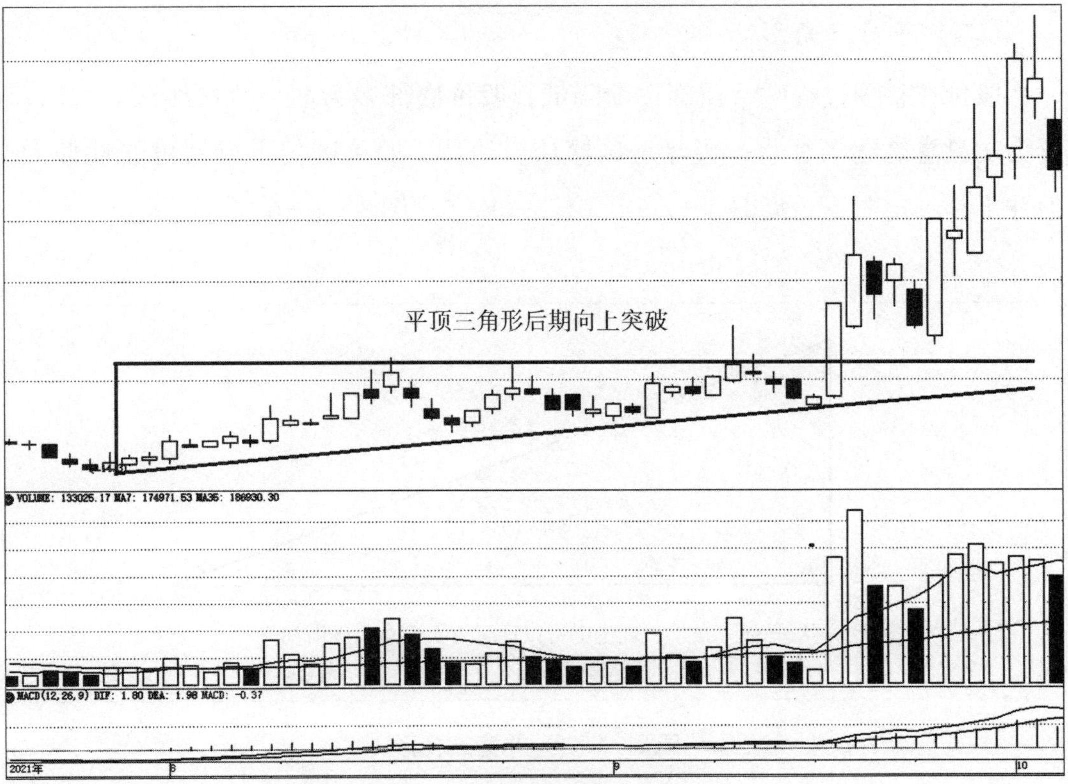

图3-1-2　平顶三角形后期行情向上

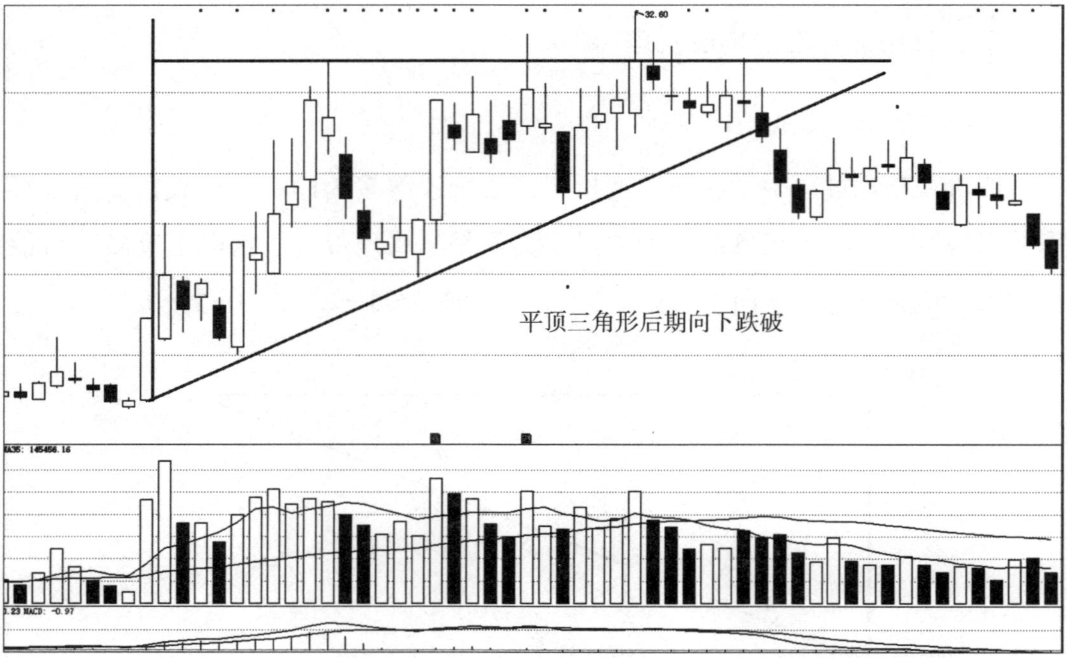

图3-1-3　平顶三角形后期行情向下

（二）平底三角形

股价在整理过程中，顶部逐渐降低，股价底部多为同一价格线区。可以理解为卖盘意愿逐渐加重，买盘是试探从属地位，股价破位下行性可能性偏大，但并不是一定向下。见图3-1-4、图3-1-5、图3-1-6。

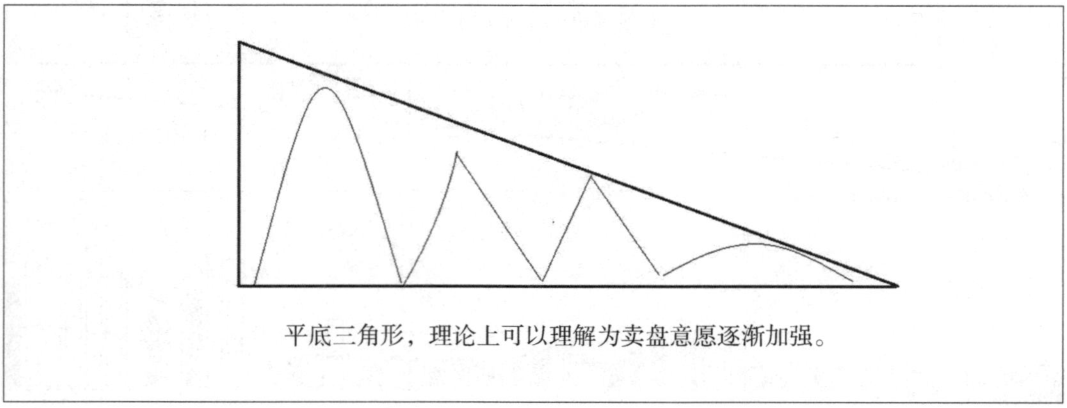

图3-1-4　平底三角形

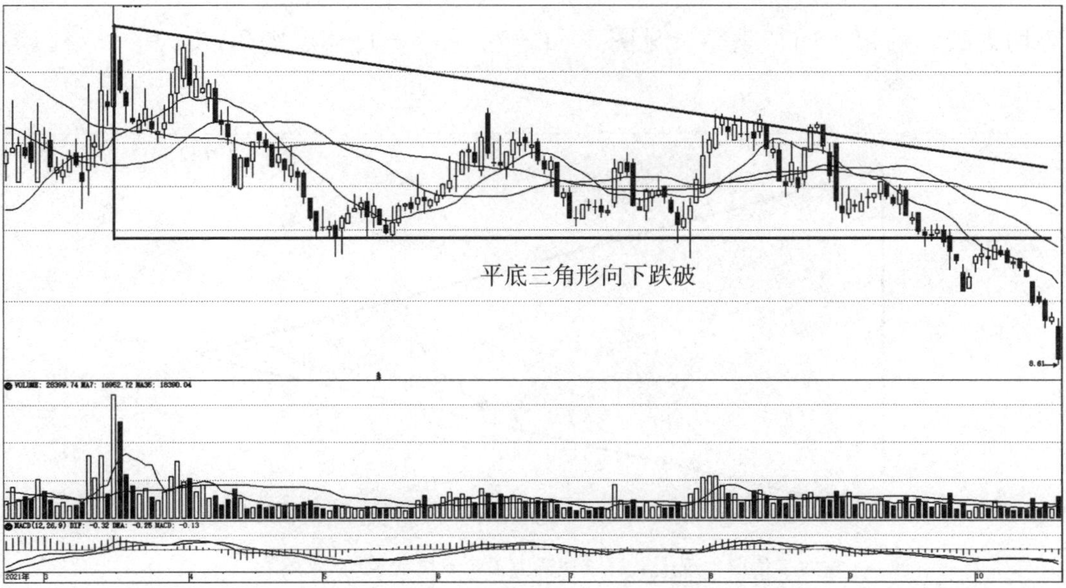

图 3 -1 -5　平底三角形后期行情向下

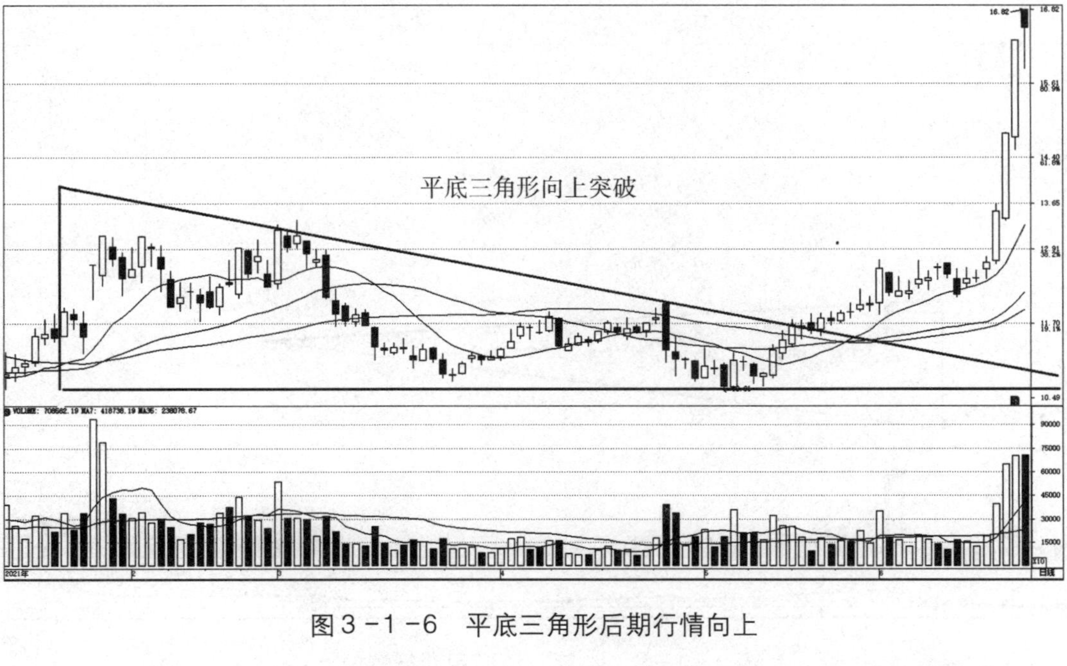

图 3 -1 -6　平底三角形后期行情向上

（三）收敛三角形

股价在整理过程中，顶部与底部同时向中间靠拢收敛。可以理解为买卖盘势均力敌，后市走向待观察。见图3－1－7、图3－1－8、图3－1－9。

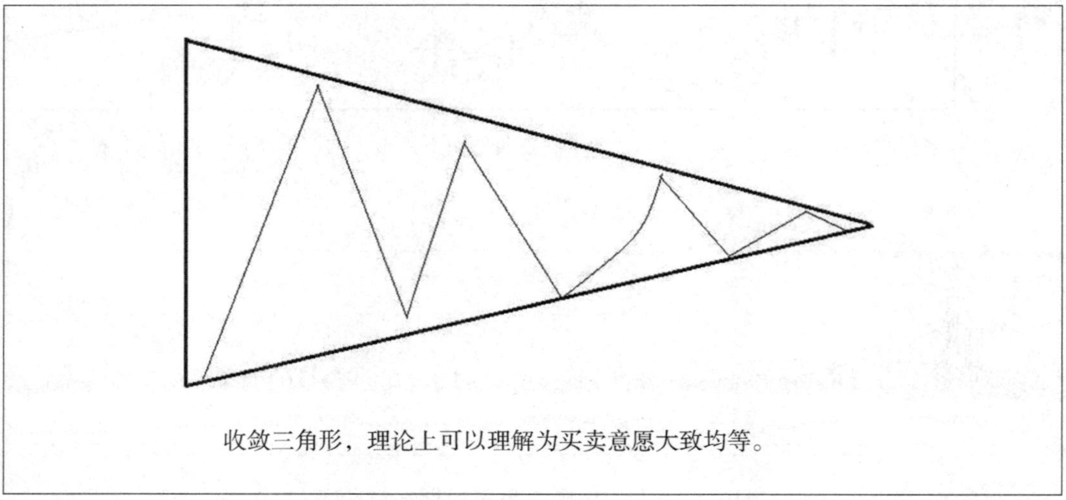

图3－1－7 收敛三角形

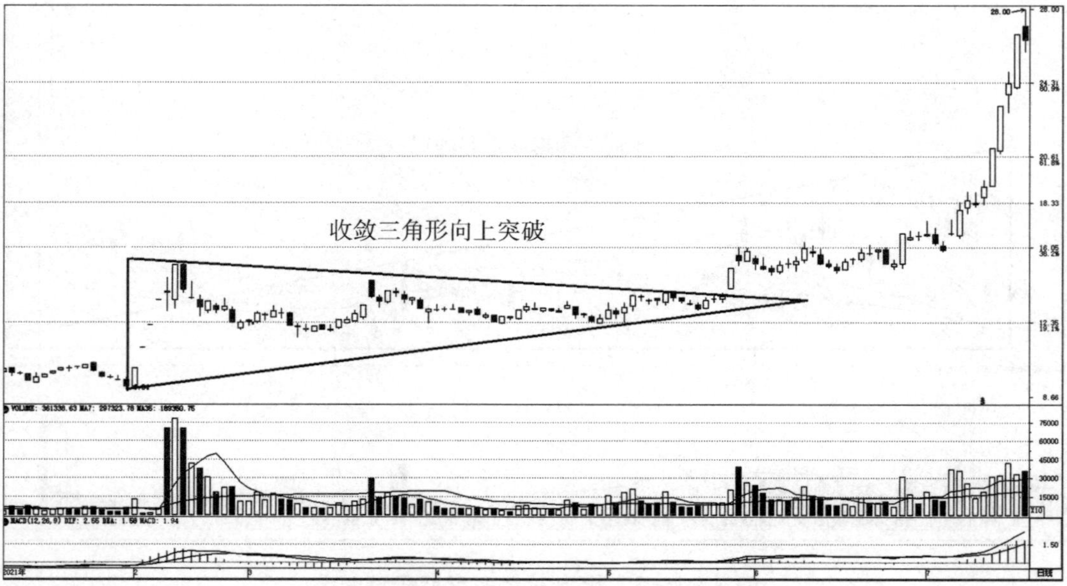

图3－1－8 收敛三角形后期行情向上

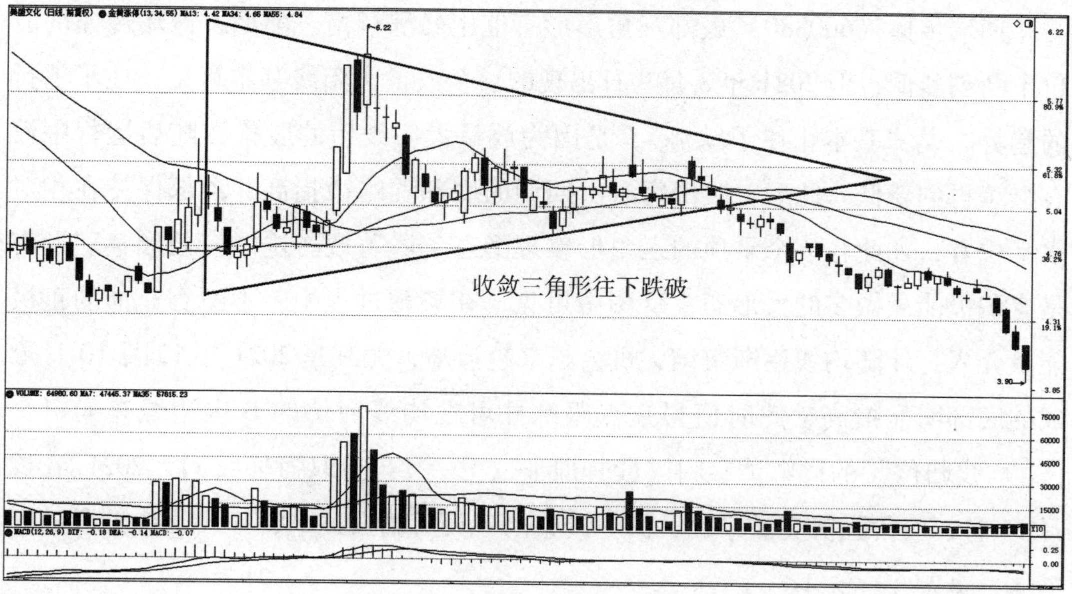

图3－1－9　收敛三角形后期行情向下

上述三种三角形整理形态只是理论，实际上，三角形整理形态并不一定标准，而整理后的股价走向，上行与下行似乎都合理，不过，这种似乎的“合理”其实是一种没有底气的对赌，而带赌博性质的博弈在危机四伏的股市终将要落败。所以我们更需要的是一种底气十足的对三角形整理的认知，判定充满正能量、充满希望和积极向上的三角形大形态。如此，无论是做多还是做空，掌控的胜算也会八九不离十。

第二节　三角形形态的实战意义

三角形整理过程是股价震荡逐步减小的过程，是均价线逐渐密集归位的过程。震荡减小，反映多空博弈的意愿逐渐降低，股价“不太明了”的走势即将终结。均价线趋于密集，代表市场筹码成本逐渐趋于一致，均线归位将有利于博弈取胜方引导行情变向。研判三角形整理形态的内涵，再借助三角形末端的信号，可以获得较为明晰的交易机会。

博瑞传播（600880）底部三角形形态催生暴涨行情。前期，博瑞传播的股价不断创新低，但2021年8月9日出现的一个放量大阳线基本算是止住了下行的趋势。说“基本止住了跌势”，是因为放量大阳线后的股价在随后运行中没有继续再创新低。此后，股价每一次回调的底部均略微抬高，顶部保持在相对水平位置，如此，一个平顶的三角形整理形态若隐若现。这个三角形整理形态是有积极能量做多的大形态，从图中可见，在整理过程中，不断有充沛的正极能量介入，伴随均线逐渐集结，机会越来越清晰，尤其是2021年12月10日形成的底部明显抬高，此时值得重点跟踪并可在均线归位的B区边缘布局资金【“均线归位”的详解请参阅《股是股非（之一）：猎取强势股》】。2021年12月14日，股价强势突破平顶，简单调整两三天后倔强往上，一段强势波段随即上演。见图3-2-1。

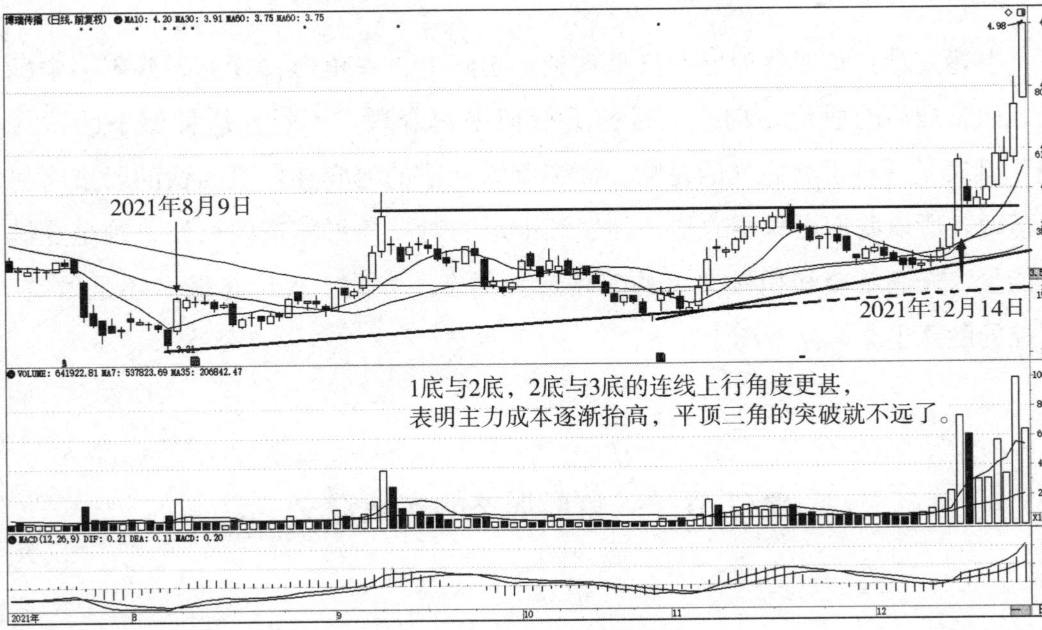

图3-2-1

任何一个形态，没有资金的积极参与都不可靠，三角形整理期间也需要资金积极介入，这样的底部抬高才表明主力收集意愿与收集力度在不断增强。博瑞传播的股价在主升浪之前的那一大堆超级阳量如同一座巨大的能量堆。“山雨欲来风满楼”，如此大量的资金进了场，股价就会强势整理推进，什么风都能把股价吹上天，此时只要伸出手，即可摘星辰。股价以强势领涨的涨停板举起旗帜，以气吞山河之气势震惊全场。如此以“五星方式”涨停的个股，随后有机会仍可积极买进，因为它的名字叫“龙头”，龙头涨幅可期。博瑞传播经过紧凑的两波急速上涨，主力拉出了一个可以从容出货的空间，在高位顺利派发，获利出局。【“出局”参考《股是股非（之一）：猎取强势股》第六章“卖对股票”】见图 3 -2 -2。

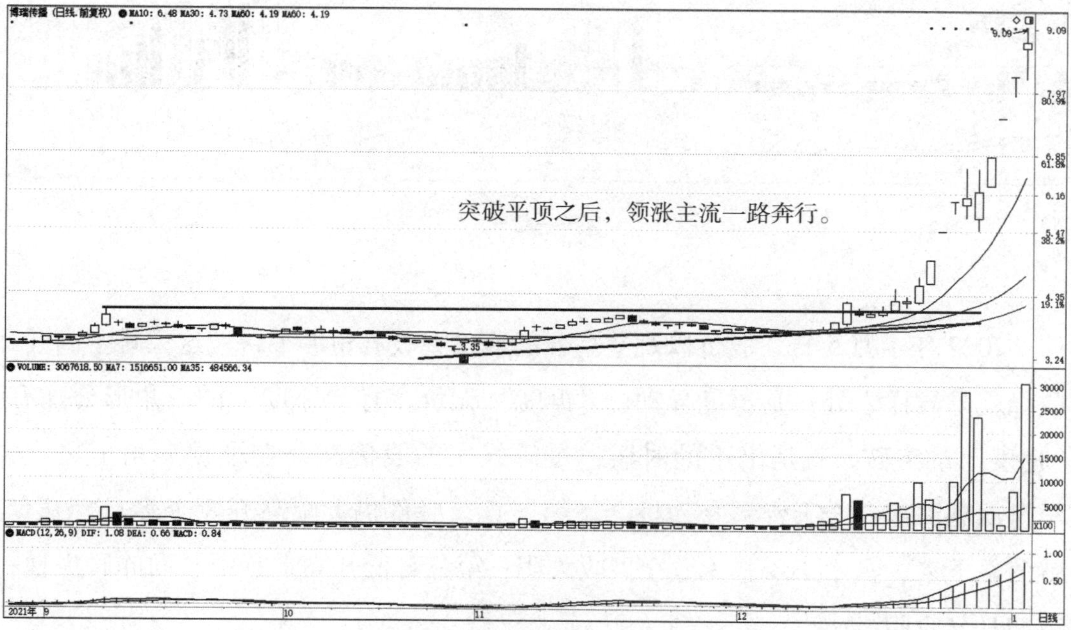

图 3 -2 -2

星辉娱乐（300043）在图中是一个平顶三角形整理大形态即将突破前的走势。该股于 2021 年 10 月底止跌后开始向上行走，其间出现一次明显量价异动，随后股价依托这次异动做上下波段震荡，图中清晰可见 2021 年 12 月 10 日、30 日两次的底部抬高，且震荡过程中三阳特性明显，结合经典的量形态及股价所处的位置，股价到了极其关键的时间点。见图 3 -2 -3。

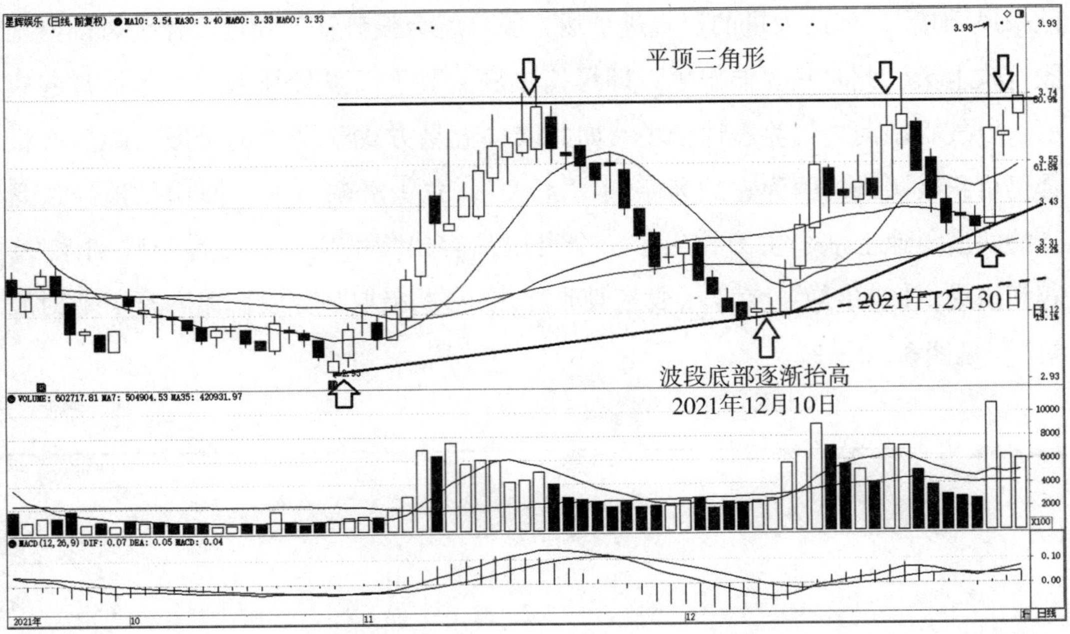

图 3 -2 -3

2022 年 1 月 5 日，股价以跳空高开的形式突破三角形平台。这天跳空高开、收稳就是异样之处，是再度异动。“再度”无价，有“厚度”的三角形叠加有“速度”的突破，就是出手的时候，星辉娱乐的股价高开在平顶三角形之上，早盘犀利涨停，全天皆是介入机会。第二日，股价仍大幅高开 8 个多点，开盘就急杀下来，盘中小反弹无效全天收大阴；第三日低开高走盘中收回昨日失地；第四日又收阴……

“这样来来去去主力到底要干什么？”

“想办法要出掉手中已经大幅获利的筹码！”

“前面的三角形形态案例涨幅不是挺大的吗？这个案例才涨两天凭什么就判断主力在卖出？”

“左边有时空大压啊！”

“就这么简单？”

“简单的过不了关，你还想怎么复杂？”

当明晰了股市、股票、投资、投机等一些要义后，简单即是快！这是笔者坚信并努力传导的一个交易观念。当然，简单的前提是有规则。交易一定要有规则，需要规划投资战略、投资手段、投资纪律，这是我们增加胜率的前提，但注意不要自我设限，一旦设限，反过来又复杂了，注意：

不要设限买进后一定要涨停；

不要设限只能低吸或只能追涨；

不要设定只做多大盘子的股票，也不要断言大盘股就涨得慢；

不要设定分时图必须要怎样拉才算健康，才是强势；

不要设定一定要放量、一定要缩量或封单要多大；

不要设定几点几分涨停最好，过时就不好；

不要设定涨停板打开几次就不强势、行情就没连续性；

……

上述这些，我们需要了解、需要知道，但这些不是交易的主题，交易的主题是量价异动促使均线归位，是观察大形态之中的暗流涌动，是观察热点与主流的盘面动向。分清主次再注意细节，就可以举重若轻。星辉娱乐的股价在20个点涨停板后再大幅高开在前时空大压下，即开始回落，不久就步入短期急跌。见图3-2-4。

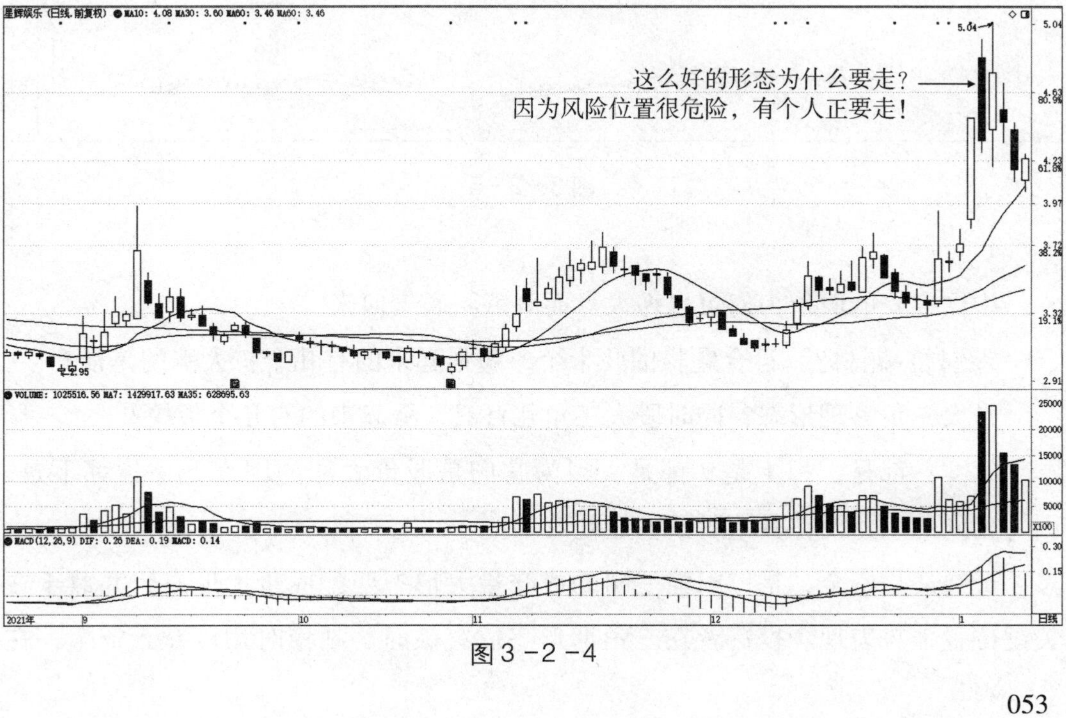

图3-2-4

中国宝安（000009）股价在相对低位筑底数月之久，箭头所指的三个低点价区等近，形成了较大的平底三角形。股价于 2021 年 2 月 1 日明显止跌，次日跳空涨停，突破三角形斜边向下的上沿线。随后几日，股价强势整理后再次起跳站在前期股价高点。突破大三角整理平台，资金在这个区间介入是恰当的，主力也较欢迎。

中国宝安在突破大三角后连续大阳涨停上冲，短短几天就走出了一波强劲行情。见图 3 -2 -5。

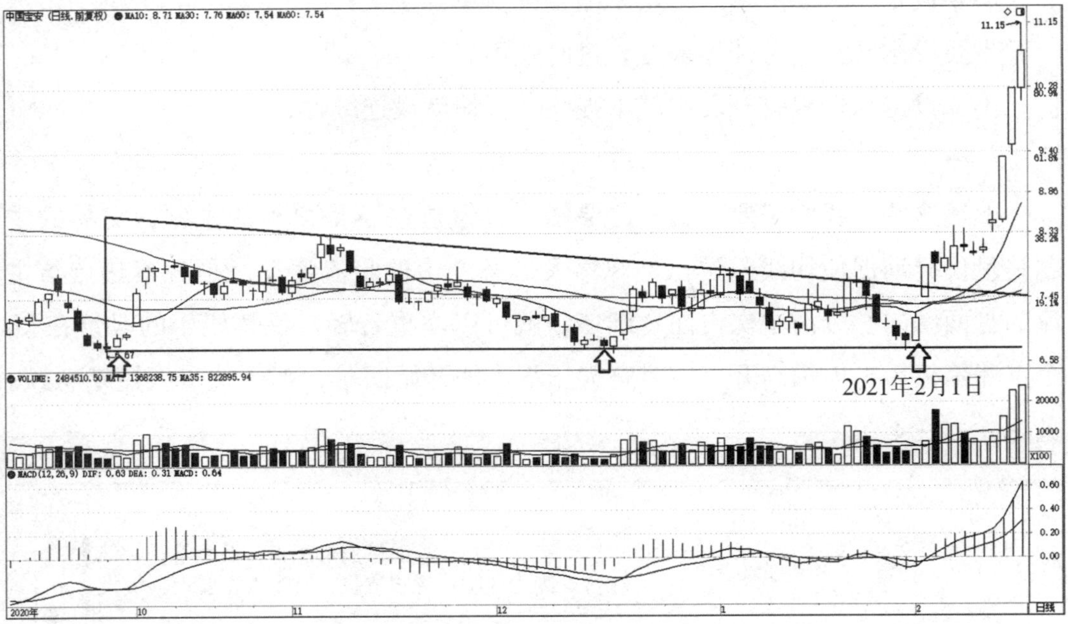

图 3 -2 -5

中国宝安的股价为何可以逆大盘而大涨，底气何来？

“题材！题材？”符合题材的几十个，勉强起来的有几个？大涨的是谁？

是大三角整理形态？同时段大三角几百只，涨起来的有几个板块？

答案：都是，都不是！都是，因为它们是股价大涨的因素之一；都不是，因为相同的东西没在其他股票上显现效果。

最终还是资金，是三阳控三阴的成交量大形态匹配股价大形态，并敢于在关键位置强势表现。投资者在三角形形态欲突破时、站稳时均可介入资金，在大突破时加仓以赢取超额利润。

“积土成山，风雨兴焉；积水成渊，蛟龙生焉。”大形态是主力历经时事，反复劈开的山峦、凿出的深渊，目的是建资金的“地利”以招风聚雨而养蛟龙，一旦时机成熟，龙出潭中，行情向天歌。中国宝安的股价在平底三角形上演了一出好戏之后，又维持住股价在“上位”游走，其间偶见阳量释放，不经意间一个平顶三角形在相对高位形成。2021 年 6 月 7 日，股价在 A 区跳空高开，早盘扫掉所有抛盘强势封停，当天股价突破平顶大三角，其后开启一段短期翻倍之旅。见图 3 -2 -6。

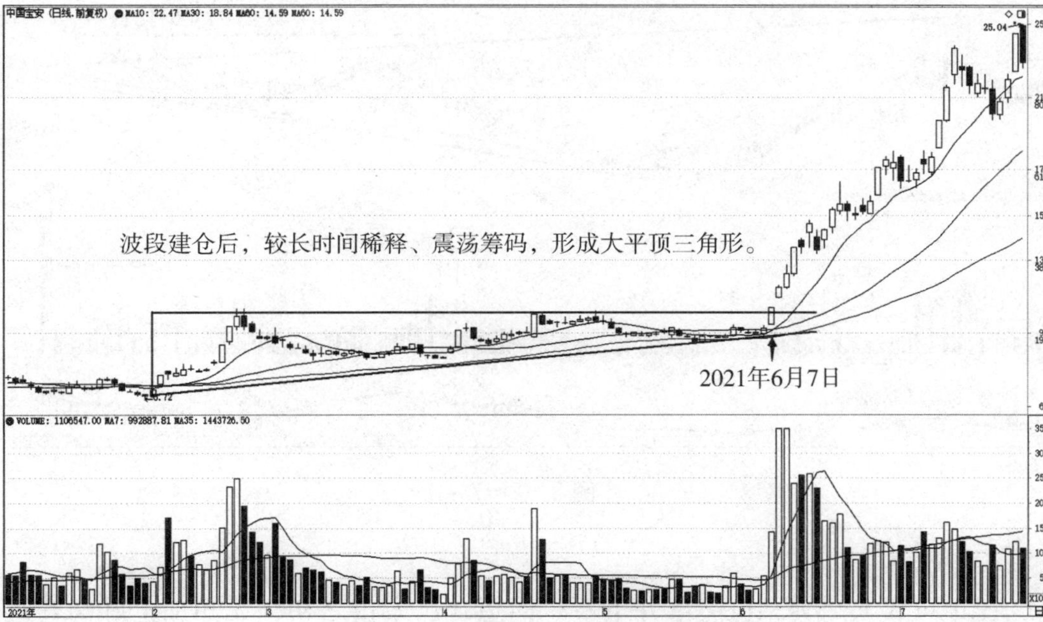

图 3 -2 -6

股市浩广，需要我们充分认识。但是，每个人精力有限，认识也不能面面俱到，无所不通。对于一个实战者，也不需要面面俱到，不需要无所不能。股是股非，鱼目混珠，有些东西听不如不听，见不如不见。“耳目宽则天地窄”，就是警示人们要适当地听，有选择地看，有针对性地学习，有目标地进行操作，如此，有限的空间依然天地宽。成交量大形态叠加价线大形态值得投资者努力认知。

莱美药业（300006）的股价在慢慢回到均线系统之上后进入横盘蓄势。总体看，走势形成收敛三角整理形态，量时空充足，均线处于密集状态。2021 年 8 月 2 日，股价小幅高开，盘中多波稳健上行，当日成功冲破收敛整理三角形的价格“纠结状态”且跨越左前如山般能量对应的价格高点，此种状况全天都是介入的好时机，若有板块效应仓位可多一些。见图 3 －2 －7。

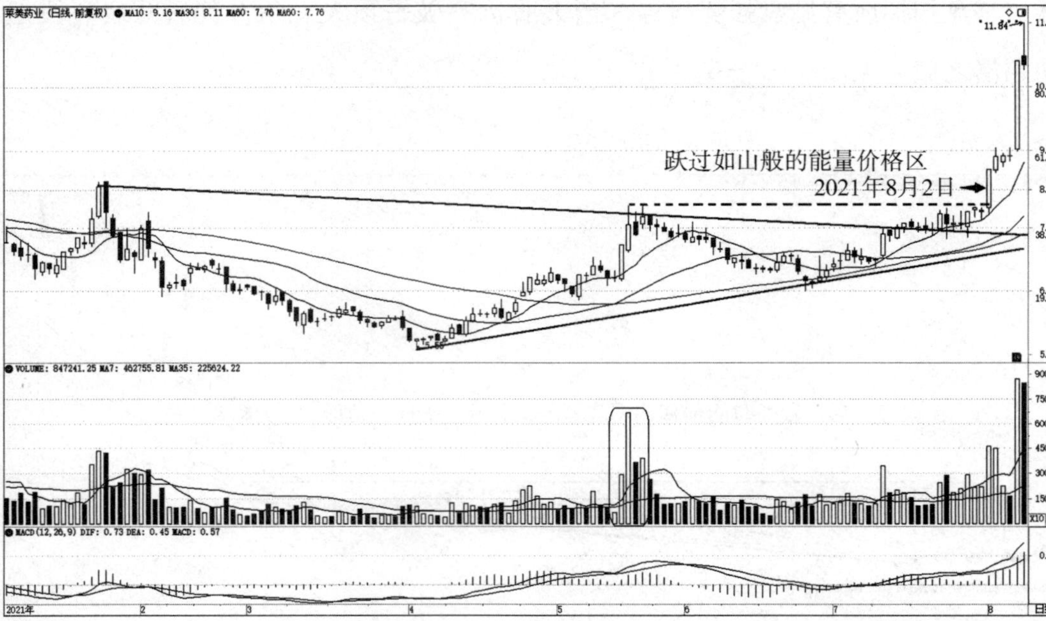

图 3 －2 －7

股市可成人之美，也能落井下石。回想自己入市之初，无知加上好高骛远真是太可怕了！这两个东西加在一起，导致交易频繁并且频频失败，资金流失似同血洗。所幸很快意识到这是加速走向灭亡的行为，必须即刻终止并回头，即刻！然后一点一滴学习基本知识，一寸一寸积攒操盘经验，一次一次压住狂躁心绪，一分一分看清自己，一步一步收回失地。现在，我常劝告来交流的投资者：股票操盘，投资人生，不要太急，急不来！先从最简单的成交量、均线、压力去看股票，分析走势。把三件基础而普通的事项拧在一起，理清楚了，在认知股票、交易操作上就已经到了较高层次。然后追溯市场热点，洞察盘面主导，如此一步一个脚印，高手也就炼成了。

股票操盘无异于投资人生，为何？何为？

具备高质量大形态的股票，是在书写一个大大的“人”字，有实力的主力，都遵循市场规矩在兢兢业业做着“人”。从布局到蓄势，从起涨到下跌，从入局到出局，从风生水起到落花流水，都沿着“人”的轨迹在顺应市场而非“逆人性”操弄。在人创造的股市，本就该努力做顺人性的事而顺顺当当，顺人性的事还没做好却鼓吹着做逆人性的事，这种主张很不妥当也很不可靠。

莱美药业用几天时间完成主升浪后，在高位连续“天针”甩出大阴量，阴云笼罩，已是高处不胜寒，紧接的C区跌落，宣告“人”去也！见图3-2-8。

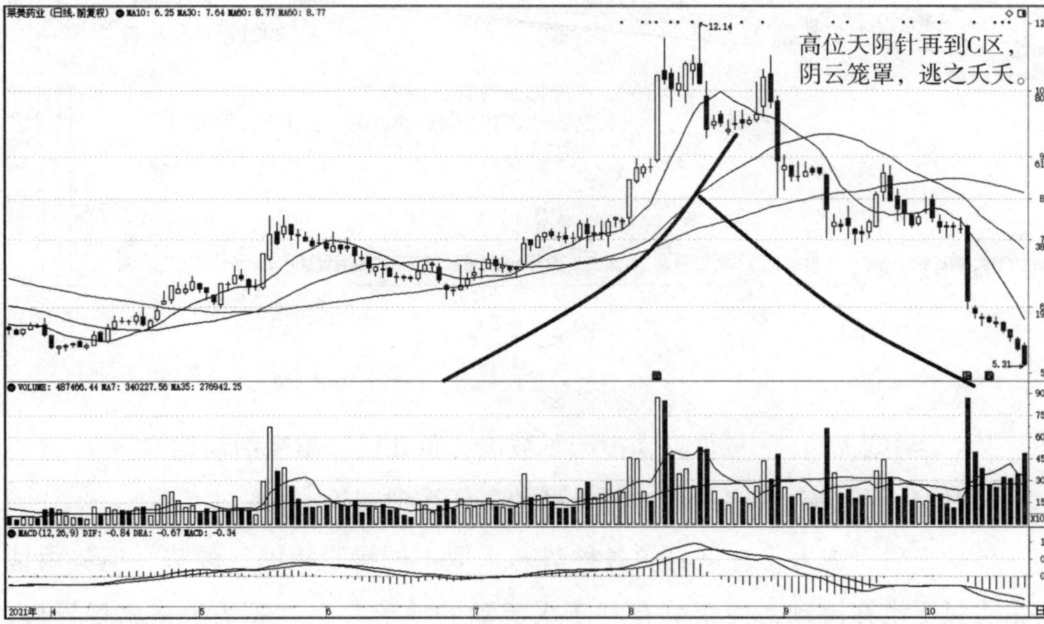

图3-2-8

星湖科技（600866）股价于2021年12月16日附近几天在B区又出现一堆大阳量，这是经典的“超常规短资金”投入，也是经典的“量价异动让均线归位”的形态表现。16日这天，大阳线刚好越过收敛三角形的价区，略做调整遂展开强攻，以连续的涨停板走出亮丽的食品饮料的龙头行情，而同期的大盘是向下走的。

有句话叫“英雄不论出处”，这尤其适合股市，不要计较是主板还是创业板，不要太计较有没有哪家机构入驻，不要太较真有谁在举牌。只要有英雄的基因、英雄的思维、英雄的行为就是英雄。见图3－2－9。

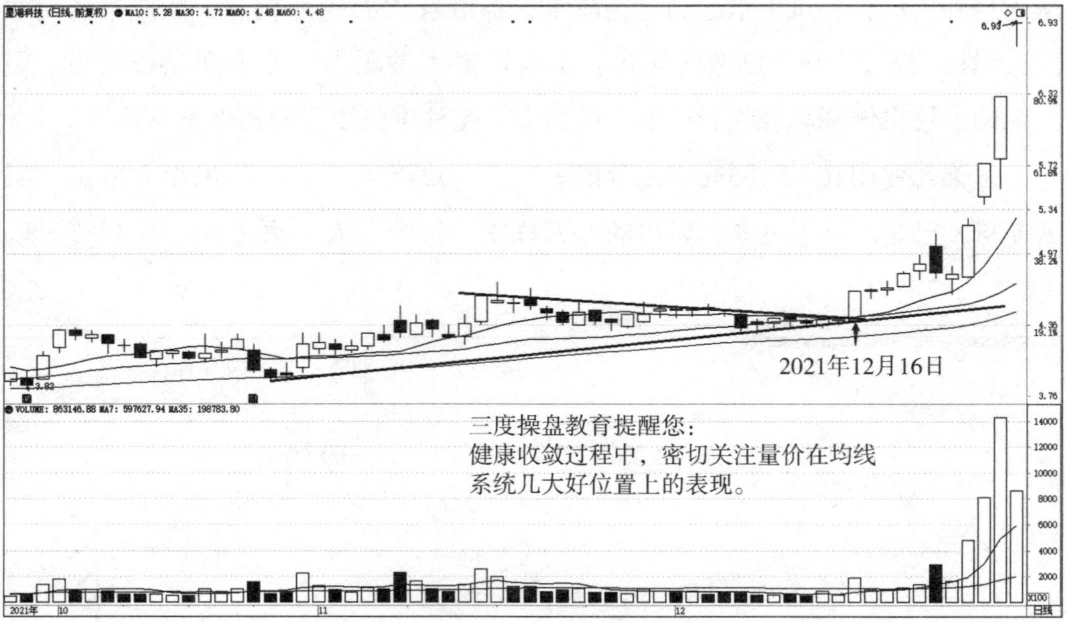

图3－2－9

“水至清则无鱼。”量价异动搅起了波浪，鱼儿已经出来活动觅食。

“水因地而制流。”水的流向因地形的高低受到制约。

异动之后，主力将视盘面的各种势态采取不同操盘策略，顺势、逆势由他做主。只要水在流动，说明就有利于水流动的地形存在。股票价格出现异样，我们需要做的就是审视地势是否利于主力资金作战，有利于主力资金作战，才有利于我们作战。“大家好才是真的好”不仅是一句经典的广告语，更是一种相处之道。要想钓到鱼就要像鱼儿一样思考。站在主力的角度想问题，以前很多棘手的问题在转念之时就成了自己的财富。

西安饮食（000721）股价于2021年12月21日在小阳线簇拥下巨量涨停，次日猛然回调，再低开。这一系列上冲下落的动作，让部分短线交易者感觉不太舒服，这部分短线交易者多是打板交易者；但又让部分短线交易者很舒服，这部分短线交易者多是深谙“再机无价”的半步之间交易者。也就是说，同样的形态走势，在不同人眼中是不同甚至相反的形态意义，造成这种状况的主要原因是认知上的分歧，分歧无对错，对错在于常常错常常对。

在股市里，大部分人有一种急切的心态，这种急切的心态集中体现在两个方面。一是底部没筑牢实，回调的股价没站稳就攥紧拳头，急吼吼闯进去，生怕比主力多拿出一分钱；二是好不容易买进一只好股票，生怕赚到手的钱退回去一毛，一拉就卖，或者股价稍一调整就冷汗直流，六神无主之下习惯性地一刀剁下。这种急切的心态有一个不雅的名字——猴急。任何一种猴急都很难在股市里盈利，两种猴急加一起，输钱是必然。道理很简单，卖点当买点，买点当卖点；该持仓急着要卖，该卖的偏要抱幻想，重复做着大亏小赚的事情。

如何克服并摧毁这一急切的心性？找大形态跟踪，借大政策搜寻，找强势大形态操作。一旦确定主力在实施大形态资金布局，在适当的位置分次买进后，卧倒不动，静观其变。投资回报，很多时候的确是在隐忍如龟修炼之后。关注前期异动的后续走势，借此寻求操作机会，是一种很不错的选择。西安饮食股价巨量涨停后的回调低点刚好落在异动区底部位置，之后不声不响补量、小幅震荡，再之后，局部收敛三角形构建成形，再之后，乘“年饭预制菜”之风，踩三角形末端拔地而起，短线快涨拉出高度，出局。见图3－2－10。

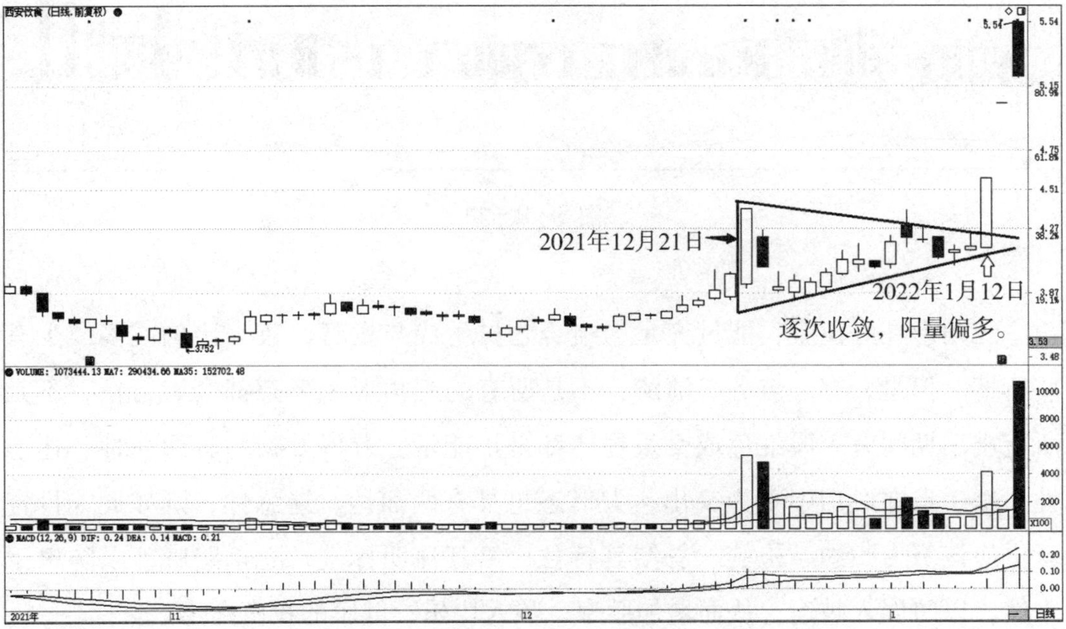

图3－2－10

同一只股票，同样的题材，同样的操盘手法，西安饮食在 2022 年 11 月 3 日开始的几个连续涨停板何其相似，何其亲切，何其“大同”！三度行行云流水；行三度自在大道。大道，大同，大自在，三度是了。

图 3 -2 -11 是上证能源指数（000032）在 2021 年 8 月中旬到 9 月中旬的走势图。指数走势回调后再循环低点筑底，判断筑底的理由是“不跌了”。不跌了后再放量反转就说明筑底完成了，筑底完成的能源指数一个月涨了 30%，波段启动点刚好是平底三角的末端叠加 A 区间。

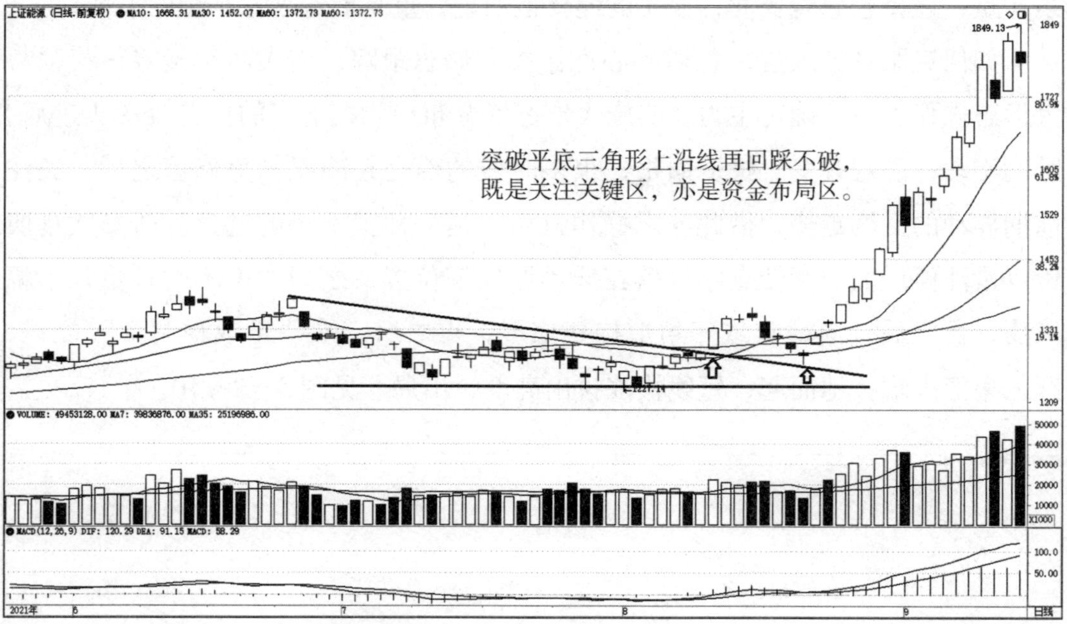

图 3 -2 -11

三角形在好位置，能量充足，结合题材生成与发酵，较大比例或多或少有些行情。但是，有一点务必清醒：不是所有的三角形大形态都会有行情，不是所有震荡期间有丰厚红色成交量柱体都是正能量。万事万物均有两面性、迷惑性，这一点在股市中更为突出。大形态也具有两面性、迷惑性，既如此，投资者更应该努力归纳、检验、总结其特性，给其注明标签，立正路牌，以防患于未然，以防误入歧途，从而增加胜率，步入快乐、健康的投资之道。

爱尔眼科（300015）股价慢悠悠持续涨了两三年，作为一个亮眼的行业龙头企业，股价不负众望回报蛮丰厚。涨完之后在高位做了个“M”头后步入持续下跌通道，途中出现了一次带量的小涨波段，股价受制于60日均线主动回头，其间构建了一个“看上去”符合条件的收敛三角形。2021年11月26日股价低开低走跌破收敛三角形下沿，次日再小幅低开，一个看上去“好端端”的形态一两天就“哦嗬”（四川方言，表示惋惜）了，随之而来的是股价继续波段下跌。

“良医者，常治无病之病，故无病；圣人者，常治无患之患，故无患。”善于治病的良医，常在没有出现疾病前就已经进行治疗，所以不生病，不生大病；明智的人，常在祸患出现前就思考应对之策，寻求避害之略，所以不会出现祸患，不出大麻烦。从选股到操作，均当以此为尺杆，充分衡量各类风险，寻求最佳战机，从而保证最大胜算。

“透支的行情如同烧红的铁不要碰”，“高压之下无形态，暴跌之间少战机”，这是笔者再三传导的交易理念。尽管某些股票在局部看上去是三阳控三阴，是三角形，但后继没有阳量加大释放，表明它身板并不结实，不结实的身板易受风寒侵蚀，风一动身骨就散架。见图3－2－12。

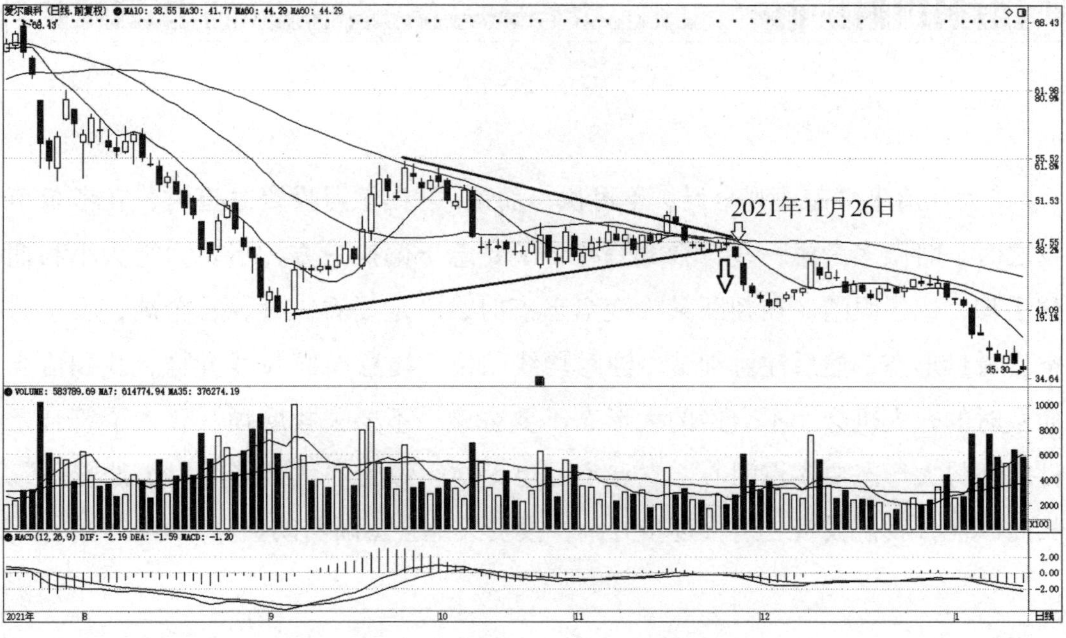

图3－2－12

机器人（300024）2021 年 12 月 28 日明显量价异动，均线 A 区形成，随后股价围绕大阳线整理，局部看上去又是一幅好看的平顶三角形形态，然而在后期股价却短期大跌。局部的热闹，几天的躁动，在股票市场层出不穷。机器人的异动正好在左边不远的量时空虎口大压之下，对于这样的异动，态度十分明确：“热闹中着一冷眼，便省去许多烦心事。”见图 3－2－13。

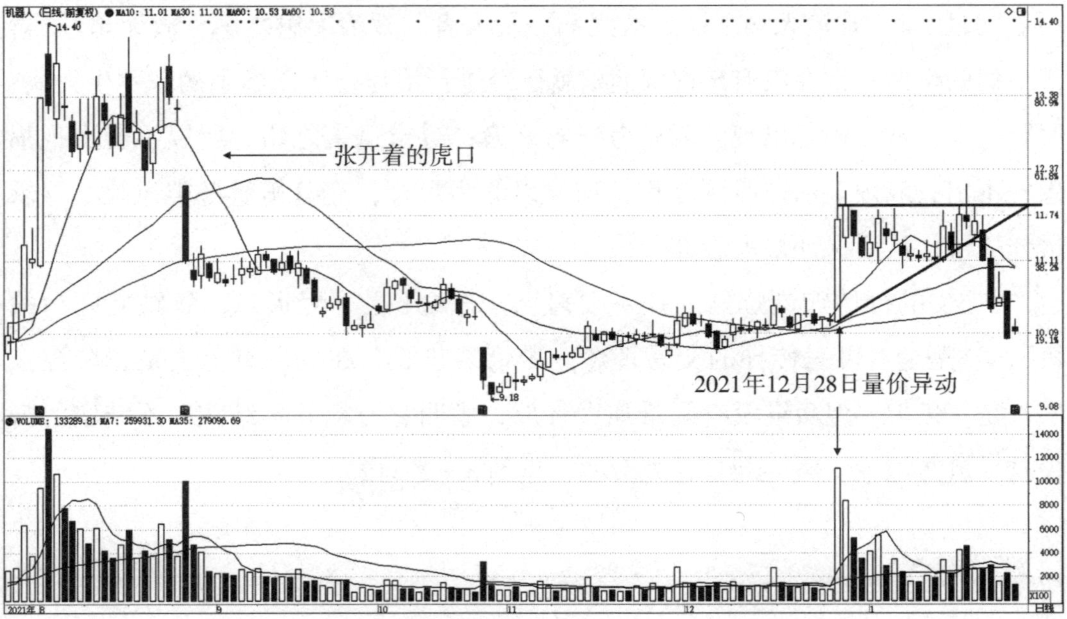

图 3－2－13

“大凡治事必需通观全局，不可执一而论。”在学习投资之道时，在考量市场之时，略微多考虑一些，看宽一些，不要急于偏执一方，不要为蝇头小利捆住手脚，遮住眼睛。在判断某一变盘形态时，一定要看大处，看全局，看量时空，看量形态，然后注意细节，注意均线归位，注意局部 K 线异样，找到恰当而及时的介入机会。不合格的大形态不要去碰，不要去找麻烦。介入了符合条件的强势大形态要多点耐心，吃点小亏也无妨。做到“大处着眼，小处着手”。长此以往，我们投资之道会逐步开阔，投资天地会逐渐明朗。

章结

本章全面阐述了三角形的构建形式，包括平顶三角、平底三角、收敛三角形态。阐述了不同三角形构建的机理，整理阶段的要求，整理的效果以及资金介入时机。

三角形整理形态有它的特殊性、普遍性，对于它的研究、掌握都非常有必要性。

本章失败的三角整理形态失败的原因，主要还是股价在高压之下、在量形态未还原主力身影之下、在均线未归位的状态下等。

大形态整理阶段，成交量的性质至关重要，它将决定股价最终走向，这一点必须牢记于心。

三度力量：感恩　惜福

老师，在异国收到您传过来的《股是股非（之二）：强势大形态》电子版文档，我很感幸福！我 26 岁遇见你，我很感幸运；做股票运用“三度系统”，我很感骄傲。

对于“三度系统”，对于股票，我说什么都会“黯然失色”，还会有语言超越“股是股非”的阐述、论证吗？2011 年我们广元相聚四天，2012 年成都相聚两天，2013 年遂宁相聚一天，前后七天时间你却给予了我太多，改变了我太多，帮扶了我太多！最初开户入股市，我只是想在里面找机会赚点零花钱，给女朋友买花、买衣服不用动工资。没想到，我会看行情后，看见涨停板天天齐刷刷地排在屏幕上就直吞口水。看的第一本炒股技术书是讲 20 日均线受支撑的情况，查看了几天涨停板的特点，发现真有好几只是这样的特征，于是嘴里念着涨停板，就开始操作 20 日均线附近往上拉的股票。但时运不佳，一周操作下来，不但没有买到一个涨停板，大半年的积蓄还泡了汤，心一下子凉到了脚后跟！那段时间，茶不思饭不想，整天望着一大堆涨停板抓耳挠腮。母亲看到我痛苦万分，就鼓励我到广州、到上海这些发达地区学习。一打听，学费比娶媳妇还贵，不去了！老师，我自认为我是一个踏实的人，不曾想过或寄希望于奇迹的发生。当我又去营业厅看白板上列出的股票时，正好听到经常在营业厅见面的大姐在给另一个人说："今天我要早点回去，叫电信局来人把网速调高点，老公的同学要来教我们看股票，听说炒股很凶。"我当时没在意，可是快到晚上时深感心慌，突然我明白，我很想去看这位"很凶"的人怎么炒股。就因为这个念头清晰、强烈，奇迹真就发生了！感恩老师当初收下了我这个"编外"学生，并给了我无穷的鼓励与教导。

对于老师您创建的三度系统，学生只能简单地说，老师一笔"三阳控三阴"刻画出了成交量中最华丽的身姿，落笔之处尘埃落定。在老师日志中，一曲"再度无价"扫去了面对时机选择的千般烦恼，半步之间定江山；而一阙《坚守·让红楼》更是惊魂摄魄，"坚守"与"妄为"导致天与地的区别，凤凰涅槃与悲凉蝴蝶只在一念间。原来，凤凰的炫丽来自谦逊、简约、坚忍、祥和与果敢！学生自认为这也是"三度系统"的"魂"。

老师，三年多以来，我一直按照"三度系统"的"至简大道"操作，从日线异动后的软着陆到周线的软着陆；从反转形态到中继形态再到巅峰超越，从"两点印证"到"意随盘面舞"，一步步走来，情形很是乐观。老师，如果我不向您学习，也许会拜另外的高手学习。但学生想对您说，第一次学习就遇见了您，我是幸福的，是幸运的；我会好好珍惜这份师生缘分，珍惜这份适合我的"福"！正如老师所说："感恩，惜福，本身就是一件幸福的事，缺乏感恩、惜福之人，生活会很乏味！"

老师，第一次见面您问我"干吗来听我说股票?"我鼓足勇气说："来跟您学炒股绝招!"您突然很严肃："你记牢了！股市里没有炒股绝招，有人给你说有绝招，是在蒙你!"当时您说您没绝招！炒股不需要绝招！就这句话从此打开了我的心结。在华尔街的一年多经历，使我更加明白"量价异动让均线归位""量形态还原主力身影"以及"意随盘面舞"的磅礴价值。

如今我更相信，股市没有绝招，股市不需要绝招！"三度"也不是绝招，"三度"是一条道路，一条洒满阳光的投资大道！

陈骏　华尔街

第四章

箱体形态

箱体形态在股价走势中分布较广，易于识别，也带来较多投资机会。箱体有超大箱体、适中箱体、小型箱体。投资机会不在于箱体大小、蓄势长短，而在于箱体前期主力资金投入量能的呈现，箱体运作期间的意图表现，箱体突围时的意志体现。

第一节　箱体形态及构建机理

一、箱体形态

顾名思义，箱体形态就是在一段时间，股价走势维持在一个区间上下波动形成的矩形轮廓。其形态特点是股价数次止跌在相同低位点，受阻在相同高位点。亦是低位承接的买进力道与高位抛售的卖出力道维持在一个相对稳定范围，这一段时间的买卖意愿相对平衡。

二、箱体形态的构建机理

当股价上升了一段或回落了一段后，市场就需要消化、缓冲、蓄势，有时，股价走势会出现箱体平衡模式。这种平衡来源于市场两种力量共同作用。一是主力的成本平衡。以做多为例，主力欲做一段行情前，需要限价收集筹码，需要磨出获利盘，需要控制跟风盘的获利空间，需要静待发动行情时机，需要维护股价走势，这一系列的操盘目的之平衡，就要通过箱体震荡来完成。这一平衡是主力引导股价的结果。二是因为这一平衡现象吸引了市场的目光，一些投资者就遵循这样的箱体高低点暗示，实行高抛低吸的交易，这一交易行为与主力意图重叠，就存在获利的机会。箱体整理形态及后期走势见图4－1－1、图4－1－2、图4－1－3、图4－1－4。

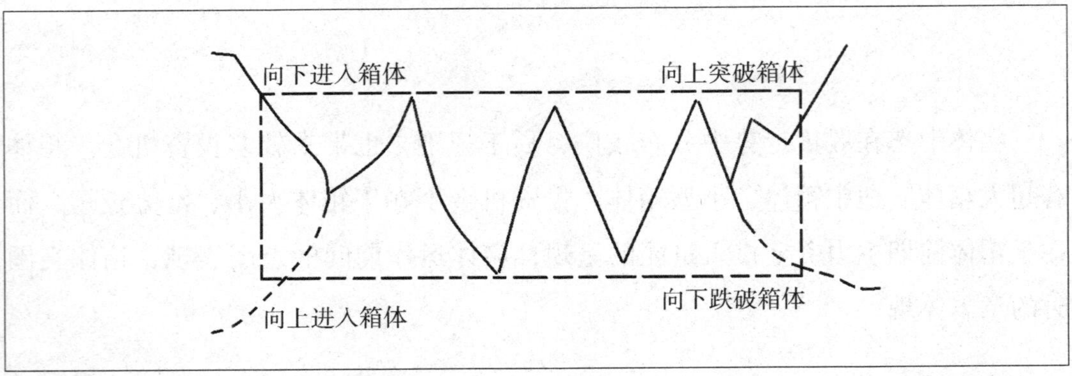

图4－1－1　箱体整理形态

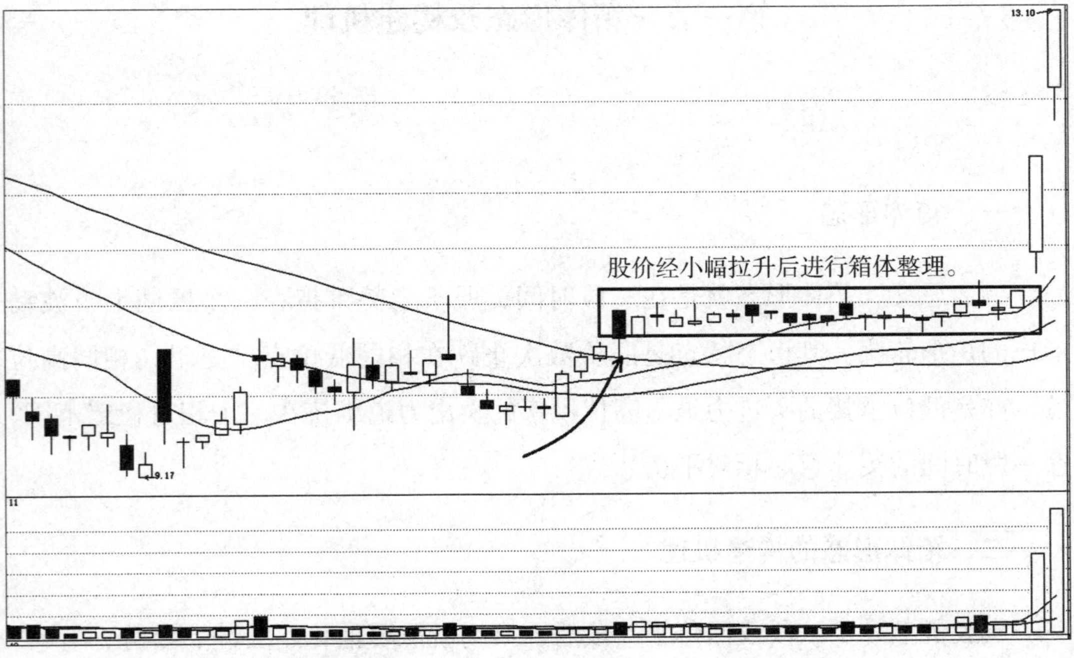

图4－1－2　股价小幅拉升后箱体蓄势

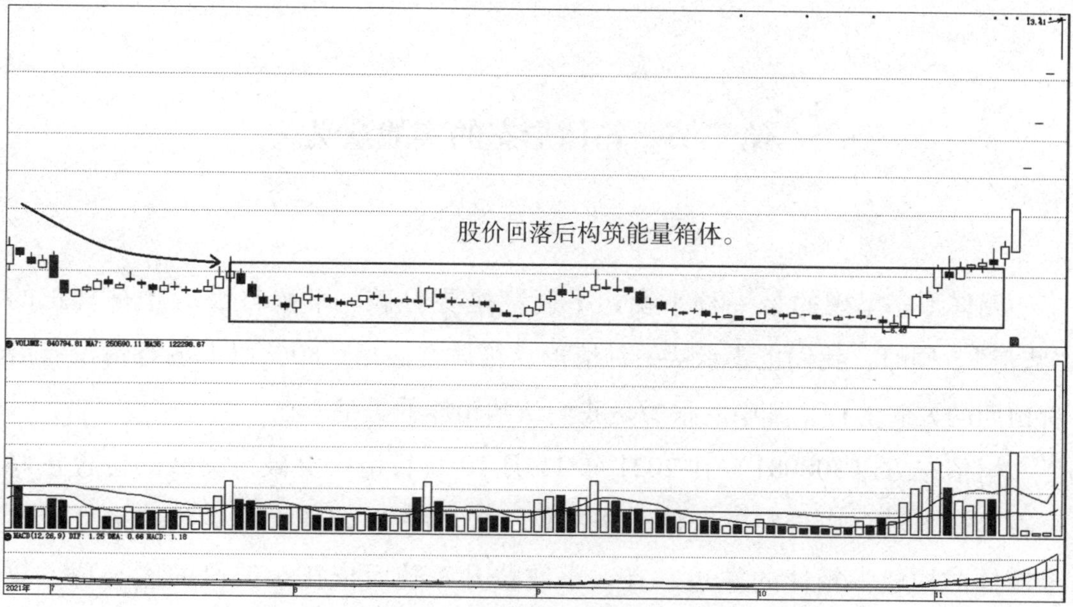

图 4－1－3　股价回落后箱体蓄势

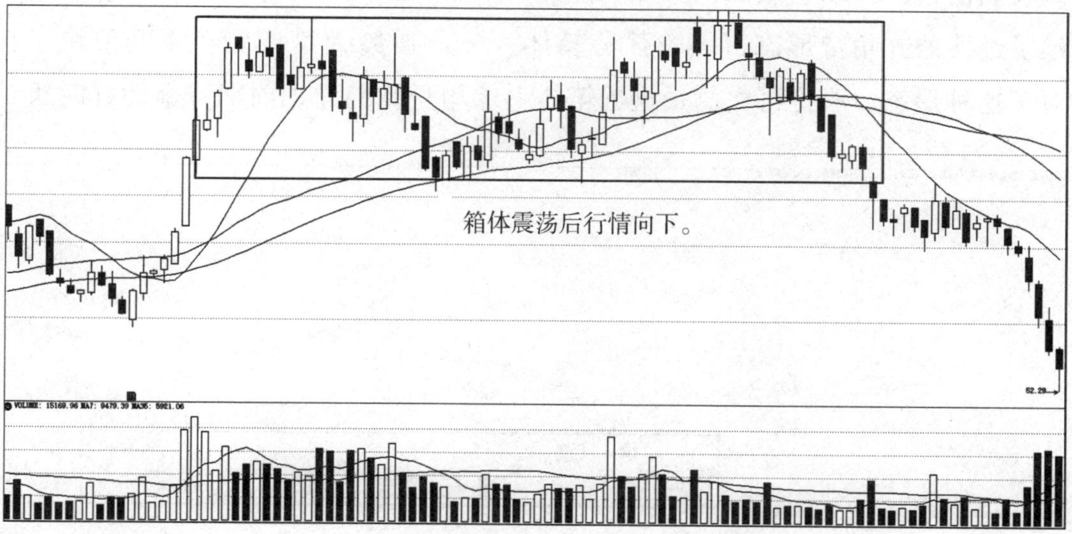

图 4－1－4　箱体震荡蓄势后行情向下

从上面四个图可以看到，箱体的形成一是发生在股价回调后的某个阶段，一是发生在股价上升后的某个阶段。箱体整理后可能往上，也可能往下。行情往上或往下，不是因为上箱体整理还是下箱体整理。行情向上不一定会一个劲往上蹿，行情向下也有可能转眼就反身。务实求真，意随盘面舞，就可以不辜负盘面大形态催生的暴利行情。

第二节 箱体形态的实战意义

箱体形态呈现的是一种平衡，平衡终是要打破。平衡打破后才是真正的“势道”。同时，我们也要承认一种情形，箱体突破后，80%以上的行情没有沿着预期的方向前行，其中的根源是我们认知箱体的关键所在。

恒信东方（300081）在2021年11月10日行情大突破，突破的位置正好是在箱体上沿，股价突破后接二连三以每天20%涨幅往上蹿。我们来分析这个箱体的构建：箱体的左边，有一小波拉升，随后依托小波段的底与顶，数次上下震荡，其间量形态没有出现大阴、众阴行为，属健康运作。股价在正式突破前再次异动，量区同步出现一堆大阳量与前异动量遥相呼应，从而构建了经典的并角量形态，一个强势箱体、一个强势A区昭示，主升浪快了！对于这种形态，股价再次放量逼近箱体上缘均是我们介入前期资金的好时机，

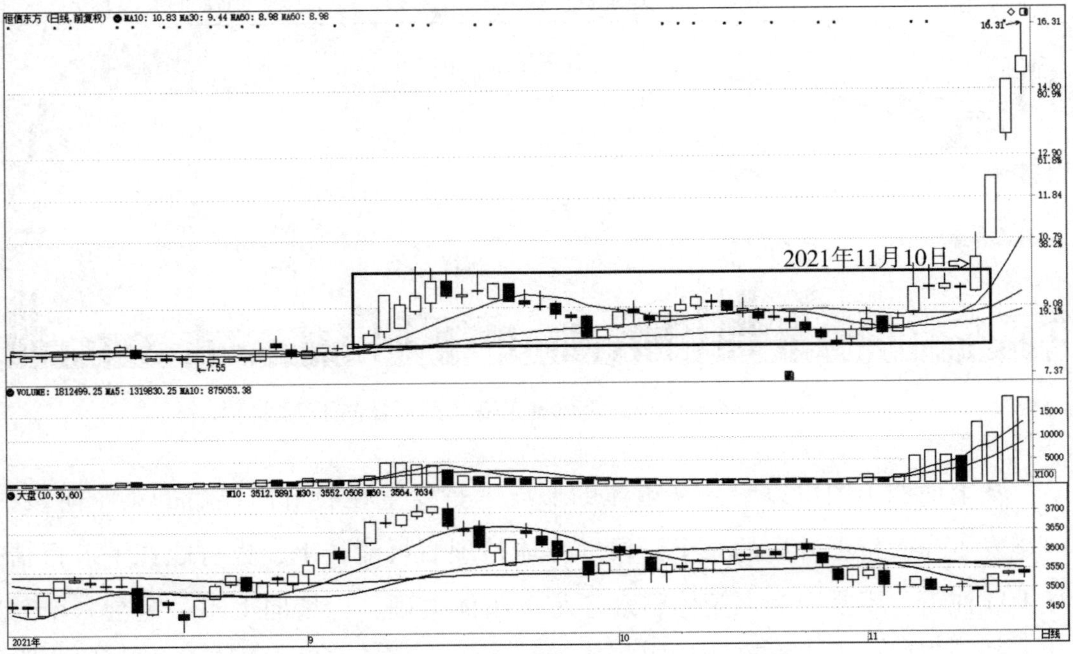

图4-2-1

介入后需要适当多点耐心，箱体大突破时一定要加仓，力顶主力起跑，共铸辉煌。虚拟经济投资同实体投资是相通的，君子坦荡荡，我们在找买卖点时，还是要尽量走正道，走大道，不要算计主力，主力一直为我们开疆辟地、营造投资机会。见图4－2－1。

岱勒新材（300700）的主力资金在这只股票上的布局路数走的也是箱体路线。巨量兜底，缩量挖坑引导洗盘，前异动成本均价区止跌，箱体震荡收集，正式拉升前超常规短资金投入，箱体突破。对于时间跨度偏长的箱体，没必要盯得双眼朦胧迷离，那该怎么做到眼中有箱体，时机又恰当呢？巨量兜底均线未归位不予理睬；洗盘后的箱体震荡能量不强不幻想；超常规资金入场且均线归位，十分精神全与君！岱勒新材的股价在2022年1月17日强势突破箱体，发动了一波逆大盘的暴涨行情。见图4－2－2。

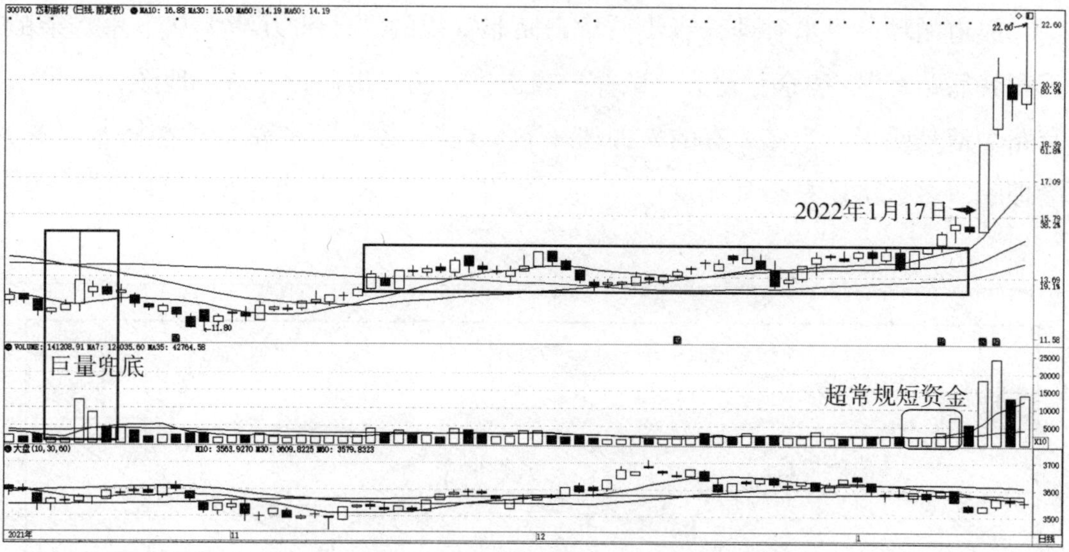

图4－2－2

在“股是股非”系列书中，笔者一直在强调“三阳控三阴”量形态，总是见缝插针在说“异动、归位、量时空”等，因为这些形态信息涉及交易者识别主力、选取股票、选取交易时机时需要衡量的“大方向”。如果先从战略方针上占据主动，进而贴近盘面，战术上又务真求实，将先胜一筹，其后圈定强势领涨，最后等着你的一定是一片辉煌！

翠微股份（603123）的股价在大半年走势中始终不见起色，直到箱体后期在2021年11月底，量区（图中画框处）出现明显的异动量形态，伴随异动量形态，股价同步有所兴奋，这时的箱体就显现出关注价值，并要高度关注。翠微股份呈现大箱体后再次弯了一下腰，接着在B区又出现了一个小箱体，图中可见大小两个箱体，箱体上缘在同一价区，箱体下缘价格有一定落差。针对这样的大小叠加箱体，投资者的资金布局可以用两种模式。一是均线归位区间出现强势再收集时开始介入，两箱体突破时陆续加仓；二是小箱体突破时介入，大箱体突破时加仓。前者是针对大资金，后者是针对偏小的短线资金。

翠微股份股价在2022年1月4日跳空高开，早盘多波稳健上行，全天强势涨停超越正极能量箱体。股价涨停当天，全天均是买入机会，因为近两天分时图上可以看见三度交易精髓中的“再机”体现。见图4-2-3、图4-2-4。

股道循环，事事有理，步步循章，而非常说的“千头万绪无从下手，杂乱无章就靠赌运”。建仓、蓄势、试探，攻击、震荡、出局，一营一地图，一步一套路，清楚明了。当然，有的人去理一下“理”，摸一下“章”的想法都没有，啥理啥章怎么讲还是杂乱无章！

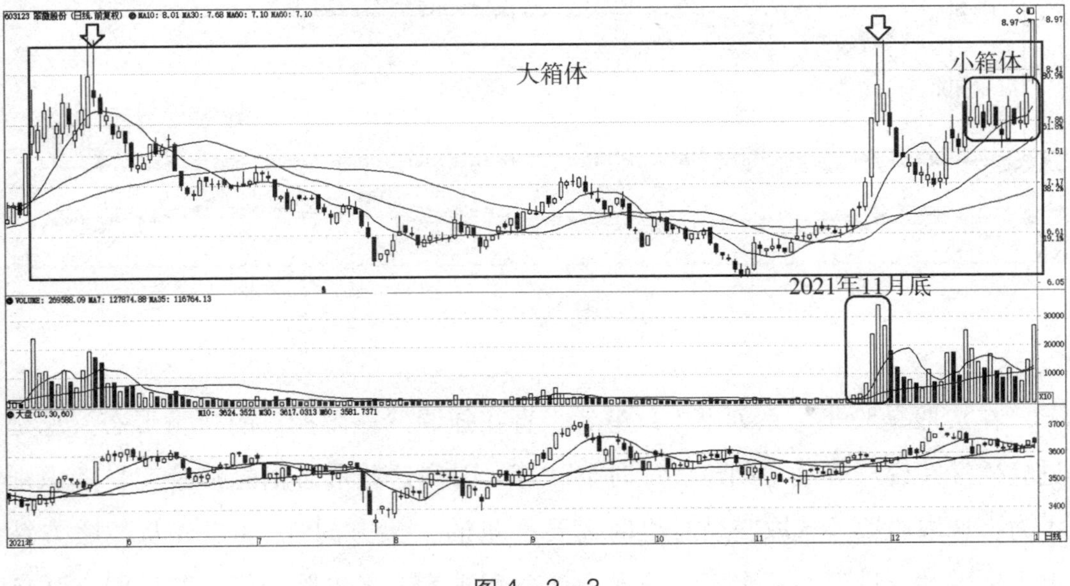

图4-2-3

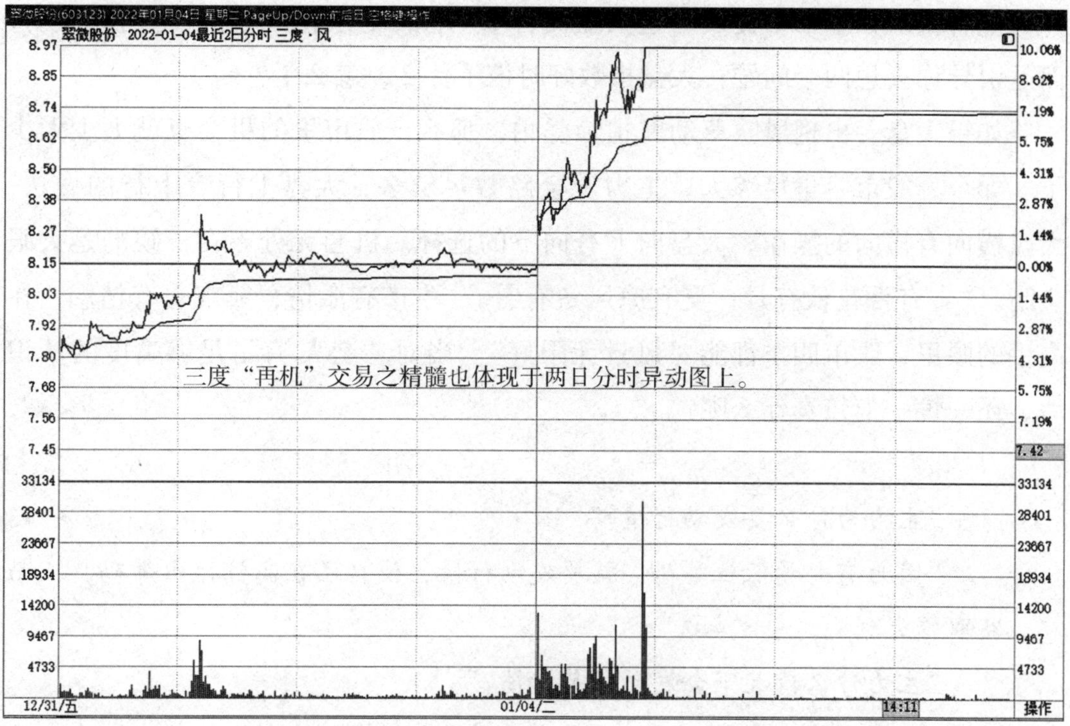

图4-2-4

翠微股份在突破箱体之后一路飙升再飙升，走出激情澎湃的一波行情。需要强调的是，这波极致行情仍然是逆大盘而行。见图4-2-5。

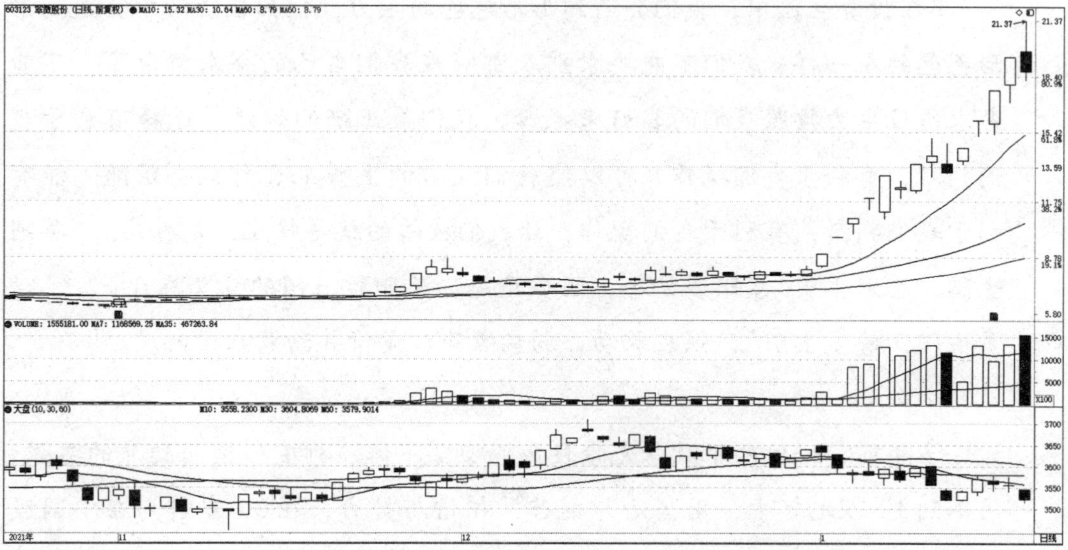

图4-2-5

笔者多次在本书中提及“逆大盘而行”，并非鼓动你在大盘不好时去交易，而是引导你去想两个问题：大盘指数好时该干什么，怎么干?

如果大盘一出现风吹草动就担惊受怕，那么，股市里的机会真就太少太少了。如今，股市容量足够大，主力资金路数足够多，大盘上行有上行的做法，大盘横向有横向的操作，大盘向下有向下的选择。机会无处不在，缺的是火眼金睛。“春有百花秋有月，夏有凉风冬有雪。”牛市有激情，熊市也有精彩，在高手的眼里，股市四季都能“风景无限好”。当对“势”有了足够高度的认识后，还一惊一乍较真什么呢?

“主力为什么要发动行情?”

“因为有大量低位筹码，就要发动行情，使自己在高位抛出筹码，从而获取较大利润。”

“主力什么情况下会发动强势行情?”

“只有强势资金介入后，才会发动强势行情。”

“怎么衡量主力的筹码？如何判断是强势资金介入?”

“用三阳控三阴的量形态。用量价异动的盘面表现。”

“为何要三阳控三阴？为何要见量价异动?”

“在投资生涯中，我们会遇到形形色色的主力，犹如在生活中会遇到形形色色的人一样。我们不能要求别人都顺应我们自己的企求来做事，不能奢求每位主力按照我们的喜好来操盘，我们最正确的做法是选择有利于我们判断，有利于我们操作，可以使我们放心的主力来合作，去跟随。能有利于我们判断，有利于我们操作，让我们放心的就是强庄，是善庄。‘善则生阳，恶则生阴’，阳多见善，阴多见恶，三阳控三阴的意义在于此。‘动多生阳，静多生阴’，强庄敢动，弱庄噤声，量价异动意在于此。”

……

多年前，一位两眼放着光瞪住我，喋喋不休、打破砂锅问到底的男孩，用不到10万元起步，用坚定与刻苦，相信与努力，在30岁前，在中国股市里，达成了自己的财富梦想。更欣慰的是，这种成绩与氛围在“三度行”队伍中逐渐蔓延开来。

中岩大地（003001）是一只上市几天就开始大跌几个月，基本面没什么彩头的股票。股票市场，一切以资金说话，这里的资金不是指上市公司的资金雄厚与否，而是指介入这只股票的市场资金强势否。中岩大地以一大堆超常规短资金投入构成的阳量，宣告箱体筑底即将完成，这也是量价异动让均线归位而成的强势A区。在A区上简单调整几天后，于2021年3月30日用涨停板强势启动来证明——前期能量饱满的箱体是坚实底部，量价异动促成均线归位的最佳交易区——A区是有备而来的。见图4-2-6。

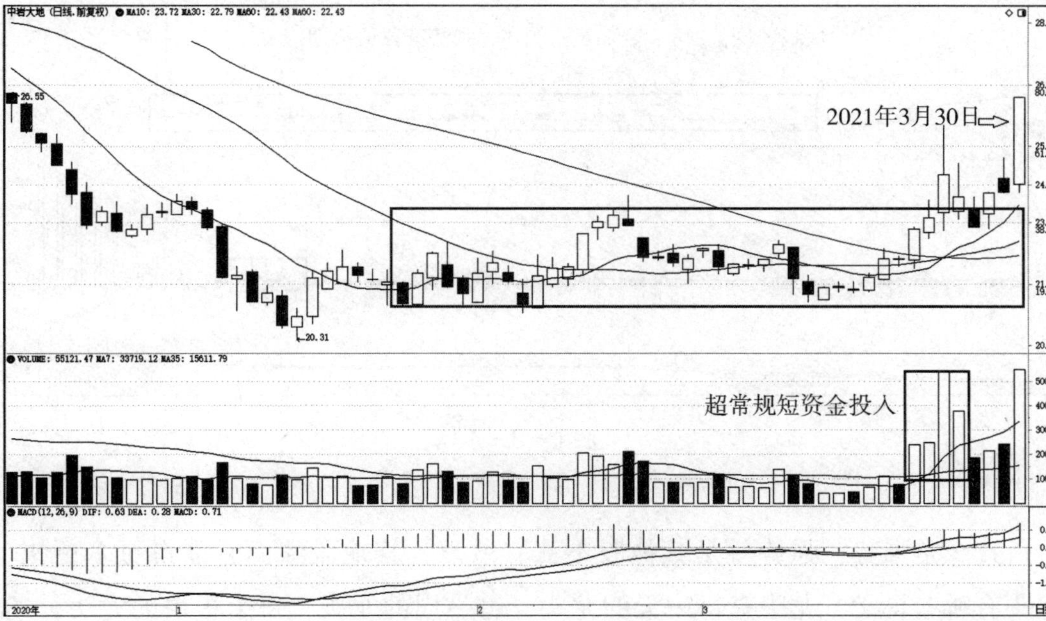

图4-2-6

所谓的交易系统，就是可以让投资者按照一定的规则进行交易，并获得稳定盈利的模式。所谓的强势交易系统，就是指在交易系统中处处要求强势，包括主流意识与条件等，力图与龙头共舞。如果选择了强势交易系统，那么，非强势、非主流、非领涨的股票不做，不跟踪也就不耽误选择强势。三度交易系统是强势交易系统，与之匹配应该是强势资金、强势题材、强势意志的综合体现。三度强势交易系统中的两大交易策略方向：一是强势追涨；二是强势低吸。

中岩大地的主力引导股价在箱体储备能量，随着超常规短资金投入后强势突破，并用强势的意志走出了强势 A 区行情，仅用 7 个交易日就完成了 100% 的大牛行情。见图 4 -2 -7。

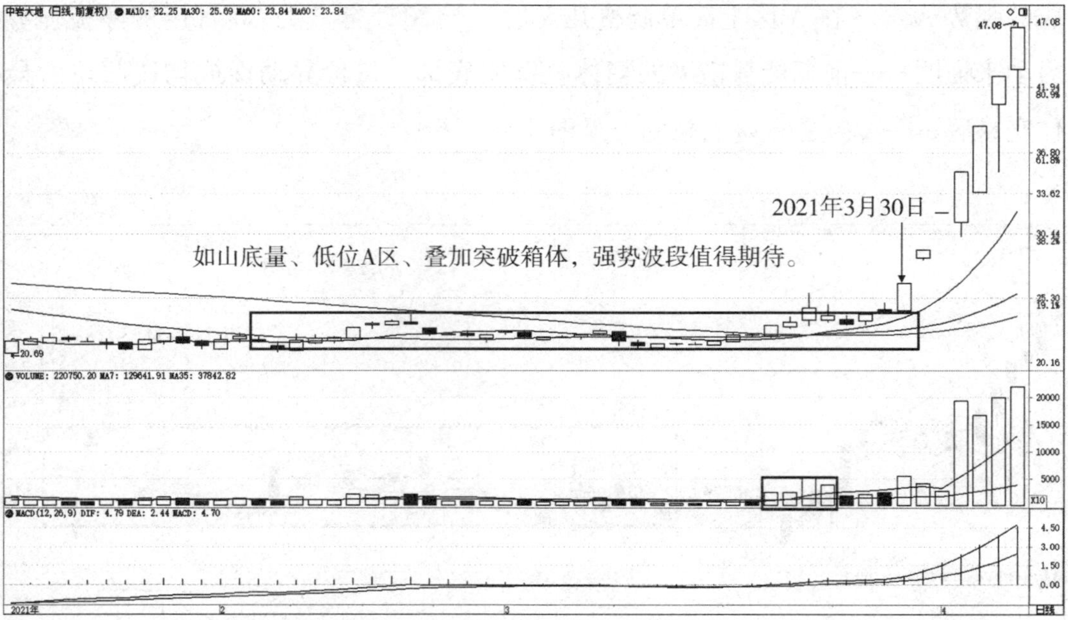

图 4 -2 -7

什么是强势？强势就是其他股不涨它敢涨，其他股涨而它涨得更多更快。龙头有哪些含义？龙头有每一天的龙头，每一周的龙头，每个板块的龙头，还有龙头中的龙头，即市场之最——它是市场的定海神针！心系强势，就可以做到强势，心系龙头就有借助股市笑傲人生的可能。

作为常见的蓄势大形态，箱体给投资者带来了许多投资机会，箱体的上下缘均是很好的参照位置，下缘止跌，就给了低吸者低吸暗示，上缘突破就给了追涨者追进信号，这是不错的交易常识。如果在箱体蓄势时用量时空过滤风险，加上量形态还原主力身影，箱体的低吸与追涨策略会更有底气，成功率将会成倍增加。

下面再来看看箱体带来了什么。

华闻集团（000793）在2021年5月中旬的低位有一个局部小箱体，后有一波拉升；2021年6月中旬，股价在两个缩量涨停板的缺口又出现局部的小箱体，但股价在整理后却是往下栽的。为什么箱体会有大窟窿？为什么缩量涨停在这里就不是主力控盘度高？为什么缩量下跌的股价也会继续飘飘往下坠？为什么技术指标还是红柱却很快就下跌了？见图4－2－8。

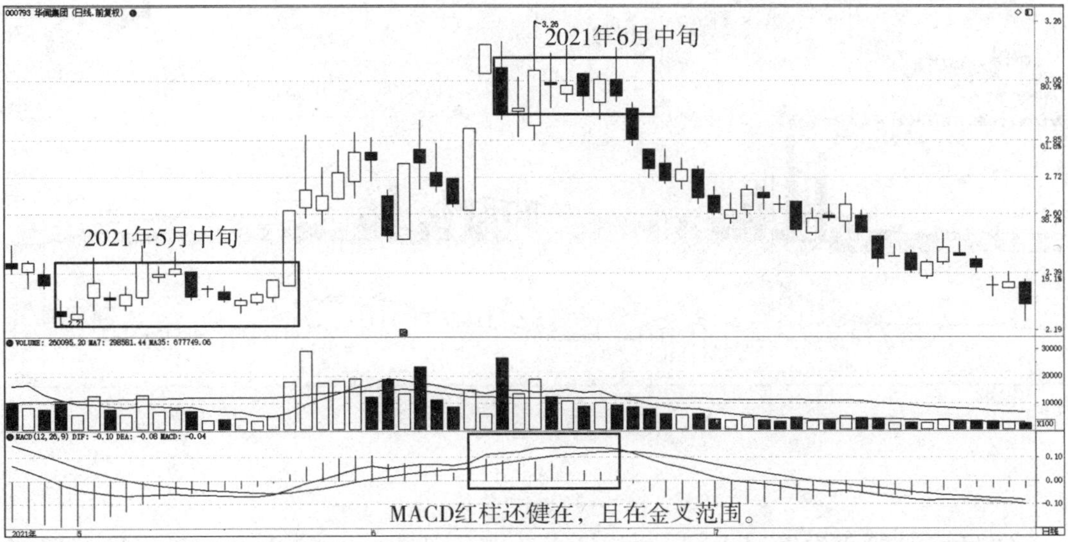

图4－2－8

华闻集团当时的真实情况究竟怎样呢？如果我们要更全面地分析这只股票当时的状况，就需要把图略微缩小，缩小就见到了全貌。全貌是左侧有单日巨阴加暴跌缺口，一个明显而结实的顶部压在头上，这是“三有顶”。这个结实的顶里面有巨大套牢盘，套牢盘的抛压会对股价拉升造成巨大阻力。主力都很忌讳这种套牢盘，总会想办法消灭那批死死抱住不撒手的套牢筹码，再次下跌的风险也就因此埋下了伏笔。如果在此位冒失闯进又不及时出局，或者抓着死死不撒手，随后的日子就会备受煎熬，能否熬出头，笔者不知道。【“三有顶”详释请参见《股是股非（之一）：猎取强势股》】见图4－2－9。

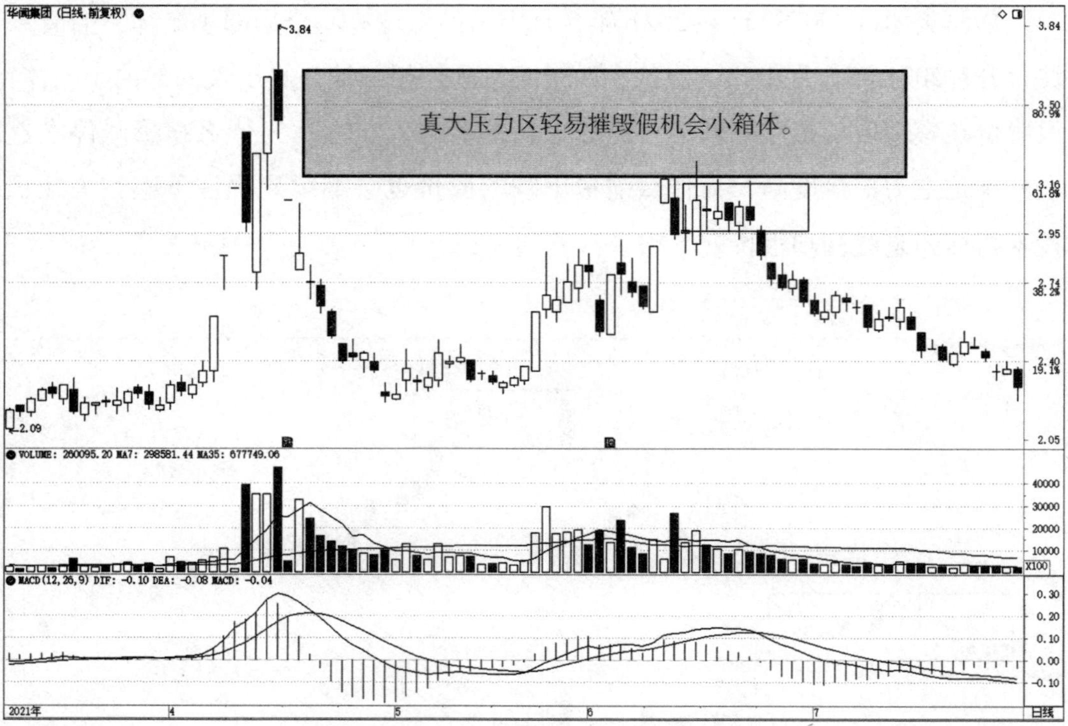

图 4-2-9

“做好股票要先做好人。”这句话近几年很流行，的确也是这样，做好股票与做真实的人有一定关联。人一定要明事理，天有天理，地有地理，股有股理。身在天地间，出入人群中，达事明理则自然自在。事事计较长短，处处算计得失，心窄小，智慧怎丰饶？股市是一个致使人赤裸裸袒露缺点的场所，也是吹沙见金的地方，不按规则走，不按章法做，不按股理行，在股市里待上 60 年，最终也是边缘人。事理、人理、股理、法理，法法道同，一旦明了，即入圆融。

章结

本章主要描述了箱体之形以及构建机理。

通过对箱体“意”的领会找寻较为确定的交易时机；

通过对图表风险过滤与评判，决断箱体的多空走向。

量时空的风险过滤、量形态还原主力身影、均线归位始终是衡量各种形态真伪、强弱的三大法则，箱体形态也不例外。

三度力量：明月入怀　彼岸花开

还有不到一个月的时间，我从老师那里学习回来就满一年了。还记得老师那声声入耳的川音普通话，作为以操盘为职业的我，周身仍然还能感受初学时那份明月入怀般的温暖和畅快。这近一年的学习、训练、实盘，总结起来有很多的经验得失，说它是酸甜苦辣咸五味杂陈，一点不为过。好在思考之后，终于明白了些许道理，有了些进步。我想呈现出来，一是向老师汇报自己的进度，二是希冀对行进中的师弟师妹们有些帮助和提醒。

学了三度系统不到一年的这个时段，是出现两极分化的重要时期，这个阶段最容易成功也最容易受到伤害。成功当然是自身具备一些素质再严格遵照老师给出的路数一步步前行；伤害则更多的是来自认识上的疑惑，在系统思维不够成熟的情况下，狂情挥霍资金所致。这时往往会出现迷茫、心理负担重，或此或彼搅得人发晕，心里一直焦虑着，此岸或彼岸不知如何看对看清晰。

“三度”这样大道至简的系统，本质是至清至纯的。弄懂它后，益处自然不在话下。为厘清正确的思路，找到正确方向，我们就先看看成就一个三度职业舵手需要哪些过程吧。

初级新手，知难行难。此时系统模式的东西在自己的脑袋里还是一锅夹生饭。一堆的概念要落实，众多经典的案例要熟悉，至关重要的文件夹要天天充实。由于概念上的不够清晰，对于理论要点的认识也就模糊；自己了解的操盘条件似是而非，热点认识也不清，两点印证也就含含糊糊，导致买卖成了一本糊涂账。看似风浪可以掌控，但行船时偏要转圈，结果只能弯弯曲曲行进。这个摸索学习的阶段大致有半年到一年之久。

中级操手，知易行难。经过前时间段的实践，概念清晰些了，案例总结了不少，文件夹做着理着，系统模式的网天天织着，似乎懂了不少，又似乎不懂的更多。特别要说明的是，已能挑中不少的好票，但也有不少的股票根本不动弹。看到和做到还是二张皮，盘面的当口或落实到具体的个股时，爱犯困，爱弄错节奏，捡芝麻丢西瓜的事常常干着。资金账户如一只半会凫水的菜鸟，时沉时浮，辛苦异常。最恶劣的是，搞不好一段时间这只账户菜鸟下潜得非常深，半天都不能上来换口气。疑惑多，呛水的次数也多。自认为机会多多，可业绩结果却是让人不满意。这样的沉浮状态大致会要一年或超过一年的时间。

职业桨手，知行合一。接近一年左右的综合训练后，识图、判断、实盘均有一定的功力，能分清热点和题材方面的大浪、小浪；盘面方面或顺风或逆水，通常已有相当的见识；知道在系统范围界线内行事，能严格贯彻赚钱才是硬道理的行动纲领；知道从相对容易的模式起步；市场中强者恒强的股市定律已经慢慢浸入骨髓；明白“多则惑，少则得”的禅意真味；知道“顺风顺势扯满帆，逆风逆水小心行”的行船规则；已精炼了经典才出手的真功夫，成功踏上稳步盈利之途；达到这样水准，大概的训练时间要一至二年。

顶尖舵手，意随盘舞。用“五星”标准严格要求自己的行为，以“无形为有形”，“得意而忘形”，五星行情的强势波段与龙头暴涨时常被收入囊中。看成功的师兄师姐们的成长经历，估算训练时间当在三年以上。具体的优秀舵手名册，老师那里存档可查。

知道成就职业舵手的成功路线图，是否就能够顺利成功晋级呢？未见得，这些是理论概述，回到实践环节，受此念或彼念影响会有反复。同时也跟学习者本人的“悟”和“行”的深度、高度密切关联。学习三度理论，有老师的导航，大家容易上手。老师经过多年的耕耘教授，已经成就了多位“意随盘面舞”的全天候顶级御风高手，他们是老师的骄傲，也是我们后学者的学习榜样。在瞬间即成过去的股海里，能真正做到安全稳定，真桨真帆真行船地干，确实非得下番苦功夫不可，即使平时有师兄师姐们无私帮助，也难以替代学习者自己成长历练。或错或对，只要平时多总结，就会大幅快速提高。毕竟，师傅引进门，修行在个人。实训操练的修炼必须落实，每位训练者在即时环境下，手脑并用，见到，知道，接着动作上及时到位，才能真正到达知行合一的理想境界。

“冲动追高易站岗，从容低吸方为上。”这既是提示风险的警句，也是诚恳提醒机会的真言。它正好说明了操盘过程中两个主要动作，或低吸或追涨。追涨后还有后浪，自然成就逐浪者的高明；追涨后，立马被高浪打翻了船与桨，这时怎么办？一直在那里沉浮挣扎还是立即收拾残局等待时机？做出正确的选择须用智慧来审视。这让我们明白，追涨，一定要把握好规则要点，明白条件约束。低吸也是有条件的，必须前有丰厚底仓，且是关键位止跌后，起步回升才能干。否则，低点之下还会有低点，一不小心就会有被搁在半山腰的危险，那就失去了低吸的真正要义。这一点要通过老师所提示的那样去感悟——主力为何拉股价。

那么，怎样干才真能得要领，才是进退有序，不失分寸拿捏得恰到好处呢？

1. 识图清晰，看懂盘面的起涨、延续或是即将要下行的要点提示。

2. 明白强势异动，明白均线归位，明白量形态还原主力身影，明白再度的循环涨落道理。

3. 明白高低不是绝对的，得出结论要放在相关的波段或是放入大形态，放到大格局中去认识才会有真正的定论。或臆想、或妄行都要付出相当代价，是难划到彼岸的。

4. 要明白主要的事实真相，明事理：主力是我们的衣食父母，是操盘者的真正东家，他是船老大，他是盘面的主导，我们必须要顺应他的意志与行为。正是他的上搓下洗，他的左拉右出、逼空再跳空等异样动作，才真真切切成就了波段起伏的浩荡行情。主力大量的高难度动作才让我们这些跟随者有了盈利的依据。老师陈述的各类“经典”正是来源于对主力“异样行为”的精准解读。举点例子，主力开始洗盘了，就耐心观望、等候一下，当主力有止跌动作，再次拉升时才能跟进；否则随便一跟进，就会被装在主力的袋子里一会抡上一会抡下，不仅吃不了大餐，连昨天肚子里的食物也会吐个干净。股价开始凶狠诱空时，我们看清了前期的强势资金介入，近期也在肚子和腰部还原了主力身影，主力的诱空行为就是一种再次兴奋状态的体现，恰好反向表明他的真实意图。我们就耐心一些，等他回稳。当主力快速回补缺口，再次进行拉升时，这时你会迟疑吗？不会！所以，该出该进要等他做出动作，我们跟随动作才有真正的方向，才有操作的依据。一味提前埋伏，是很要命的动作，一场毫无根据的游侠伏击战可能会变成遭遇战。主力收三五根中大阴线就会让游侠多几处流血的窟窿。“出师未捷身先死”，得不偿失啊！这就是老师反复强调“要诚实”的大义。

在训练实战的一年中，前期我出过不少错，总结一下原因：一是没有清晰明了主力的主导地位；二是未积极遵循老师提倡的慢主力半步的跟随节奏策略；

三是形态方面、盘面方面欠些功夫。总结出这三个失败原因，那是用真金白银的代价换来的。这里还有一点补充，那便是对“身份地位”的认识，在认同主力主导作用的同时，要视主力的一切“阴谋诡计”都是正常行为，赌气与憎恨情绪均是浅薄的表现。古语有“人同此心，心同此理”的说法。心理上对主力特别反感，心态上抗争得厉害，行动上当然难以做到顺畅地与之协调、对接，说能与主力保持步调协调那就是句空话。我曾经有过一段业绩特别不理想的黑暗时光，后来总结发现，那段时间完全没搞懂主力的洗盘动作，一跟进要么长上影线，要么就是个黑太阳，把自己吊在半空中，那个感觉，只有一个词——郁闷。现在回头看，还是自己跟得太紧，一上来就踩着主力的脚后跟，主力回身就是一腿，那真是一段可怕的时光。老师提出与主力保持“半步之间”距离的理论，对于所有二级市场的投资者、投机者意义非凡，唯有如此，我们投资之路才会省去千般烦恼。这样我们才能在真正意义上与主力共进退、同温暖。

有一首特别有名的诗偈，或许能让我们明白些许禅机：

“手把青秧插满田，低头便见水中天。心地清净方为道，退步原来是向前。”

关于对龙头股的跟进，对不熟练者也是一道很高的心理门槛。囿于这个阶段的认识和能力问题，往往对龙头股的表现视而不见，最易对天天抢抓涨停的工作乐此不疲。而一段时间下来，账户上成绩并不明显，怎么回事呢？让我们先拿出务实的态度认识认识龙头股。

所谓龙头股，就是市场上最具号召力的超级强势股，它拉升最高、最持久，引领板块和市场力量最强大，是主力中的绝对主力。那么，跟龙头、买龙头股自然是最有效率的工作。相反，不跟强势主力站一边，天天跟小主力混迹一起，那些小主力，相对于强势主力这类的正规军来讲，他们就是杂牌军。杂牌军自己本身就缺衣少粮，他还能有什么能力让你过上丰衣足食的生活？与其天天跟杂牌军混出混进，过着朝不保夕的日子，干吗不变通一下思路？龙头股涨得高涨得久，让跟进的人超级爽，那我们为什么不跟超级主力，一起过超级爽的富足生活呢？思路要及时变过来才行，以后就应该非龙头不跟，非强势股不搞。

这就要在平时训练中先学会认识它们，龙头股、强势股到底是什么样的长相！

强势与龙头股，它们应该是满足如下条件：

1. 量能准备超级丰厚。

2. 总是在关键的位置起动。

3. 形态上，当是最具龙头相。

4. 题材最具号召力。

当某日重要消息面涉及它的题材，且当日是它在盘面领涨拉升时，那就可以锁定它了。后面的操作应该唯它马首是瞻，盯紧它、跟进它，一直到出了真正的卖点才出来。

事实简单明了，真理也就朴素直白。直白关键是理念要变，理念一变，心境就变了；心境一变，思路上就通了；思路上通了，行动上就会有前行方向和射击准心。所以这个问题的解决，又是或此念或彼念二选一的选择题，选择正确，结果就如登上了快艇，迅捷直达彼岸，好个一帆风顺。为此，有位师兄曾说过："乱七八糟的小机会不搞，不入流的题材不动，主力实力不强，位置都搞不准的拉升，肯定不能跟！""那怎么办？专门等待超级主力出现，具备大形态，具备有想象力的大题材，发生在好位置，有突出明显的正能量，当强势盘面出现时，又出现领涨拉升，那它就是——龙头。""你干了，就是抓到了当天盘面的龙头了，这一周的龙头说不定就是它了。"是啊，当我们拿出超级认真的态度，专心等待大机会的时候，大机会会在不远处专心地等着我们，这其实也是一种神秘的吸引力法则。当天天为小机会忙出忙进完全不在意大机会之时，大机会就算在面前，也是见而不识，视而不见，失之交臂是自然的事。当能聚焦看清楚大票时，你自然是想得明白，一旦清楚明白又干脆的大机会到来了，完全准备好了，及时跟进它，就会自然而然地做到。常言道："长枪瞄准的是麻雀，肯定打不下天鹅来。"只钟情于分量微小的麻雀，至多是个能养家糊口的猎户而已；若总是聚焦于膘肥体重的天鹅，几只天鹅到手，就足可以奠定投资大家的江湖地位。因此，认真做好"明此情、懂此理"的准备后，才能做出清楚明了的取舍选择。

"我有明珠一颗，久被尘劳关锁；今朝尘尽光生，照破山河万朵。"明白禅理要义，才能真正悟道。

"随机应变，顺势而为。"有几人真正明白这简单的道理！几人明白股道真正的“势”与“机”呢?

“问道亦问心，股事癫狂终将在AB之间落幕!”又有几人可以真正道出股市要害?

敢变，敢担当，更要敢作敢为。当我们聚焦——做知行合一的桨手的目标时，就会彼岸花开。相信不远的未来，老师那本顶尖舵手的名录中就会添写上我们的名字。

田奎　武汉

第五章

颈位形态

颈位，即颈部，上承头部，下接躯干，是咽喉所居之地。五谷之精、天地之气必经咽喉再入体内，五脏之血气必经咽喉供养头脑滋润五官。连接宽阔的狭窄地带命为咽喉要道，是兵家必争之地。颈位——主力资金布局、发动行情的最重要关隘，成败在此一举。在K线图上，颈位指股价前期高点，是大形态中含金量最高、涉及图表技术条件最多、盘面要求最严格的形态。在投资者眼中颇具神秘色彩。

第一节　颈位形态及构建机理

一、颈位形态

颈位形态是股价先期上升再向下调整后，价格重新回到先期高点附近的形态走势轮廓。颈位可以是一个，可以是多个，但确定颈位形态只需要一个。颈位下面可以是圆弧底，可以是多重底，也可以是“V”形底，是什么形状的底不重要，重要的是什么性质的颈与什么性质的底。

二、颈位构建机理

主力资金在一个恰当的位置开始波段建仓，建仓后等待拉升时机与洗出跟风盘同时并行，然后在建仓成本区的循环低点继续收集筹码并促使股价回到前成本高点区域，颈位就此形成。此番动作可以多次执行。针对实盘操作，主要是颈位突破的交易机会与颈位支撑的交易机会两大点。颈位形态与构建模式见图5－1－1、图5－1－2、图5－1－3、图5－1－4。

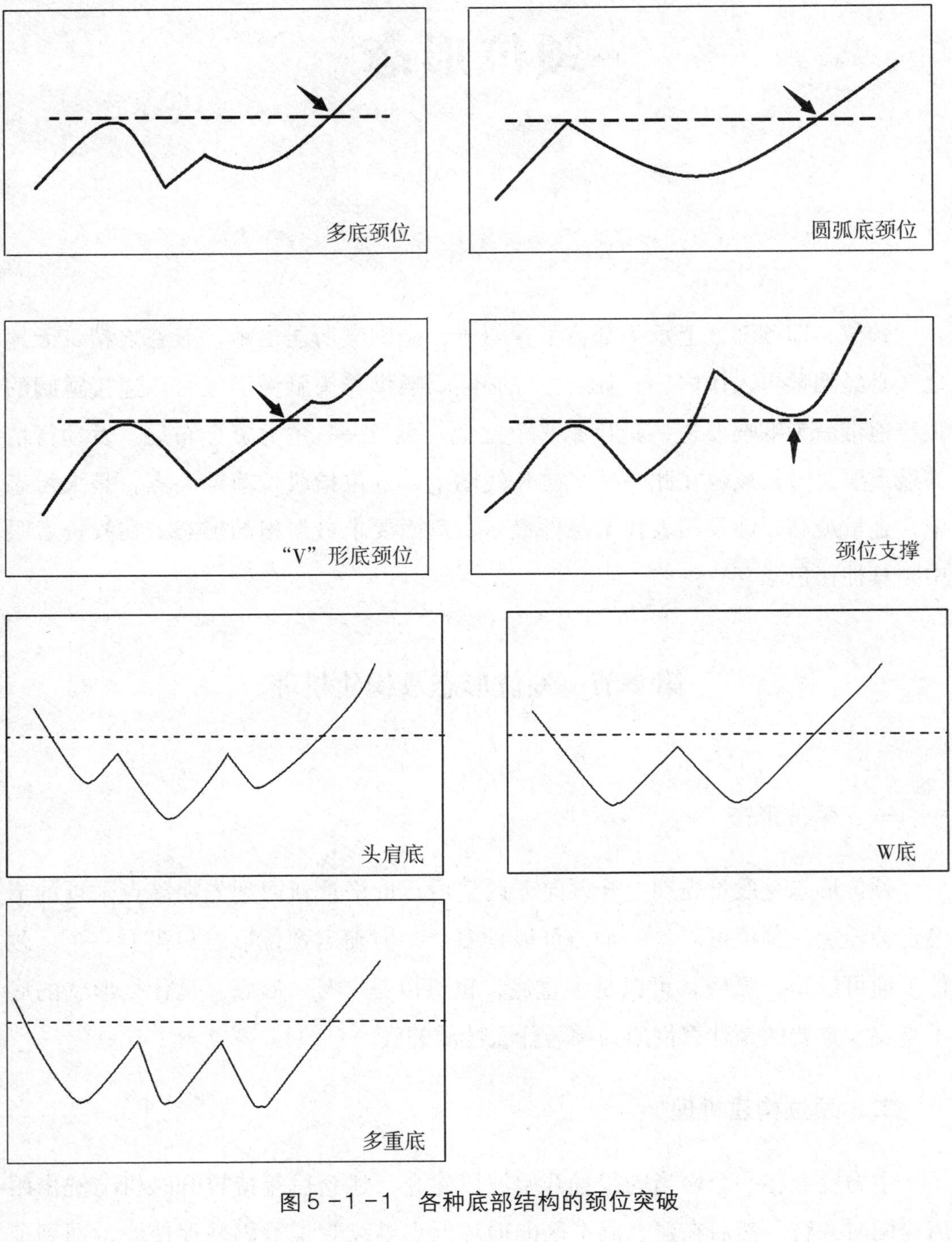

图5－1－1　各种底部结构的颈位突破

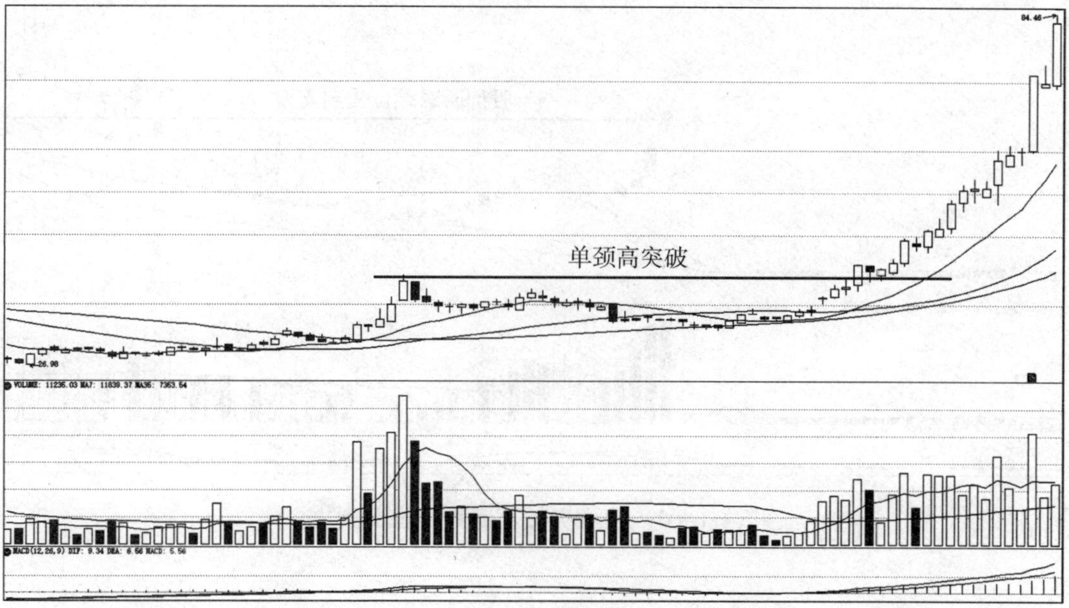

图 5 -1 -2　单颈位的突破

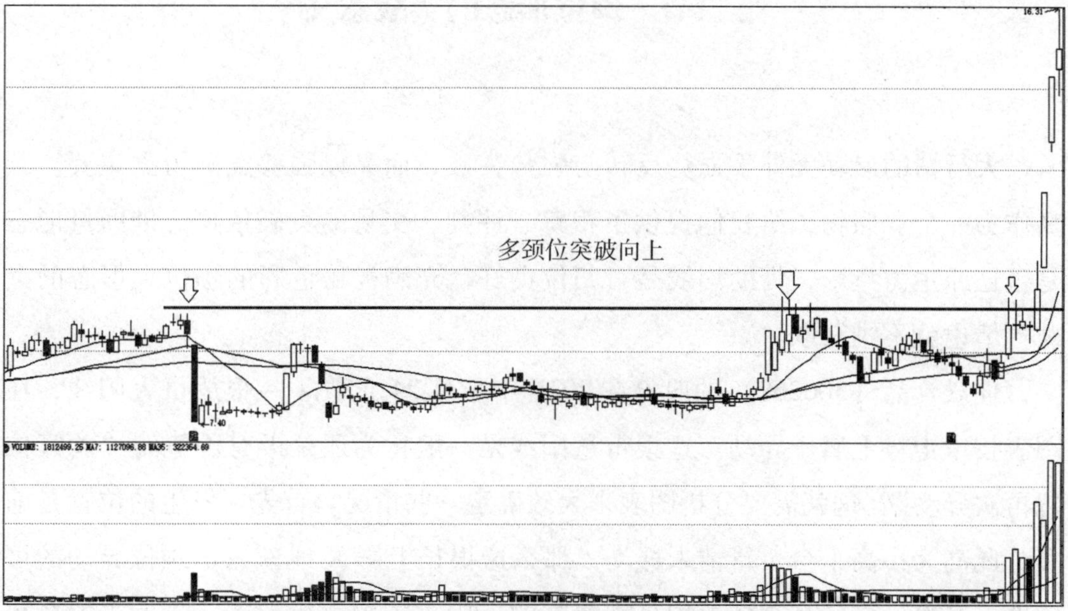

图 5 -1 -3　多颈位平台突破

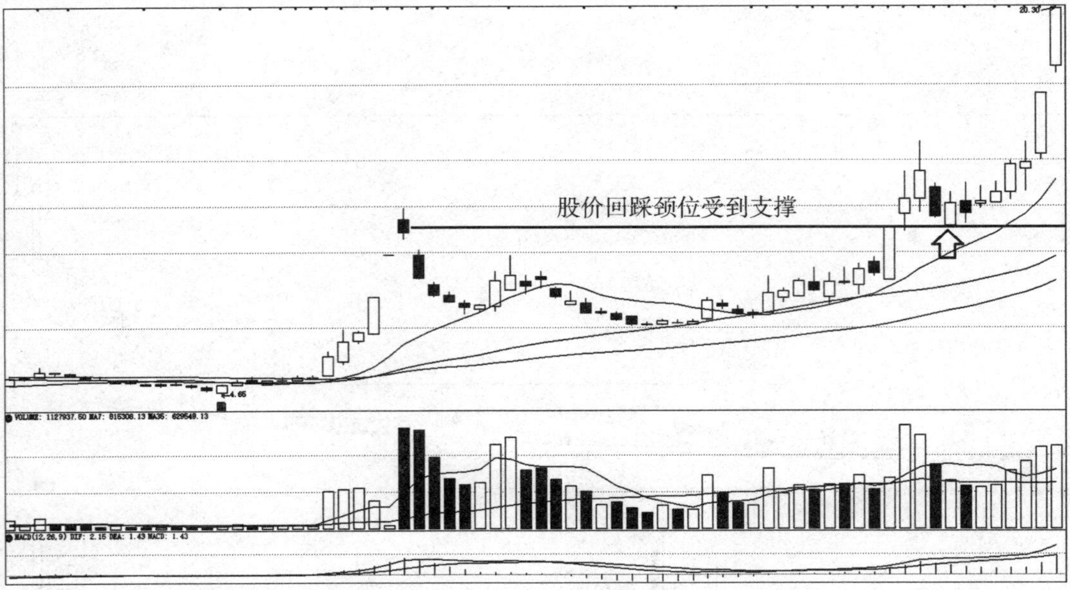

图5－1－4　颈位突破再回踩颈位受到支撑

第二节　颈位形态的实战意义

大行情的启动无外乎强势反转与强势突破，而又以强势突破占据主要。颈高作为一个参照物，给我们提供了跟踪、评判、交易的突破依据。借助量形态是否还原主力身影，借助均线是否归位良好，充满神秘色彩的颈位大形态的突破行情也就不难获取。

佳沃食品（300268）的股价在2021年5月24日收了一根放量大阳线，在图表技术走势上属于异动。这根带量阳线是一般行为还是极有价值的“关键位置再次异动”？这就需要分析图表来大致确定一些情况。首先，发生的位置是前高，此高为小高平台，行情未透支，那么这根长上影K线就有了颈位异动的可能性；其次，量区在画框处均呈现清晰的三阳控三阴大量形态，暗示主力在相对低位有明显强势资金陆续入场，颈位行情可能性极大。这样走势的股票应当放在自选股里了。见图5－2－1。

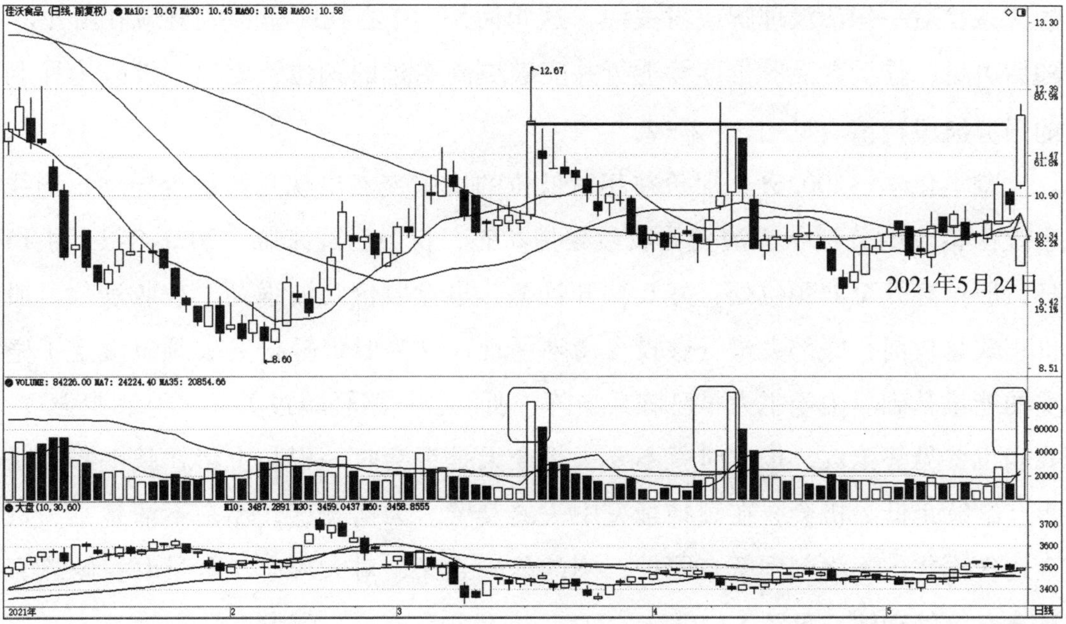

图5－2－1

次日，股价略微低开，全天漫不经心往上巩固行情收大阳，颈位突破不容置疑，可以在盘中跟随主力资金买进再买进。实际操作中，很多时候就会出现这样的情况：当盘中有很好的股票发动行情时，手上没有资金了。偶尔出现这种情况没啥不妥，但时常这样，那就有问题，而且是大问题。问题的根源，我

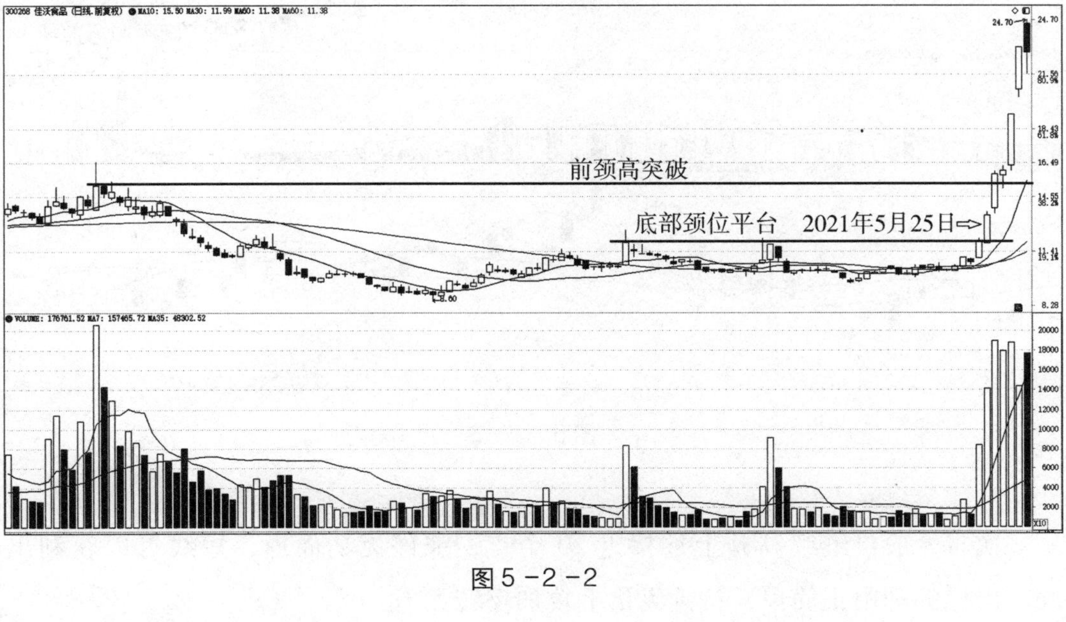

图5－2－2

想应该是对一句话没理解或没关注，这句话是："心在哪里，成就就在哪里。"随后可见，佳沃食品股价连续上行并突破更高更远的颈位，走出一波较为犀利的强势波段行情。见图5－2－2。

雅本化学（300261）股价在相对低位的坑中突然出现几天量价异动，均线系统由错位的分散状态演变为收敛聚拢状态，机会已经来临。2021年11月15日，股价高开至前颈位处，好戏拉开帷幕，早盘股价几波强劲上攻收涨停。股价正式总攻前，底部大量资金投入清晰呈现，这为股价轻松突破颈位奠定了坚实的能量基础。由于主力早已陈兵布阵，所以，一路轻骑过关——他放胆强攻，我们也要见势抢攻，抢攻时就不要去想今天是否会收一根长上影，长上影后是否会继续走低。机会会在疑神疑鬼中失之交臂。为何疑惑，那是不清楚主力资金运作模式，不深刻理解三阳控三阴的积极意义，对大形态、对量时空缺乏真正意义上的理解。见图5－2－3。

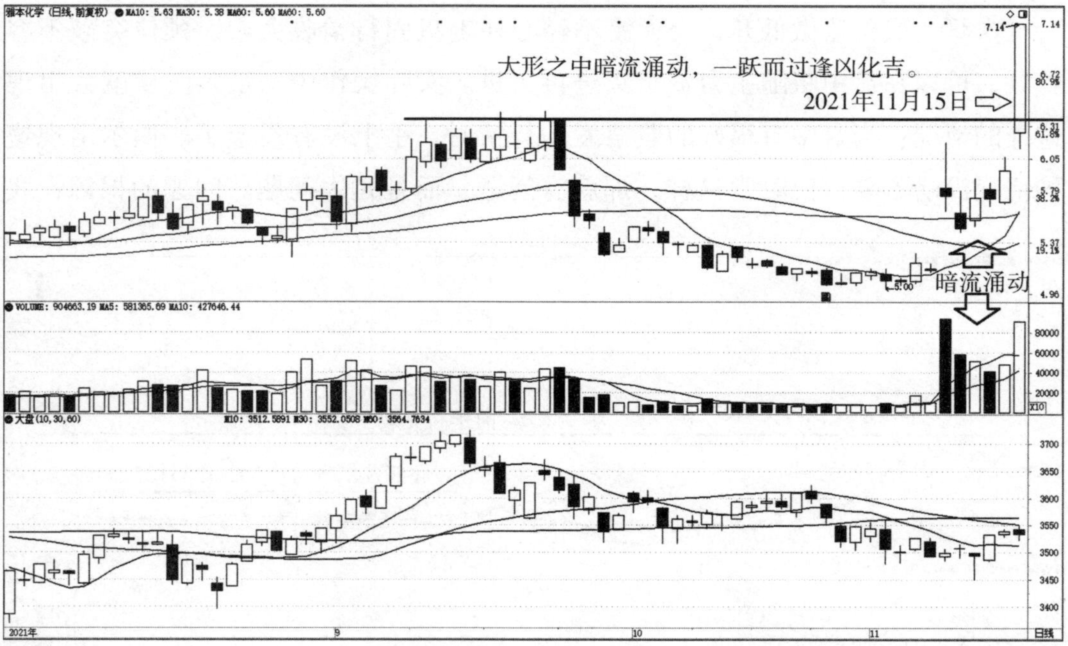

图5－2－3

次日，股价继续高开上冲接近20个点，涨停无功而返，短线可以获利出局。出局的理由很简单，持续无量上攻加反转无力。

雅本化学随后的股价经过20多个交易日的震荡、下行，止跌、补量，再一次到了关键位——B区。2021年12月20日股价于盘中强势上攻，并在最佳交易区实施颈位突破。当天为最佳交易时机。见图5－2－4。

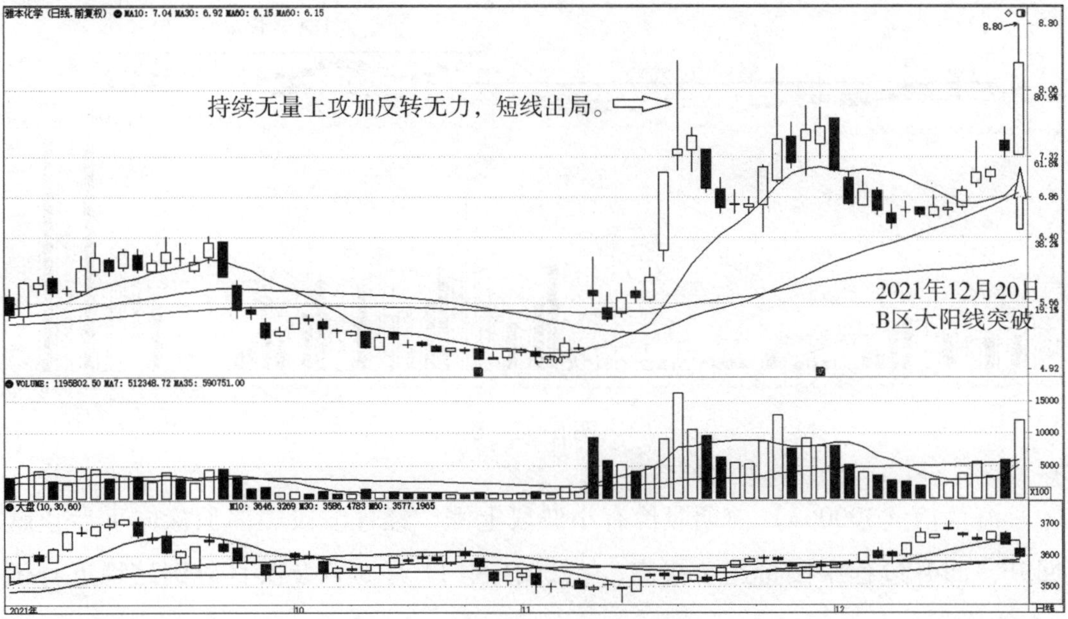

图5－2－4

“山不在高，有仙则名；水不在深，有龙则灵。”

不管身处名门还是身处寒门，只要主力选取了市场的支点，选取可以发挥的题材，就可以发动行情，山自然有名；一只股票，只要在适合的位置有强势异动，就有了龙的灵气。

随后，雅本化学股价连续收涨停板，行情美轮美奂，气度昂扬。这个市场，“强势的才是安全的，经典的就是最好的！”每一次涨停就是一场殊死对决，狭路相逢勇者胜。每个涨停板都是意志的坚强铸成，简单成就大美。股价在连续上涨进程中，消息渐渐明晰。消息与形态，谁先谁后，谁可以定论？股价行情在短平快的飙升后，于高位再次放出超大阴量时可以考虑锁定利润，出局之后，也许股价再创新高，也许直接闷下饺子，也许没有也许，因为行事规矩者无须也许。见图5－2－5。

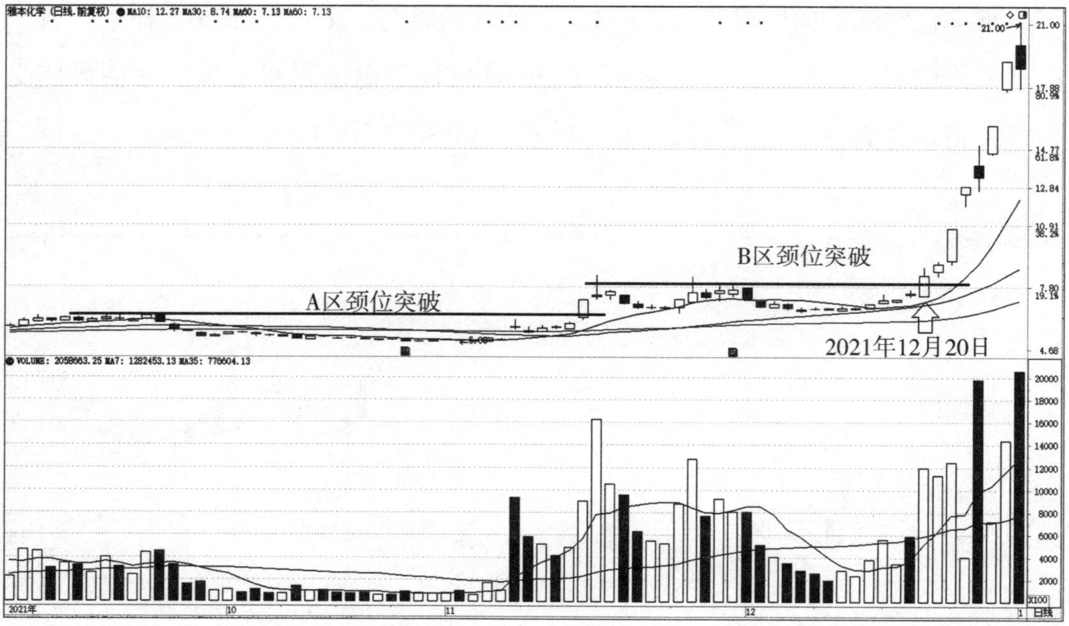

图5-2-5

海兰信（300065）前期股价有小波段上涨，经过波段震荡徐徐向下后止跌回升，回升过程中阳量逐步拔高，在2021年11月8日及次日分别站稳近身颈

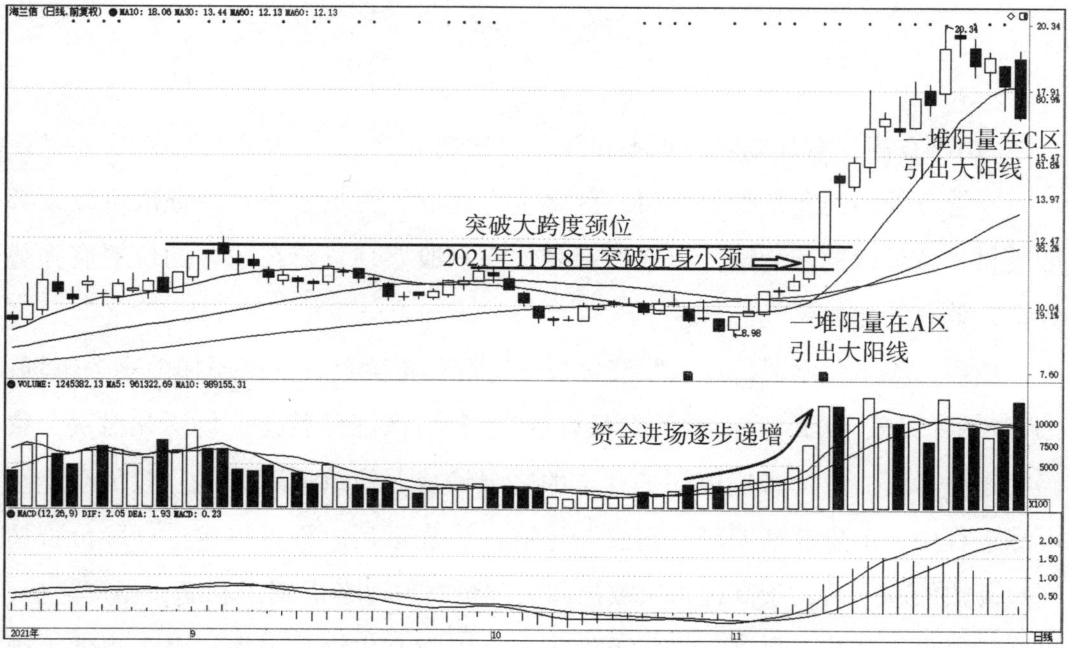

图5-2-6

位、远端颈位，位置不高，能量充沛。当再度站稳前颈高时即是“再度无价”的机会，临盘就是抓住当下。一只股票的主涨、快涨、暴涨行情均不是空穴来风，更不是吹吹风就行的。它一定是集天时、地利、人和于一体，集踏实、坚实、务实于一体，集资金、位置、时机于一体来演绎精彩。海兰信在具备各种条件后实施颈位突破，奋勇前进走出一波强势波段，此后于C区大阴退场。见图5-2-6。

星源材质（300568）股价止跌后，温柔放量震荡上行，并接近前筹码密集区颈高处。尽管当时放出的正极能量略次些，但从量时空分析，压力基本上不存在威胁，尤其是2021年5月19日大阳线之后那两三根小阳K线，不声不响透着一份倔强。见图5-2-7。

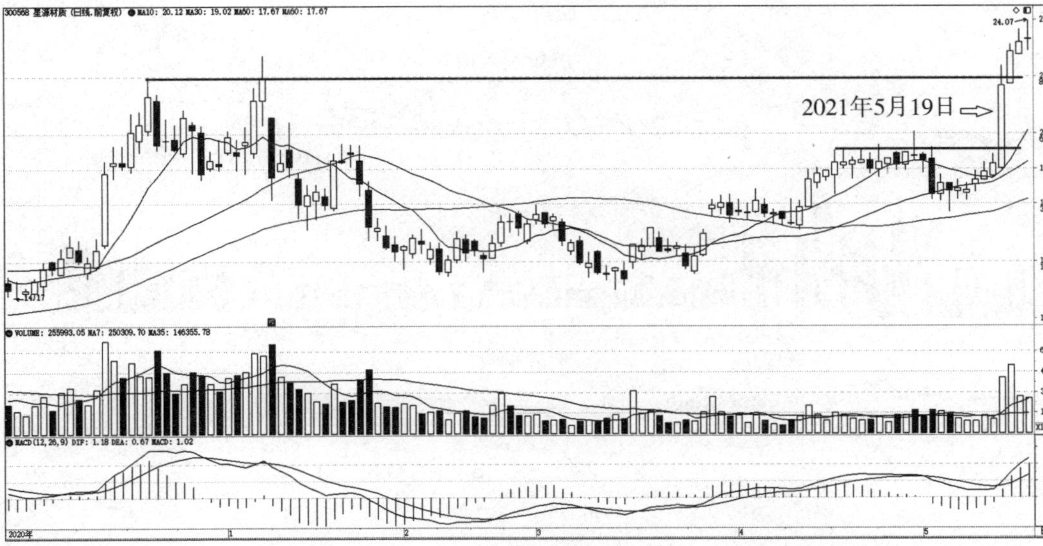

图5-2-7

“不留昨日之非，不执今日之是。”本意是不要留下以前的错误，留下了会牵绊现在的步子；对于今天自认为是正确的，也不要偏执，偏执会影响以后的更新。证券投资是同一个道理，不管大错误、小失误，只要是错误的操作，明知故犯就是坏“德行”，要坚定地摧毁它，不留一截根、一茬苗，只有这样，接下来的路才是康庄大道。而对于现在正确的盈利操作，也不要过于执着认死理，不要固执断言它一成不变。市场一定会变，不变的是它的“根”，它的

“意”，它的“神”，只要根稳、意明、神清，摇摆一点，不也是证明生命有韧度吗？

星源材质经过在颈高处这几天量价异动，展现出的姿势像极了一幅向阳花开的画卷，生机勃勃，整个走势根稳固、意明了、神清明。之后，股价攀着进攻线硬生生拉了一大波行情。当时段，大盘上去一点又下来一点，始终在原地晃来晃去。见图5－2－8。

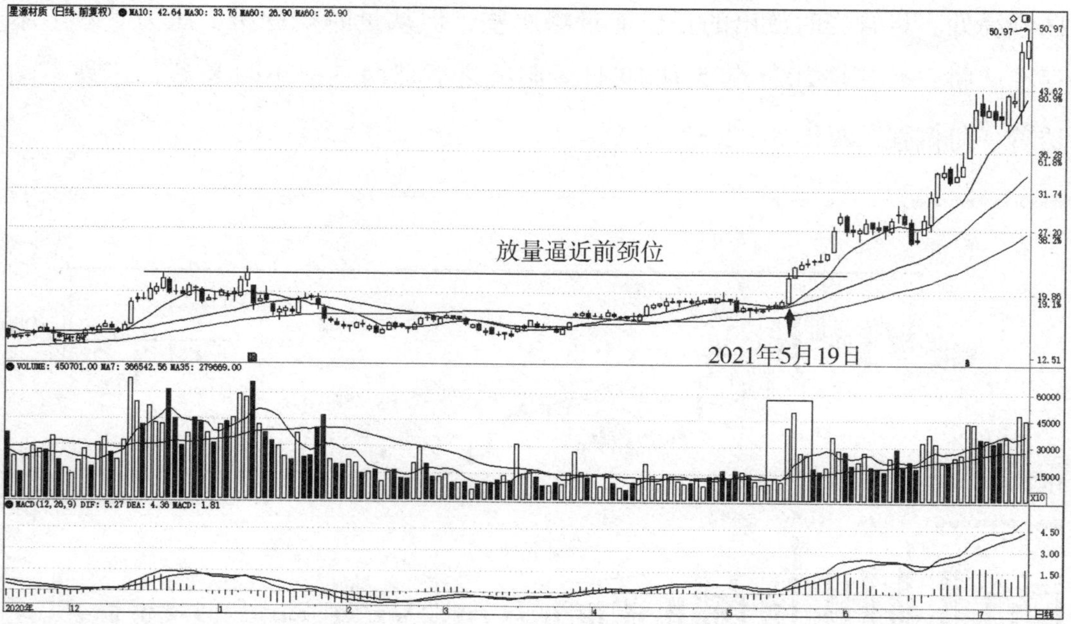

图5－2－8

颈位有效突破后是否就是主升行情的到来，除了需要看盘面强弱度，看题材力度，还需要看主力资金投放方式与拉升模式。就颈位而言，被突破的前颈位多成为股价洗盘时的回踩点，即颈位支撑。这样的股价走势在盘面时有发生，机会也不难把握。

从图5－2－9我们可以清晰见到，安旭生物（688075）股价第一次过颈位后并没上涨多少就回调，回调股价刚好回踩首次颈位，于2022年1月6日强势回头并再突破二次颈位，开启当时段生物“新冠检测”热点的龙头行情。

在股市，多数人会感到很恐惧，出乎意料的失手难免不产生恐惧。印度著名哲学家克里希那穆提有一段关于“恐惧”的描述：“如果你不打算跟随任何导师，你会感到孤单，那么就让自己孤单吧！你为什么害怕孤单呢？只因为你必须面对自己的真相，你会发觉自己竟是如此空虚、迟钝、愚蠢、丑陋、内疚和焦虑不安，一个微不足道的人……就这样面对真相吧！注视它，不要逃避！你一想逃避，恐惧就乘虚而入。”只要停留在股市，曾经或现在总会有某种恐惧的情绪，买也恐惧卖也恐惧，买对恐惧买错还是恐惧。这时的恐惧来自患得患失心理，并由此产生不敢面对股市的宽阔容纳以及其多变的特性。

面对一次次挫败、一次次亏损，恐惧之心在所难免，所以更需要我们冷静地思考，找到导致亏损的核心原因并勇敢面对，竭力寻求解决之道，直到不再恐惧，并在机会面前果敢出手。

主力做盘节奏清晰，进场机会则简洁明了。如果主力很在意并固守颈位的成本，那么后市行情拉升就有理、有据、有根。这样的走势提示，不管行情是走出后，还是走出前，均要高瞻远瞩并胸有成竹。当股价回踩到颈位时要重点关注，一旦转身就要跟进。见图5-2-9。

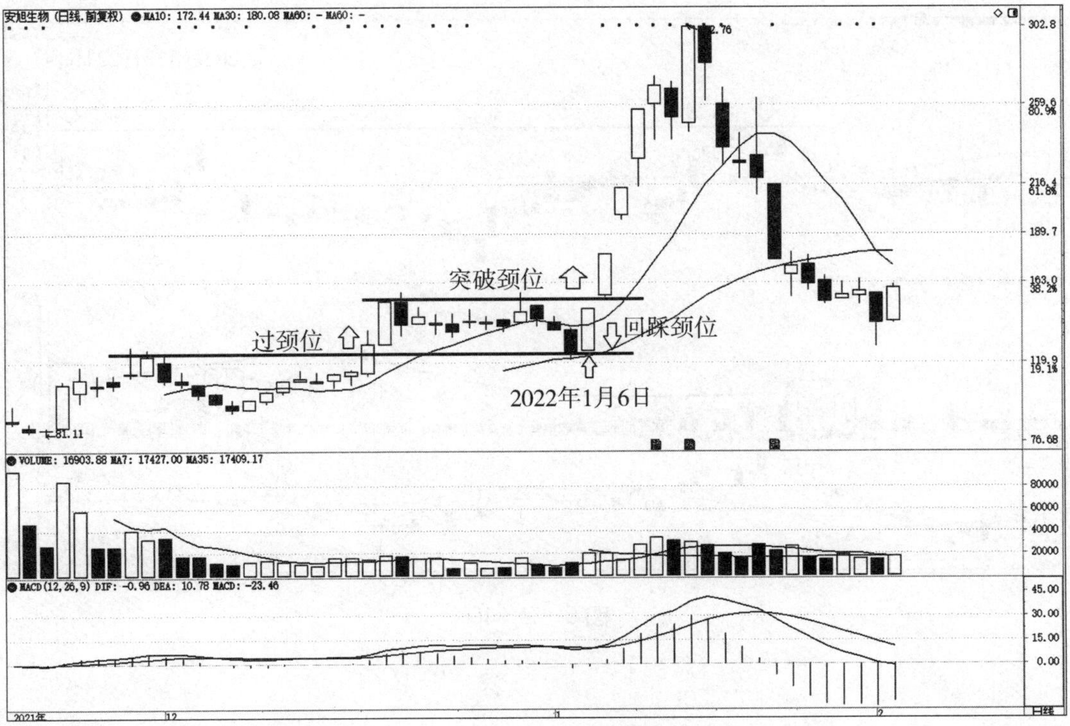

图5-2-9

龙津药业（002750）从 2021 年到 2022 年走出了一段跨年度的极致行情，这里用三度的视角简单分析一下这只股票。之所以简单分析，是因为越好的行情越简单，越简单越好！

川量如山，低位颈位，题材在发酵，盘中异军突起领涨——当日优质首板；

结合首板性质，次日竞价性质，开盘拉升行为——当日全市场最好二板；

第三日，再说就复杂了，一二整通透了，三自然来。

回头再看看 2021 年 12 月 22 日盘中拉升情况：开盘不温不火引不起任何短线客的关注；9 点 43 分钟，股价异动且强劲拉升，不到两分钟强势封板全天天量领涨。基本确定，这天是强势波段的开端。见图 5－2－10、图 5－2－11。

对于这种好位置的风口票，盘中只要呈现三度同飞模式，恰好被你看见，那就要果敢。当然，这份果敢需要扎实基本功同深厚操盘功底。顺便说一下，扎实基本功不是深厚操盘功底，扎实基本功代表对股市、股票及相关知识的丰富积累，而深厚操盘功底代表的是对机会的把握能力及变现能力。鉴于此，三度操盘教育一直以来更看重实盘交流与学习。

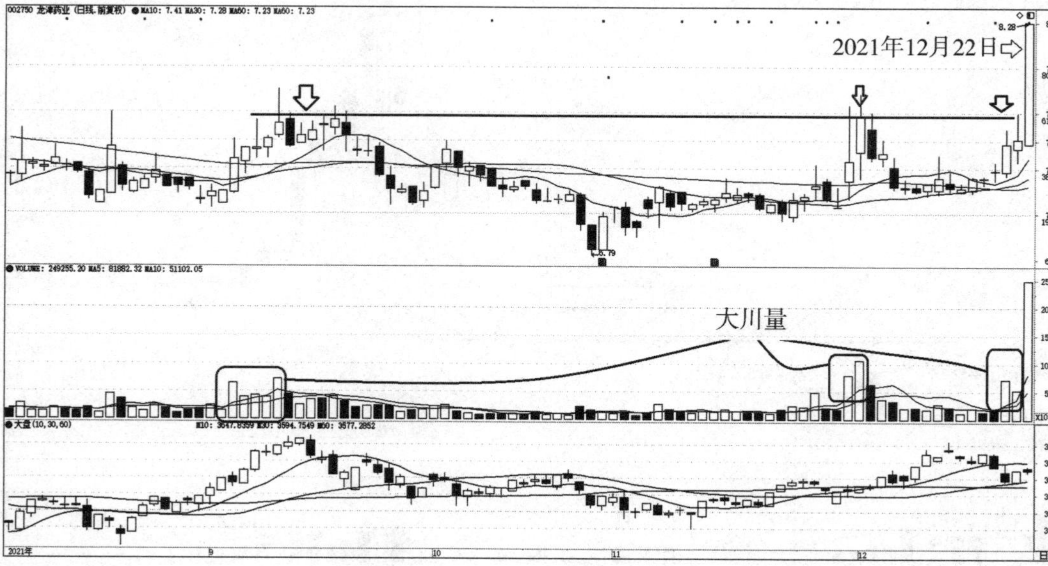

图 5－2－10

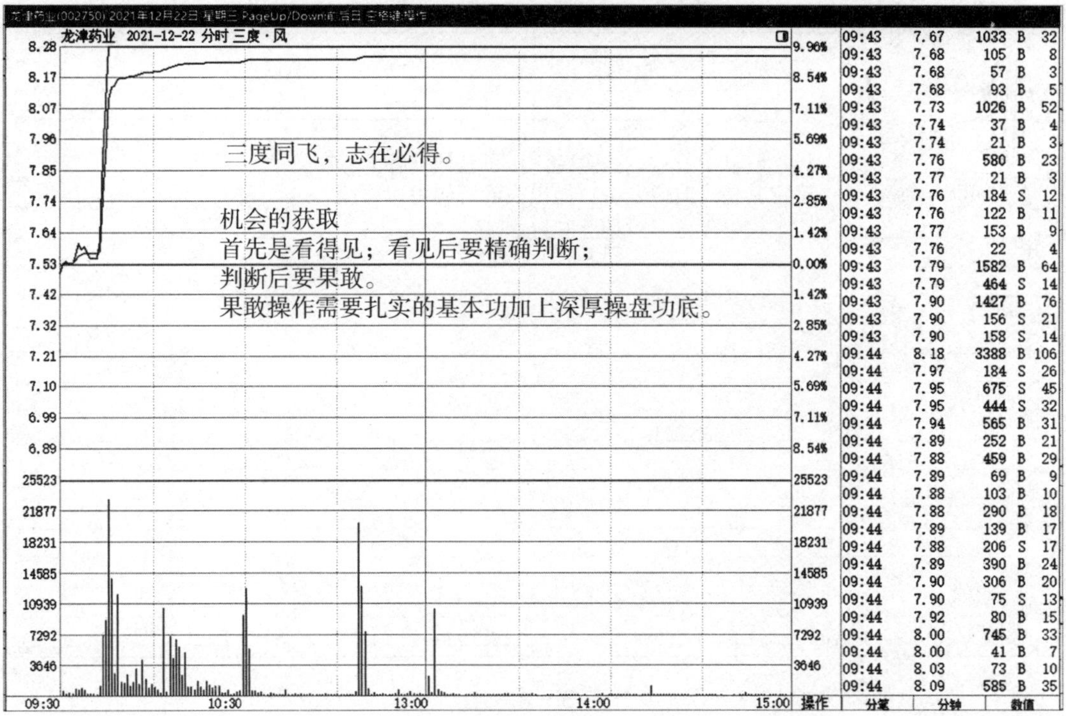

图 5 -2 -11

第三日，龙津药业股价开盘就强劲冲向涨停，但很快打开涨停板。盘中依次破分时图黄线、破开盘价、破昨日收盘价，走势极为不地道。盘中连续的“破”，哪里不能破你的“防线”？笔者的态度是：破就破呗，跟破就行了。一般的股票破了，好久起不来，强势股票破了多在不久就会起来，而龙头，说不准当天就起来了。龙津药业结合前两天的走势，基本判断是龙头，所以第三日盘中“凶狠”打压、稀释筹码后的强劲反转，还可以再进场。见图 5 -2 -12。

功夫在盘后，功夫在诗外。主力筹划已久的强势行情往往是在盘中突然发动的，看见行情飙升再去细细琢磨为什么要拉，托着腮帮计算要拉多高，多方收集资料衡量危险系数有多大，前前后后看看各周期的状况，就可能贻误战机。这些方面是要考虑，但更需要在平时形成几种高效定式，盘面上发生异动时拿来应用就是了。“不积跬步，无以至千里；不积小流，无以成江海。”功夫需要盘后日积月累，务实修正，天赋与捷径更多的时候不可靠。

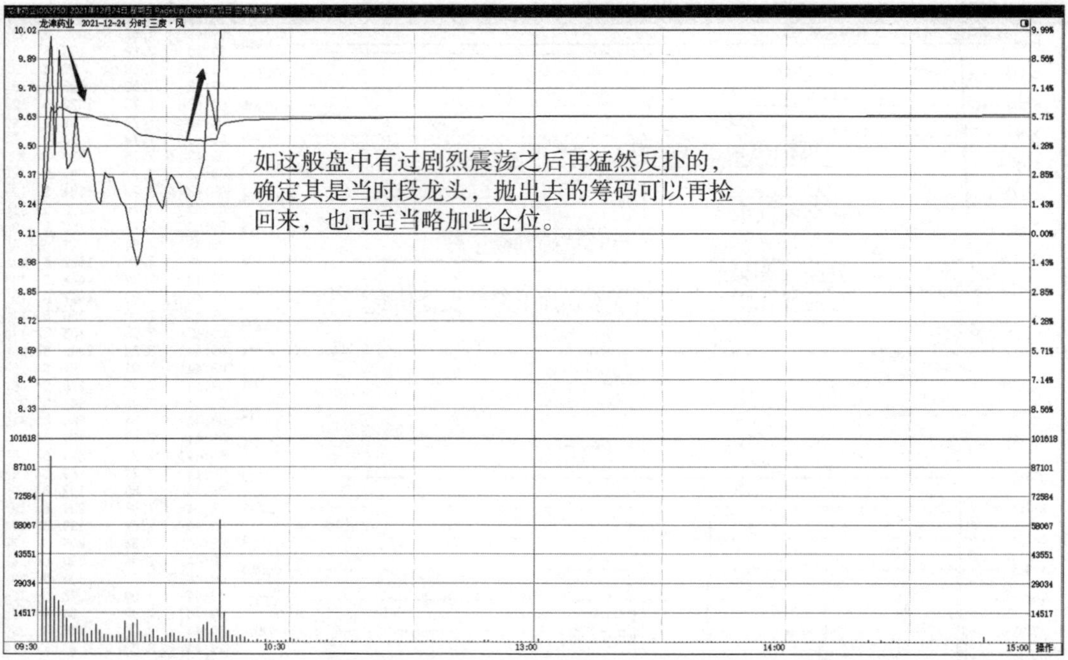

图 5－2－12

龙津药业股价在第三板翻江倒海震荡之后，再以连续空板再接实板，一路绝尘冲向天空，演绎了股市中“强势主流”的领涨行情，诠释了“强者恒强”的股市第一大定律。见图 5－2－13。

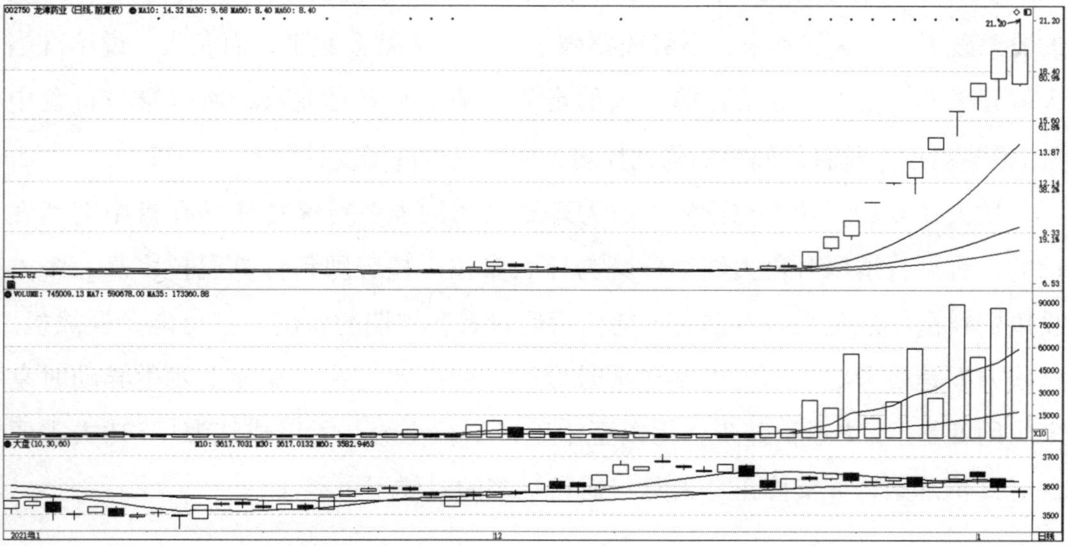

图 5－2－13

许多交易者，很在乎“很稳当”，股价在启动之初不敢做，理由是还没长成形，易反复；在最佳交易区没作为，看着再上涨不做，理由是“我怎么知道它要涨，还要上涨”；最后看明白了，股价成形了，实在忍不住了，在高位冲进了！最初不做是心里没底；中途还是不敢做，是手里没谱；高位敢做，是脑里没底线。

于是，常遭遇“当年不肯嫁东风，无端却被秋风误”的尴尬。若心中早有选择“如意郎君”的标准，多数条件满足，披上嫁衣就走人，余下的不足留给自己去“相夫教子”，如此，多好！

英洛华（000795）的股价于2021年11月23日触底后，慢慢摸爬到均线系统之上，并借助行业利好直接空板越过前颈位，挖坑前、挖坑中、挖坑后，量区整体上三阳控三阴特性明显。这类空板要不要关注？后期怎样操作？A股市场，每周都有空板、T板出现，后期走势不尽相同，或者完全相反。空板带来较大机会也带来极致风险，因此，仅凭一个利好消息至股价空板后就认为是良好买进时机，确有不妥。关键位置、安全位置、前期主力资金强势介入才是更为踏实的空板后的机会。空板次日，英洛华的股价轻巧一纵，金灿灿的机会就触手可及。强势颈位强势突破，澎湃的涨停板犹如一轮朝阳，喷薄而出，越跃万山。面对这样的机会，不要犹豫、不要恐惧，出手！见图5－2－14。

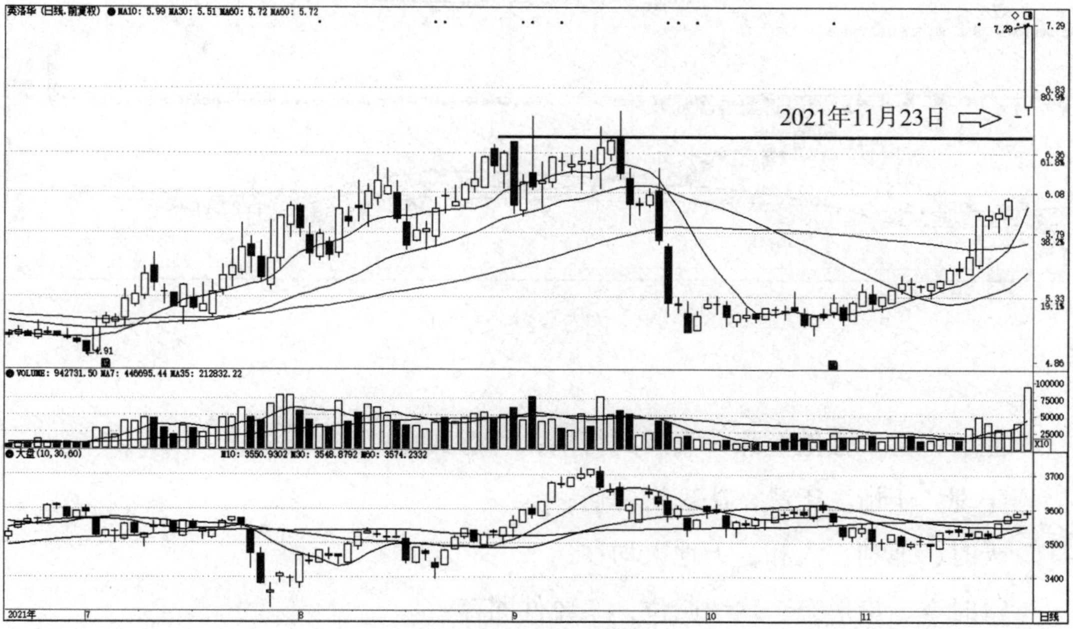

图5－2－14

“取舍”之间亦是“得失”之间。其间总会有斤斤计较的吵闹争执者，不涉及多大的权益，也不涉及多大的利益，就是不能吃亏，嘴上更不能输，常因为太过计较，停下了前行的步伐！古往今来，成大事者都是善吃大亏者。善吃亏，是主动放弃，是成大局放弃局部，为长远暂时放下当下。这是大气魄、大胸怀。多关注大形态的机会，舍弃小形态的躁动，选取量能丰厚的股票，放弃无异动量能表现的股票，就会更有主动权，就会更有力量，努力方向对了，来日希望就大得多。

量能丰厚大形态突破的英洛华，股价连续拉出涨停板，短期股价涨幅巨大。见图 5 -2 -15。

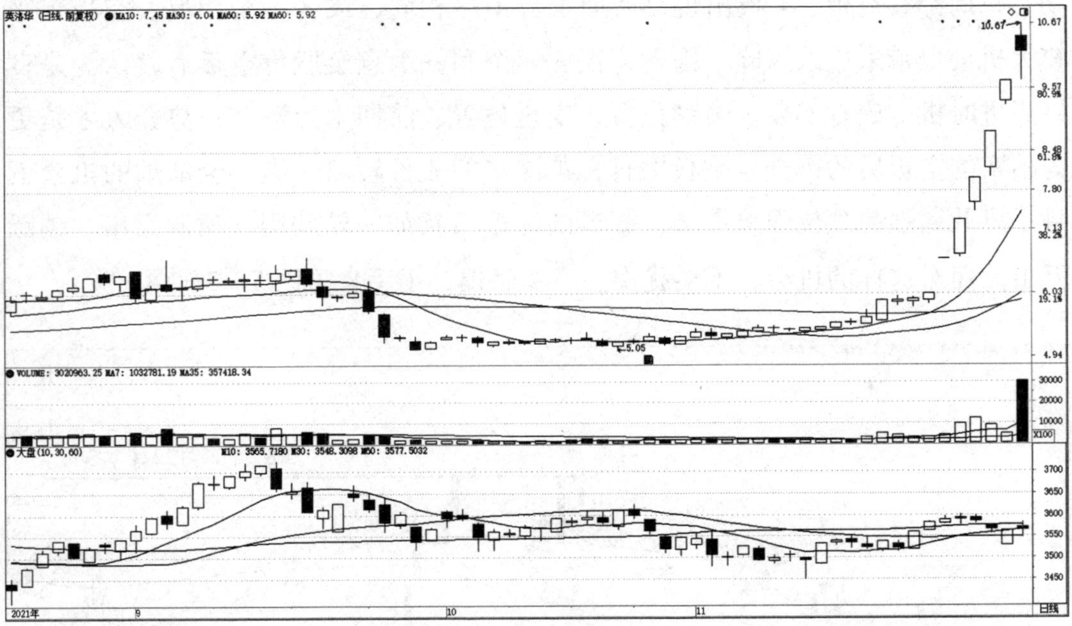

图 5 -2 -15

能够稳健、强健上涨一大波的行情，均有共性：

于理、于情、于法，法理情皆通；

天时、地利、人和，天地人均在；

量时空、量形态、均线归位，三要件同存；

厚度、力度、速度，三度同存。

同样是英洛华，同样的颈位，同样位置的空板，同样的盘面势道，早在2019年5月17日就走出了同样强势波段行情。见图5－2－16。

这就是股市，复杂也挺复杂，简单也挺简单。正常的情况是，开始复杂些，后来简单些；如果开始复杂，越来越复杂，一直复杂，念着复杂，终归不是好事。

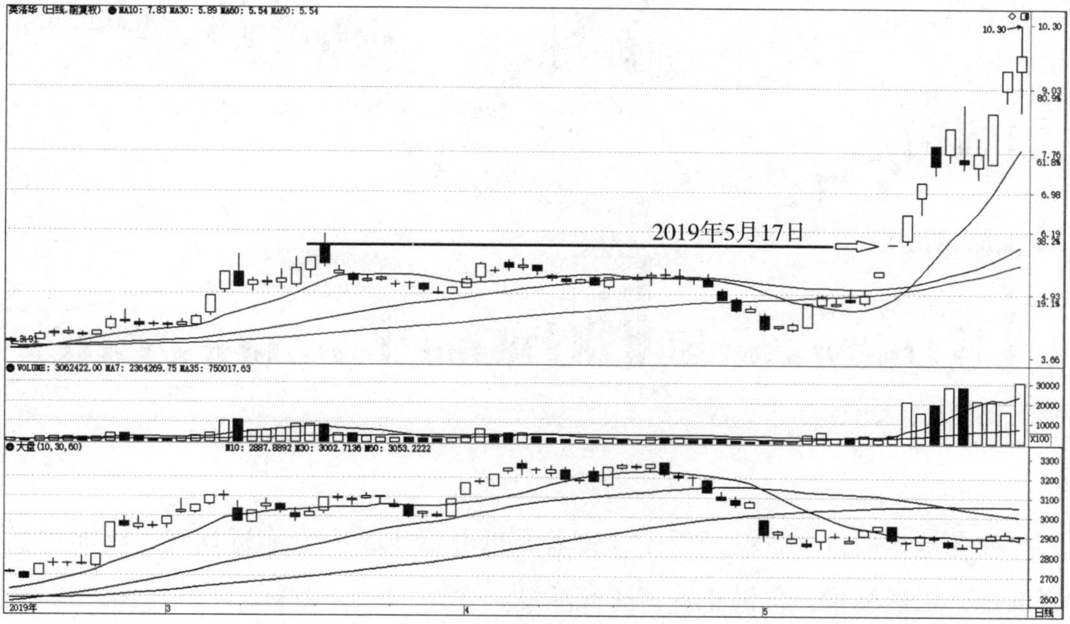

图5－2－16

祥龙电业（600769）2021年9月8日在B区拉出一根大阳线，猛一看属于有量突破，眼见、心动、手动是理所当然的事。近身能看得到两个价格高点：

第一个价格高点对应的成交量是能量足但阴量多；

第二个价格高点与第一个高点几乎持平，然而能量却少掉一大截。

实战中，这样的“颈位”作何判断与操作？

无量走高既可以是无量虚高也可以证明是主力控盘度高，何以区别“无量虚高”而不是“控盘度高”呢？这个问题似乎较为纠结。可以从另一个角度来思考：已经没量足以证明两点，一是主力不再投入大资金，二是没有过多跟风盘。既然未继续投入也没跟风盘，主力前期“挖个坑”的目的何在？这一锄头挖下来不就落在自己脚背上了吗？但是，主力知道自己的脚背在哪里。虚高无疑！虚高的突破不是大涨的颈位突破。在股市二级市场投资买卖，是非之间可要了然于胸啊！见图5－2－17。

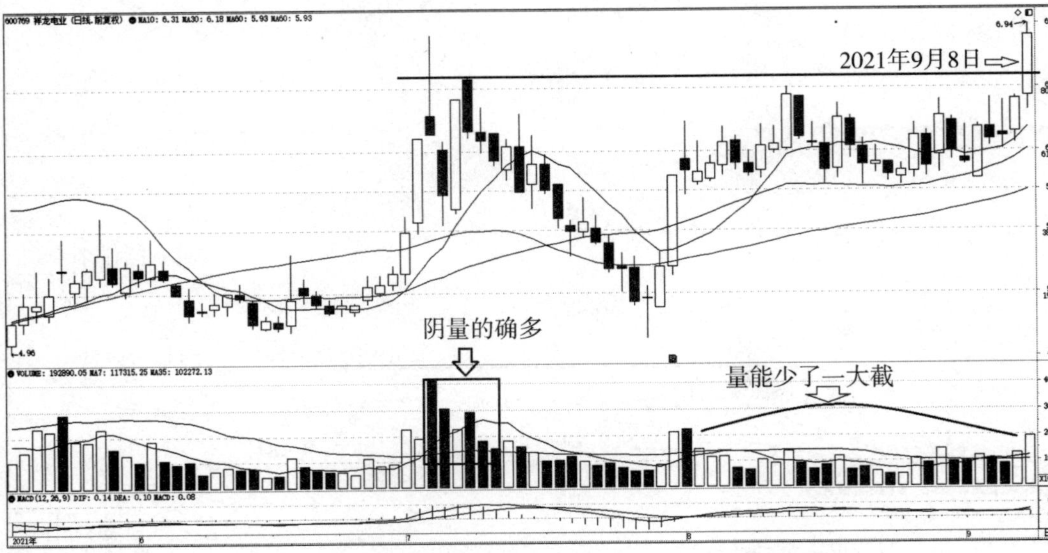

图5－2－17

祥龙电业股价次日低开低走，接着再低开低走，缩量靠近均线，继而再低开低走，仍然缩量，仍没止跌，如此反复。

此股为何持续地下跌？为何缩量也不止跌？为何均线支撑无力？为何自己运气就这么“背”？这应该问你为何要在阴多阳少的股票上问这么多为什么？见图5－2－18。

股价大幅上涨后深度下跌，无强势资金再度进场的诱多不要追进去；成功诱多的主力已全身而退，我们就不要赖在里面更不要随意低吸。没主力看护的股价要跌，想挡也挡不住，何况只是几条缩量小星线、一条均线。

股市是一个资本市场，资金最有发言权。任何题材热点、任何形态走势都是在为资金服务。撇开强势资金的引导说题材论形态，都是空谈。

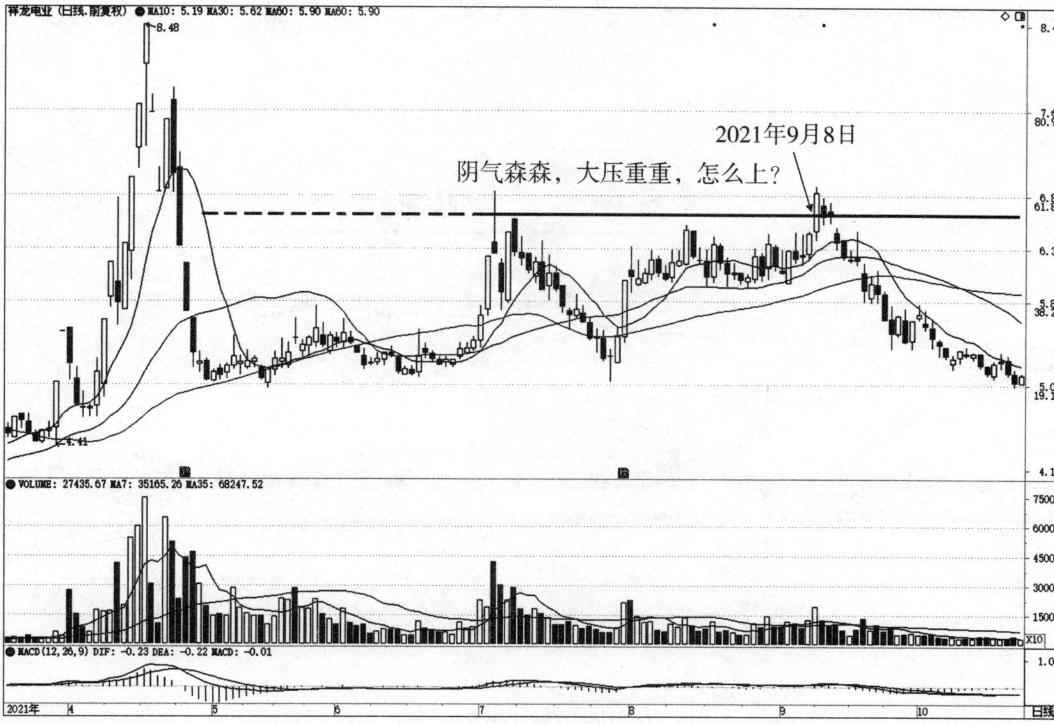

图5－2－18

图5－2－19是宋都股份（600077）在2022年3月14日，重要位置反转接突破颈位后走出的一波极强行情。股价前期有两波连续涨停板行情，行情不太大但也不算小。两波的高点连成一条水平线，是为颈位平台。随后两天下洗可谓“狠且猛”，股价刚过前高就“迫不及待”往A区下跳，似乎有点说不过去，但看量能，急速“下跳还缩量”，这对主力的“说不过去”也就有些说得过去了。会是拉高建仓后的诱空吗？

股价A区止跌反转后，又于2022年3月14日差一分钱在“近身颈高处”接近涨停板开盘，开盘就下挫，盘中多次宽幅震荡，全天收放量“平头T板”，而当天大盘指数向下有跳水动作。

从次日开始，该股低开后就以“快速上涨”的股价实施颈位大突破并进入上涨快车道，于连板第七日的高位巨量T板见顶。见图5－2－19。

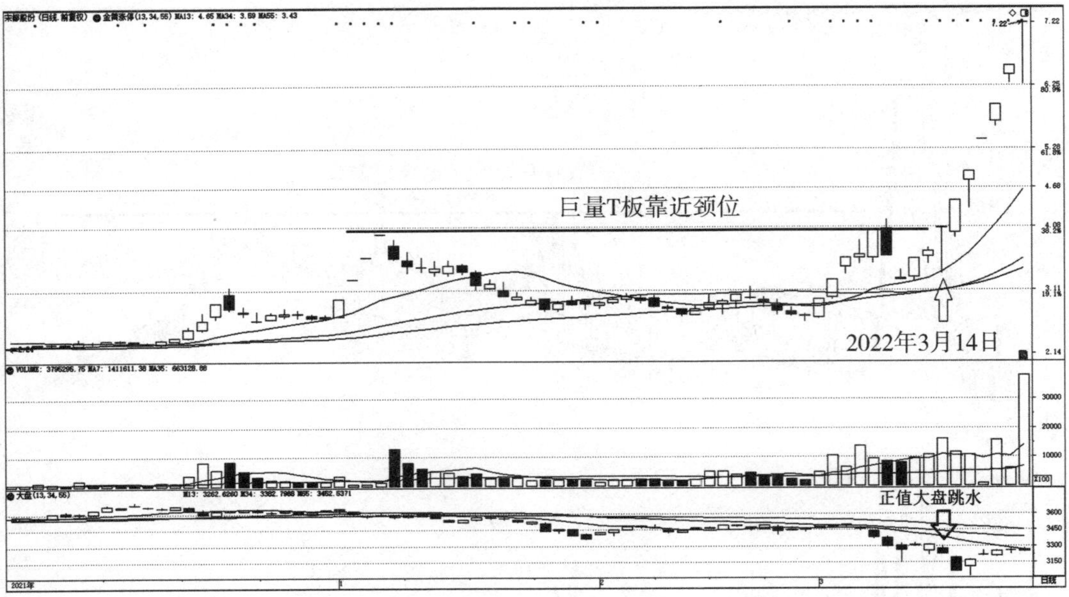

图 5－2－19

上面这段话是对一只强势股票行情的描述，也可以定义为“牛后炮”的总结。可不可以把“牛后炮”变为“牛前跑”呢？笔者觉得可以。怎么变成呢？笔者的建议是您把上面这段文字慢慢读三遍、五遍、十遍试试，还不行就读三十遍、五十遍、一百遍……别嫌多，或许就读出属于您自己“牛前跑”的几大核心条件呢！

看盘，对于交易者来说是很重要的一件事，但看盘得有程序和方法，没程序效率就低，没方法凡事就杂乱。一个职业交易者，不会高效率看盘，要想赚得多几乎没可能性。

2022 年 1 月 5 日，均瑶健康（605388）出现在异动榜版面，打开个股，看到“A 区加小高突破，能量足，分时图拉升经典，整个板块不弱，量能体叠加优，买进”。上面这句话，不快不慢读完也就七八秒，七八秒即可完成对机会的发现、判断、分析、决定，这就是高效。如何达成？反复锤炼，反复正确锤炼；坚持，坚定地坚持，直到经典入心。经典一旦入心，好股票就会自带笑容与你相遇，漫不经心中也能酝酿出甜蜜。均瑶健康股价踩在 A 区实施颈位突破强势涨停，股价高度可以预期。见图 5－2－20。

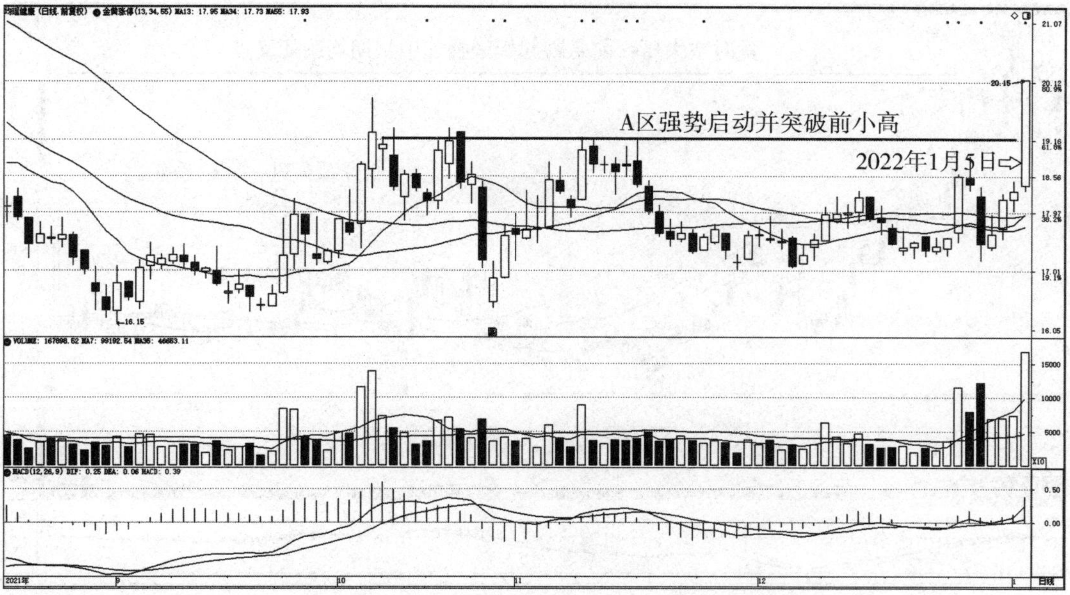

图5－2－20

股价涨跌有涨跌的道理，这些道理对于不同的投资主体不一而同。

对国家机构主力，对市场机构主力，对大资金投资者，对中小投资者，道理是不同甚至截然不同的。不同不代表所有方面一定有差距，诚实认知评估自己，极力发挥自己优势，多好！

均瑶健康股价次日空板，势头挺猛，若第三日继续空板，预判的高度就会更高。但是，第三日空板差一点，那就得做好离场准备，前暴跌起始区是量时空大压区间，危险系数蛮大。说差一点，是竞价结束小单封住涨停板易打开，大压区间打开能先走就走。随后可见，均瑶健康股价巨量见顶，股价很快回到原点。

看来“见好就收，不对就溜”是能在股市交易里长存的极其重要的一个好办法。见图5－2－21。

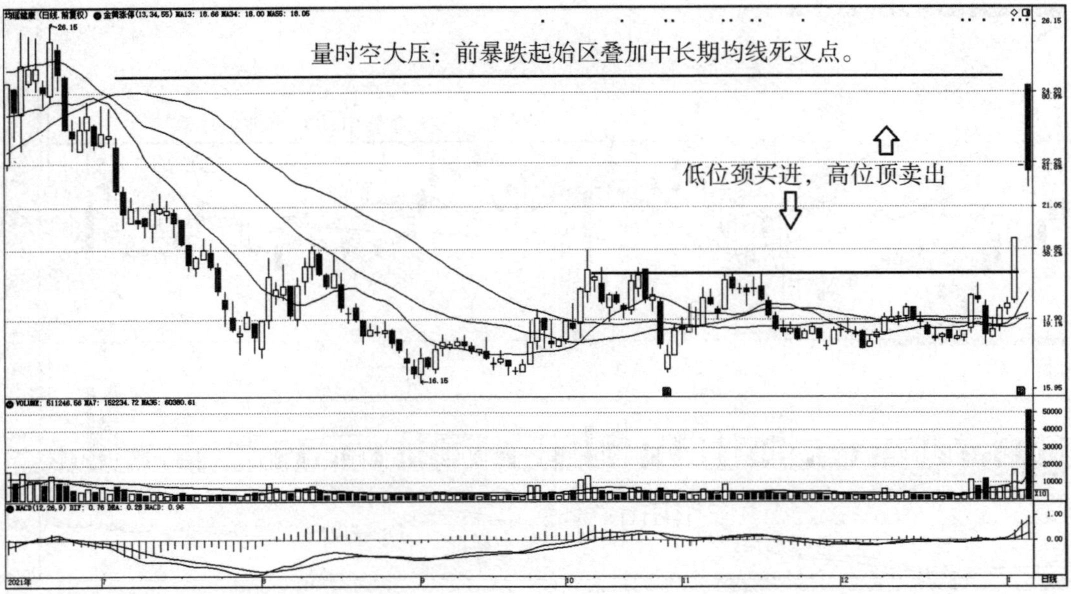

图5-2-21

章结

本章主要论证了颈位的重要性；举证了颈位有效突破需要的几大条件；讲述了在条件满足时如何低吸、如何追涨，如何利用图表的量形态风险、时空风险等机制识别诱多假突破。

本章的案例举证相对较多，笔者希望通过更多方面去解读“颈”这个极其重要的位置，从而更有利于认识颈位，有利于把握颈位的机会。“突破就有行情”，这种简单的想法、看法均要不得。回头审视自己亏损最严重的是否是突破拉升时买进的，诚实给自己一个交代吧。

有效突破要符合几大条件：

前后量能丰厚；

行情没透支；

整理时空充足；

均线系统归位密集或强势；

股价有热点题材主导或符合强势盘面。

五大条件，一个不能少。

三度力量：举步宜寻中正路

混迹股市多年，看过很多书，也参加过炒股函授学习、面授学习，然而始终踏不准市场脚步，常常高买低卖，人性缺点在股市中暴露无遗。后得闻川内有蒋氏先生，有“满城尽带黄金甲，我自横刀向天啸”的豪气，其三度战法适用于买卖龙头股票、获取强势波段。近水楼台先得月，经过语音交流取得同意后欣然前往。

一周交流培训，强度大，涉及操盘内容超出想象太多。刚学完回来，异常兴奋，毕竟一个老股民也能体会到老师及其三度的含金量。但犯了一个大毛病：对老师的系统“得形失意”却信心满满，以为自己智商还可以，老师要求做的功课找各种理由没有认真去做，就把经典战法在股市中照搬照套，而旧的操作思维又顽固不祛，半年来总是被股市“修理”。我明白这样下去无有来期，必须要大改变。同老师讲了自己的现状，老师给了些建议后还补充了一句：“尝试把自己再放低一点吧!”于是我再次认真看、理解、感悟老师的《放下、放低，不放弃》《快慢之间》《牡丹如风》《致敬大海》等日志，同时也向进步快的师兄、师姐们请教。结合自身的现状，把自己定位为“零星”人，从头开始看笔记，用老师说的“笨办法”把历史的涨停，尤其是能连续涨停的股票拿来分析，重新认识位置、正能量，认识盘面。看多了，慢慢对三度战法的逻辑有了清晰感，也能听懂老师、师兄、师姐们在盘中的点拨、盘后的总结分析了，对那些大摇大摆在面前上涨的龙头也开始关注起来。老师说得好：“心在哪里，成就就在哪里。”

我理解中的强势三度系统，其厚度表明股价在运行过程中是否受到主力资金的青睐；其力度表明股价运行是否归位到一个关键位置，市场凝聚力是否形成，是否处在一触即发的状态；速度则是此股在市场凝聚力具备情况下，最后拉燃导火索，如同师言“不拉不跳，后市难料”。三度相辅相成，缺一不可，同时还不能忘了用量时空方法排除风险。整个过程往往循环不已，所谓的波段操作由此而得。强势则是这套系统的灵魂。以前，看到主力资金在关键位置大动而特动时，虽然羡慕，却认为那已与我无关。现在我明白，那就是我要找的强势主力，是他们的活动，造就了强势盘面，他们主导着市场的强势脉络，紧跟这样的强势主力肯定是安全的。这才是真正的“强势三度”模式。有了正确的认识，强势涨停板以及强势行情，对我不再遥不可及，行情好的时候也能买到连板的暴涨股。

“一路奔行，听的是花开有音声，看的是风起云涌无痕。”老师，首次看到你的签名留言，我就被深深打动，敬佩油然而生！一路走来，老师传授的不仅是操盘知识，更有操盘心法。老师的一些经典语录学生一一记下，益处多多：

“经典，不是信口开河说说就可以的，经典必须有经典的来头。”

“强势的最安全，强者恒强是这个市场的第一规律，谁也改变不了。”

“强势从哪里来？强势从异动归位中来，从强势盘面中来，从强势之中来，从强者心中来！”

“主动出击并出击主动，这是强势三度盈利系统的大策略，操作强势要有跟随强势的方法，我们做强势但不要被强势反过来给做掉了。”

“坚持把小事做精致，逐渐坚持把重要的事做精致，坚持把‘必须’和‘应该’做的事情做精致。诚实是二级市场投资者于股市中最高品格力量，一旦缺失，将一事无成。”

“要做好股票，需‘先学耐烦’。十分不耐烦，乃为人大病，十分不耐烦，也是股民之大忌。”

“如今，很多人在讲佛、说禅、论道，股市里也不例外，生活以及股市需要这些修为，但不要过了，佛禅道也要‘食人间烟火’，在股市，简单即是佛，低头可见禅，无中生有就是道。”

“在异动中找厚度，厚度中找归位，归位中等速度，有速度时检验量时空。”

“低吸要有强势垫底，追涨要盯领涨，位置结合盘面，盘面看领涨。”

“做强势短线，须做如下事项：1. 坚持；2. 不上当；3. 坚持不上当。做强势波段，须做如下事项：1. 坚持；2. 相信；3. 坚持相信。”

“半步之间操盘策略有玄机，半步是福，半步也非福。我们最明智的做法就是：大着肚皮看主力翻江倒海地稀释风险、铸就能量，然后立定脚跟，跟随主力从好位置一道出征。”

……

股市里的东西的确很奇妙，信则有，不信则无。经过接近一年的磨砺与领悟，逐渐领会了您在“三度模式”中倡导的正能量、和谐投资的初衷。“举步宜寻中正路，入门方是过来人。”如今，我终于可以对老师说：学生已经踏上中正之路大步向前了，谢谢您！

成都　李建

第六章

顺上形态

顺上形态是股价走势中时有出现的形态，尤其在大小牛市之中较为多见。顺上形态也称多头顺上。多头排列是股价走好、市场走好最基本的表现形式，也是最直接的表现方式。多头顺上当然也是股价走强、形态走强的表现形式。

第一节　顺上形态及构建机理

一、顺上形态

顺上形态是指多条均价线随着上涨的股价由空头排列或错位排列或黏合状态演变成多头、顺畅向上的排列形态。顺上形态重在“顺而上”“上而顺”。“顺而未上”“上而不顺”均不是顺上形态。

二、顺上形态的构建机理

股价前期走势疲弱，均线系统处于空头或错位运行。随着行情逐步回暖，主力资金陆续进场或踊跃进场，上行的股价带动均线系统形成多头排列状态。因主力资金的进场意图不同，致使均线系统顺上的生成模式有三种：缓慢顺上，大振荡后再顺上，小洗盘后再顺上。

（一）缓慢顺上

股价经过长时间充分下跌或大幅下跌后出现止跌，随着市场逐渐回暖，部分资金陆续进场促使股价上行，上行的股价促使均价线由最初的空头向下演变为多头向上的运行形态，通常是“熊”转“牛”的初始表现。见图6－1－1、图6－1－2。

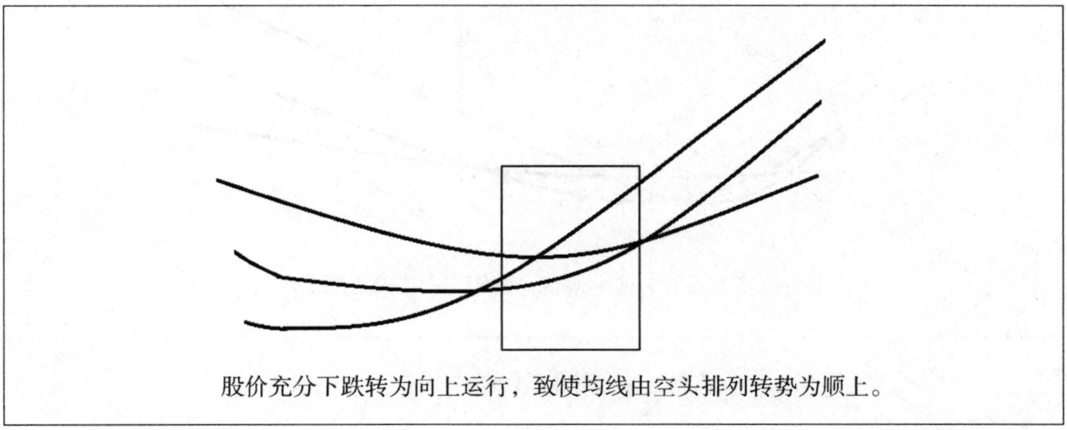

图6－1－1

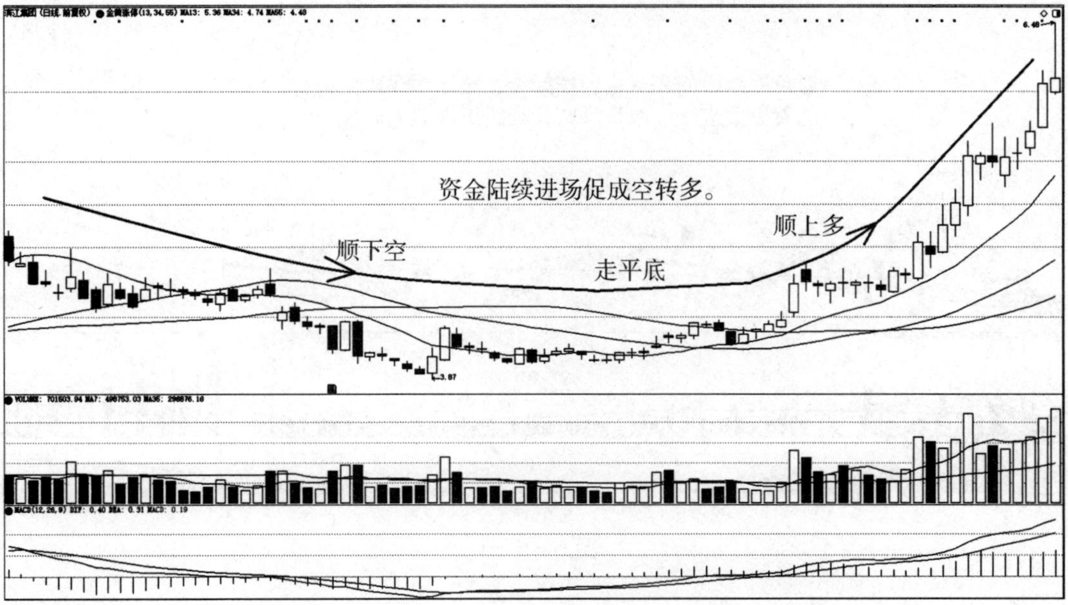

图6－1－2

(二)大洗盘后再顺上

股价经过波段拉升，开始回调，回调幅度较大，时间偏长，致使原来多头排列的均价线出现空头排列状态，或部分均线出现死叉的错位运行状态。随着资金重新进场，均价线再次顺上。见图6-1-3、图6-1-4。

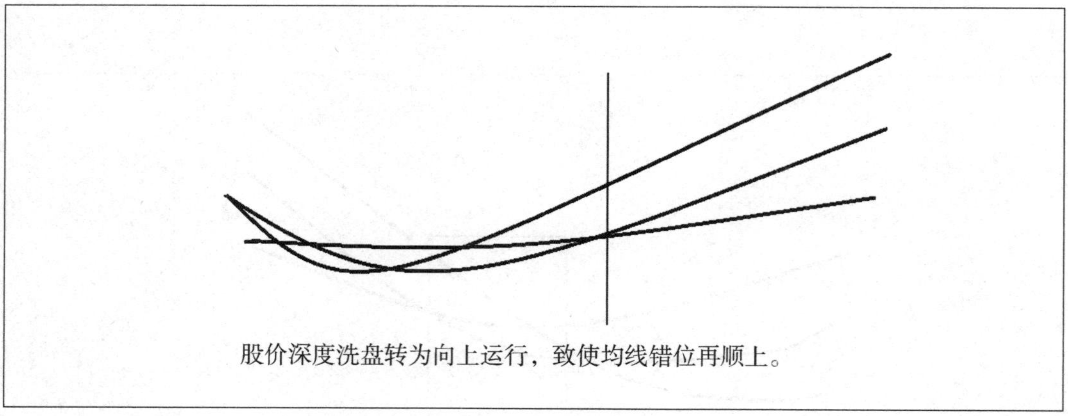

图6-1-3

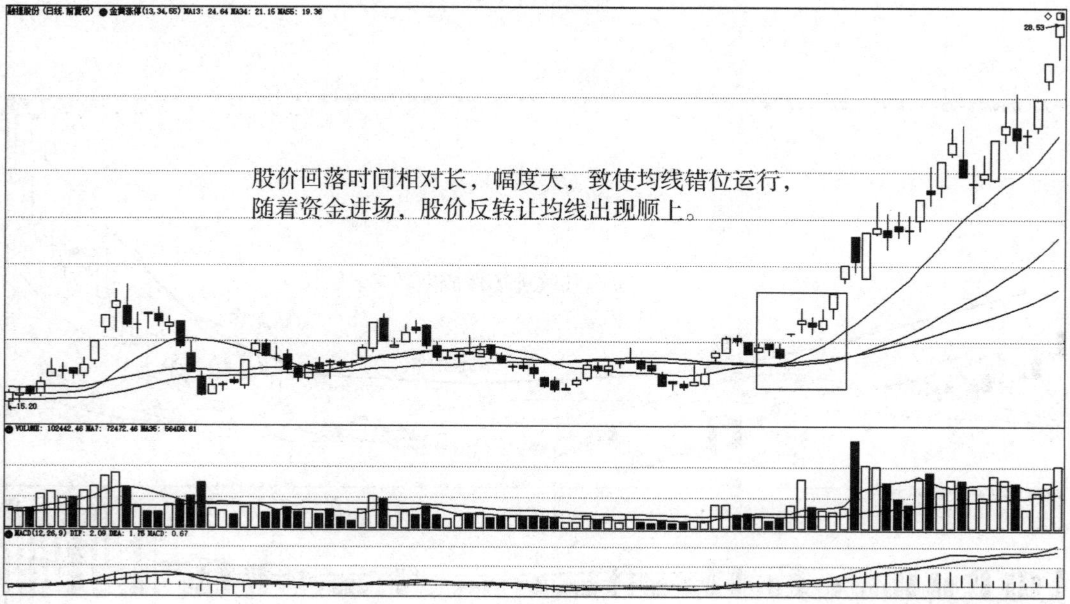

图6-1-4

（三）小幅洗盘后再顺上

股价前期有小幅波段拉升，其后小幅回调，回调时间偏短，进攻均价线随着股价回落靠近大周期均价线，随着股价止跌或资金再次进场，密集黏合的均价线很快回归顺上轨道运行。见图6－1－5、图6－1－6。

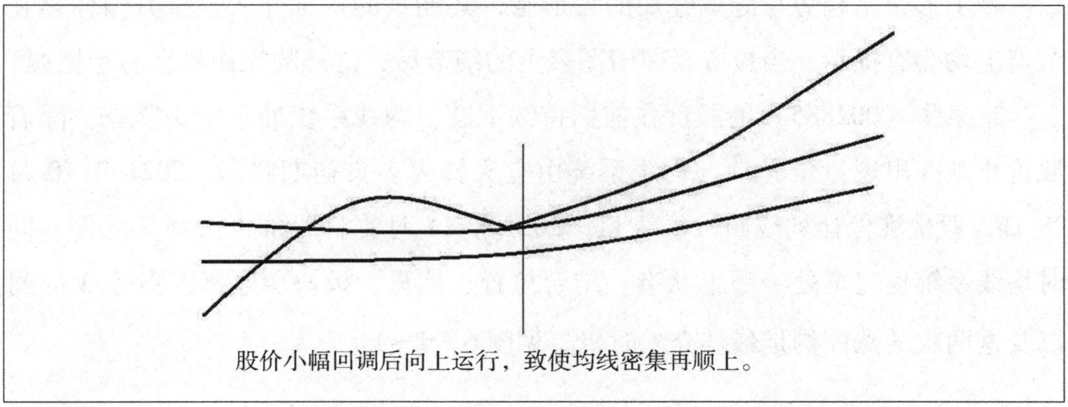

图6－1－5

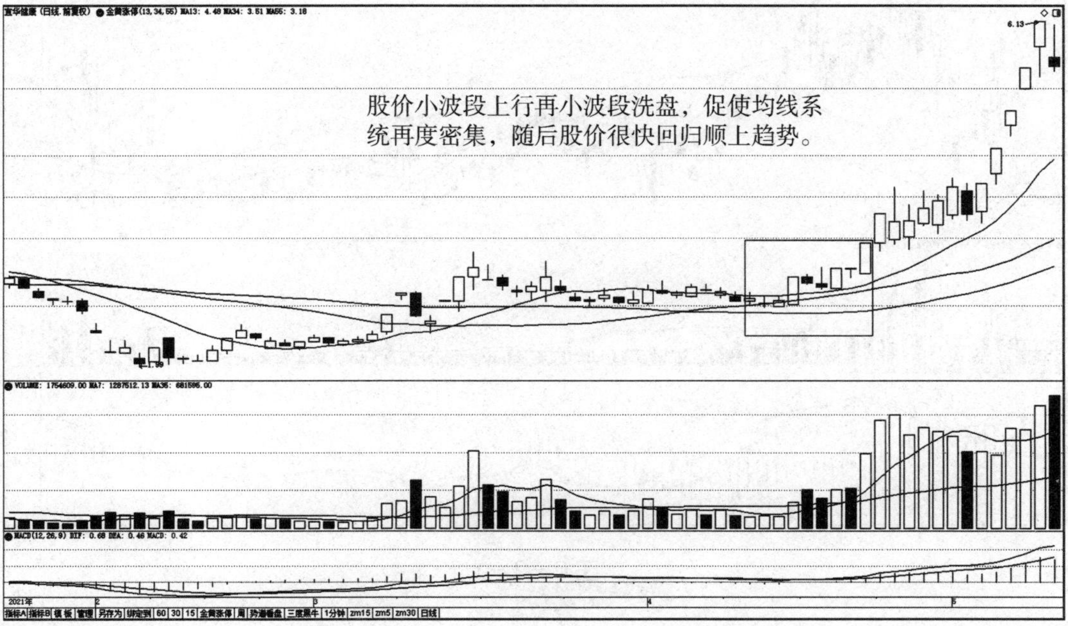

图6－1－6

第二节　顺上形态的实战意义

顺上形态是趋势与能量叠加的大形态，其能量的持续介入、拉升与休整在节奏上均会有提示。当投资者厘清图表上的细节后，这样的操作机会易于把握。

京泉华（002885）的股价在前期持续下跌，均线系统处于空头状态。随着股价止跌并出现量价异动，均线系统由空头转为多头初期状态。2021 年 10 月 28 日，股价涨停让均线归位于 A 区。2021 年 11 月 4 日股价再次强势涨停，同时均线系统也完全处于顺上状态。结合位置、能量、板块、题材，强势 A 区间以及这两次的涨停均是最佳介入时机。见图 6－2－1。

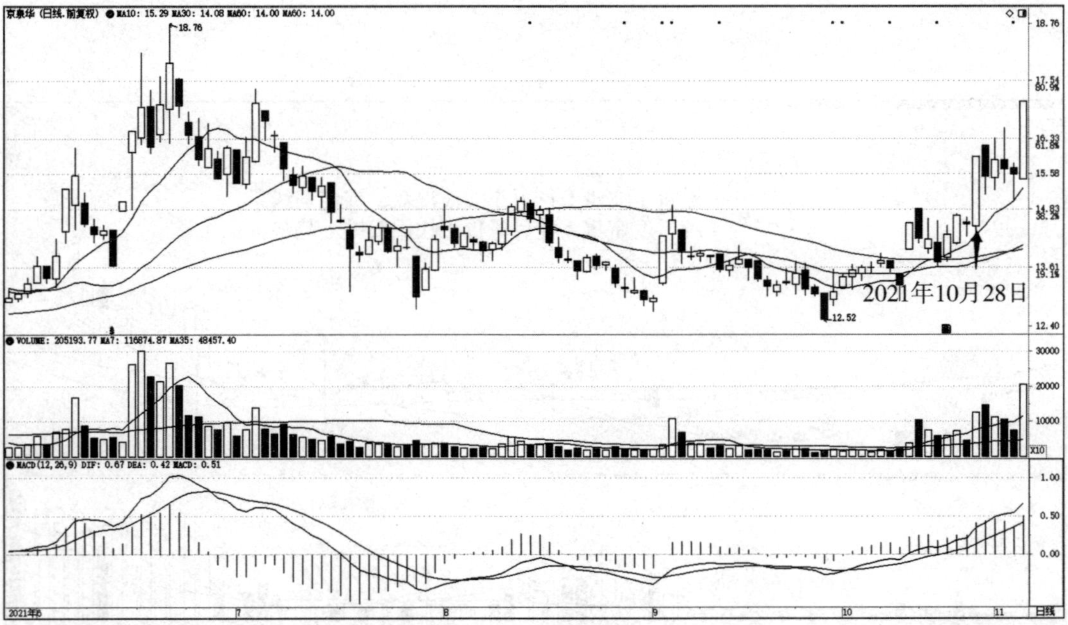

图 6－2－1

均线系统的运行方向代表同期股价的趋势方向，成交量的性质代表同期主力资金的真实意图，均线的运用必须结合能量意图，这是通过图表研判主力真实意图的最优途径。随着资金不断介入，京泉华的股价很快就进入一波强势主升行情。主力在均线系统处于多头排列下仍积极地持续投入资金，这是随后股价高速上冲的核心能量。这样的顺上形态值得跟进并耐心持有，直到跌破原有

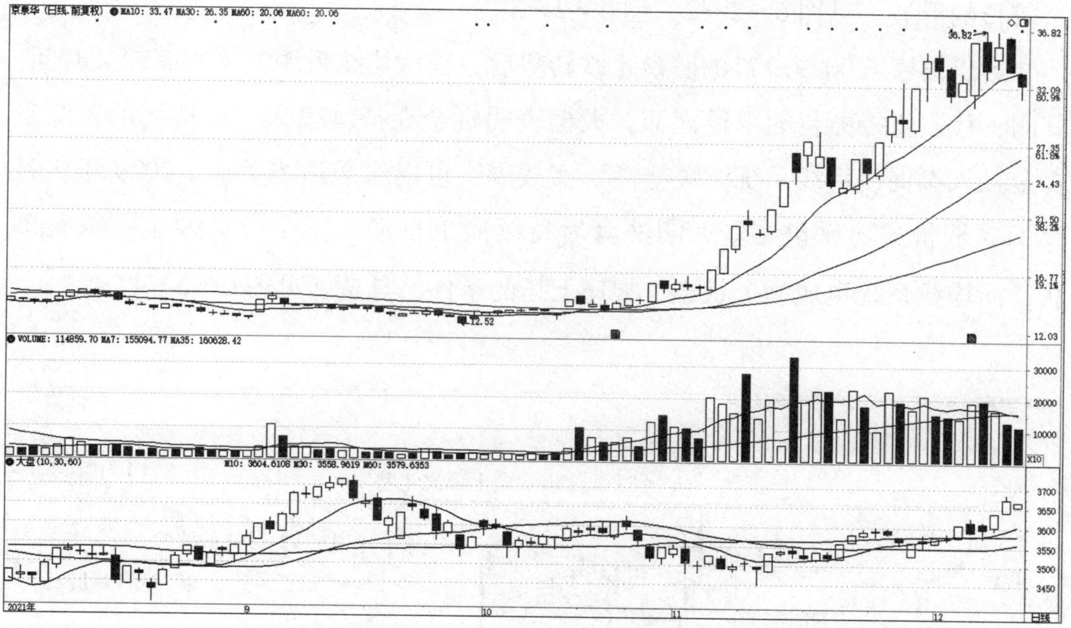

图6-2-2

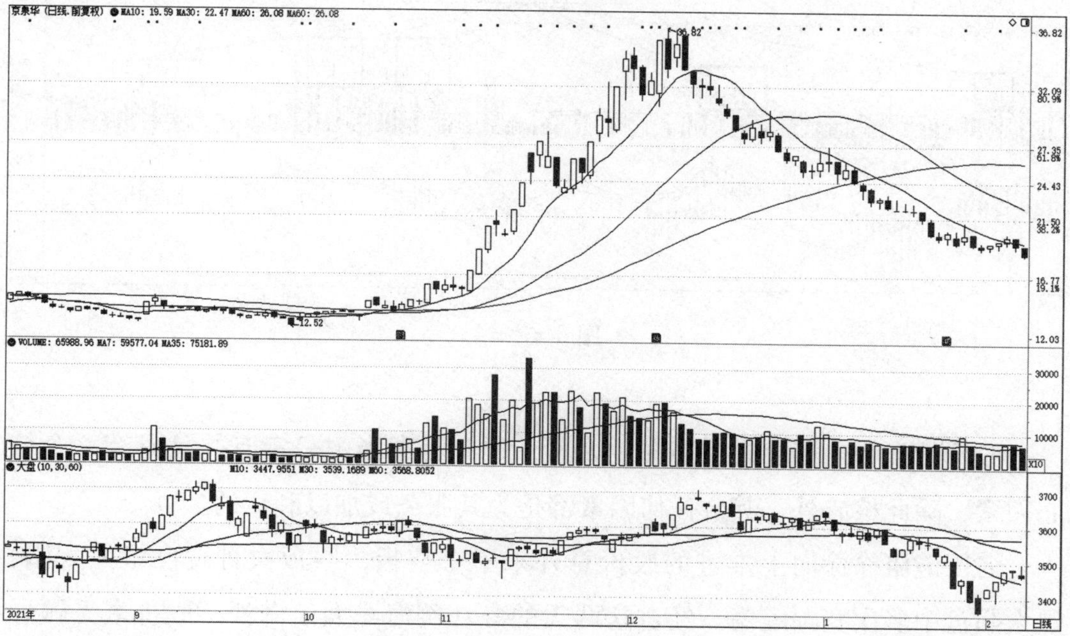

图6-2-3

行进轨迹或出现经典见顶形态。京泉华股价在上涨后期明显见到量能急剧萎缩，这是主力停止资金投放的明显写照，股价一旦跌出原有运行轨道，持仓者需要及时获利出局，不可停留。跌出顺上形态轨道的股价不紧不慢下跌，跌出了一个较长的滑坡。见图6－2－2、图6－2－3。

名臣健康（002919）的股价止跌转势后，围绕均线系统上下震荡较长时间。其间，代表正极能量的阳量充沛，大概表明资金在持续投入，而持续的正能量资金投入又促使均线系统缓缓垫高。实战中，可以给予适当关注。2020 年 7 月 27 日，股价成功反包缩量大阴洗盘后持续向上推动，图中可见颈位意欲突破状，而均线系统也成顺上状态，加速上扬的条件已具备。见图6－2－4。

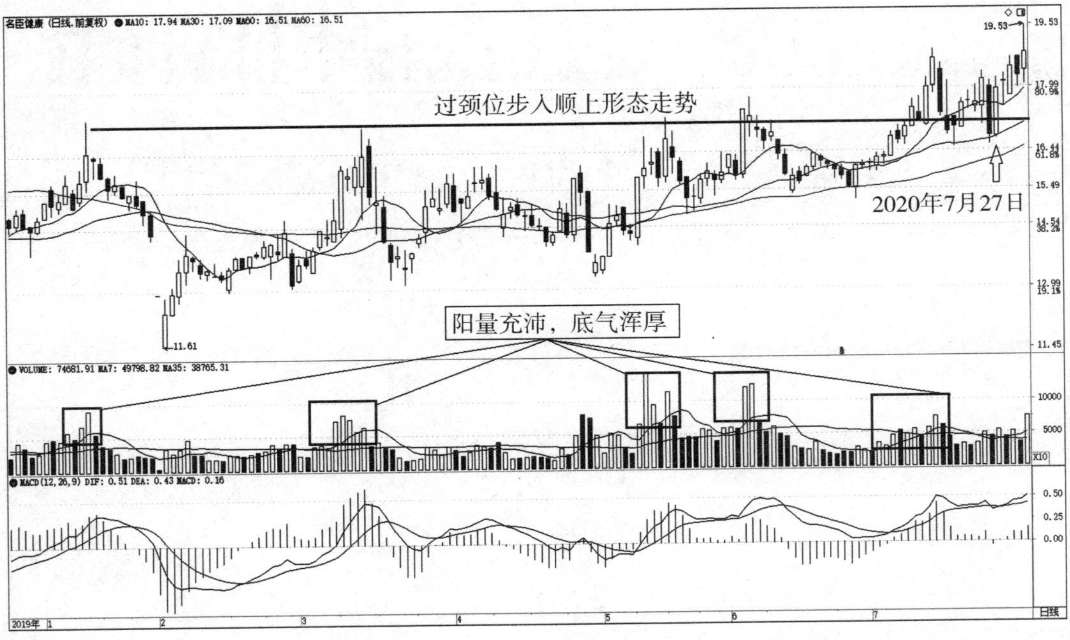

图6－2－4

股价的强势上涨会有很多催生因素，所有因素当中一定有并且只有一个核心因素，除此核心外，其余任何因素都是为其服务或加以利用的。

名臣健康徐徐向上推进的股价意外来了个空板，空板次日现巨量黑太阳，黑太阳盘中多次宽幅震荡。经过这两天的翻江倒海，大浪淘沙，股价毫无顾忌连续九日阳量阳价，硬生生走出一波强势主段行情，然后震荡多波持续向上。

看到这样步调的行情走势，你还怀疑“强势行情是强势主力拉上去的”吗？见图6－2－5。

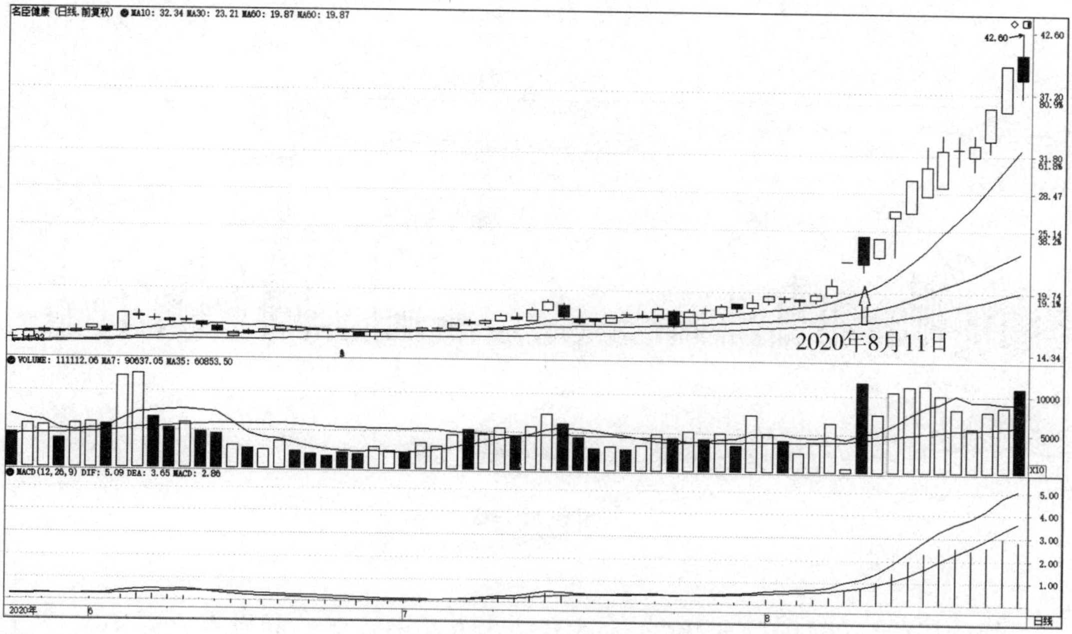

图6－2－5

中科电气（300035）在均线密集区出现一大堆阳量，这是典型的“超常规资金最后投入”形态体现，也是“量价异动让均线归位”的经典表现。之后，健康回调了两天就明显止跌，同期均线系统清晰呈现顺上展开，犹如一只展翅欲高飞的雄鹰。2021年5月27日，股价小幅高开全天收大阳，股价成功突破颈位。之后，股价再也没出现大幅回落，而是依托10日进攻线有序止跌、有序转身、有序拉升，一步一个脚印，一个脚印一个高度，持续向上推进。见图6－2－6。

同期属于多头排列的股票很多，大涨的却很少；同期量能厚的不少，但大涨的不多；同期相同概念的众多，敢于表现的也就三两只。为何？因为许多股票在趋势上背离了“量价异动让均线归位”这一大道，区域中没有“经典”的表现风格。有持续资金介入，趋势强劲向好，热点题材配合恰如其分，领涨表现得到强势印证，股价强势上涨或猛冲暴涨，则顺理成章。

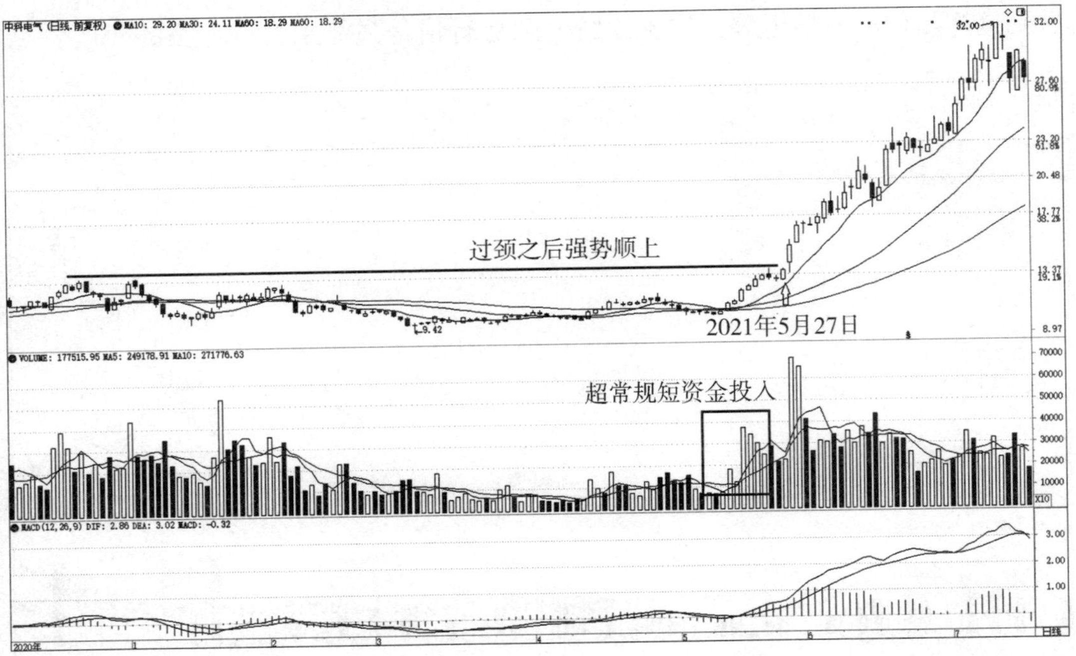

图6-2-6

恒宝股份（002104）股价自A区开始步入顺上走势，间歇有众多阳量得以释放，整体走势不温不火。2022年1月24日出现涨停，顺上走势呈现强劲状，但次日意外放量大阴；第三日低开放量涨停，呈现两阳夹一阴的看涨形态；第四日又是放量大阴，呈两阴夹一阳的看跌模式；第五日涨停；第六日会怎样？股价前期顺上走势但涨幅不大，未透支行情，一旦股价到前关键位置出现异动，则是值得高度关注的时间点。恒宝股份这几天的反复大阳大阴就是在关键位置上的特别异动，这种“整体异动”的判断比“局部看涨看跌”的判断更有意义。这样的模式会给我们带来哪些实战意义上的启发，这样的实战意义又可以给我们提供怎样获取超额利润的机会呢？见图6-2-7。

经过几天明显的异动，恒宝股份股价以空板方式进入主升浪急涨段。首次空板后的实板给有经验的交易者又提供了一次挺放心的入场盈利机会。“挺放心”的放心来自于两个字——龙头，龙头让人放心背后的市场逻辑是——强势的才是最安全的。关键位置的异动形成好位置，或者异动形成关键的好位置都是交易者要极力关注的点，这往往是大机会即将来临的重要提示。见图6-2-8。

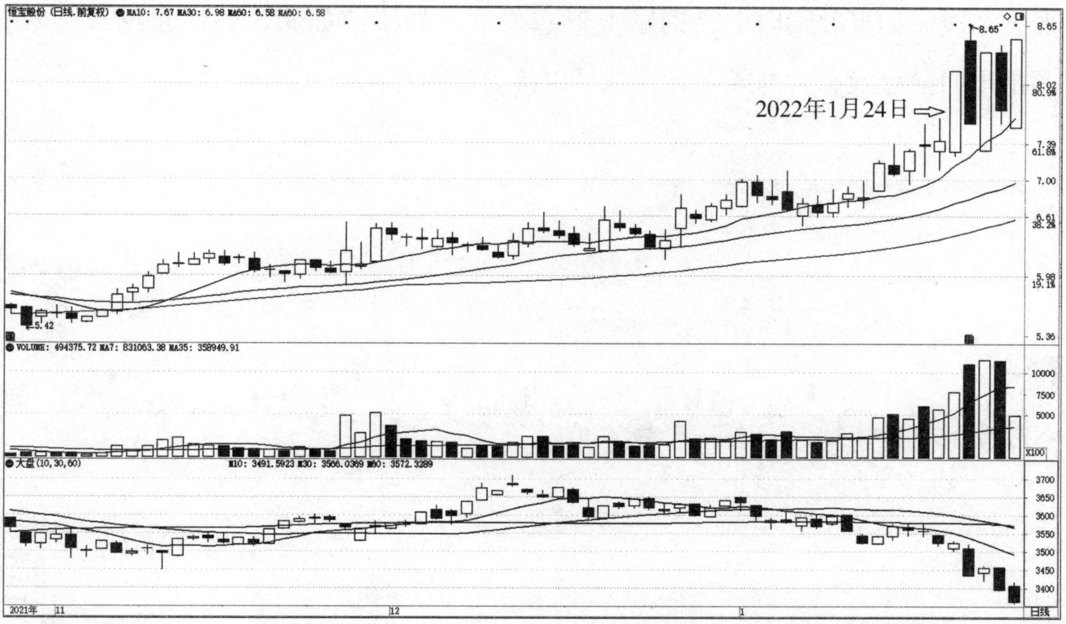

图6－2－7

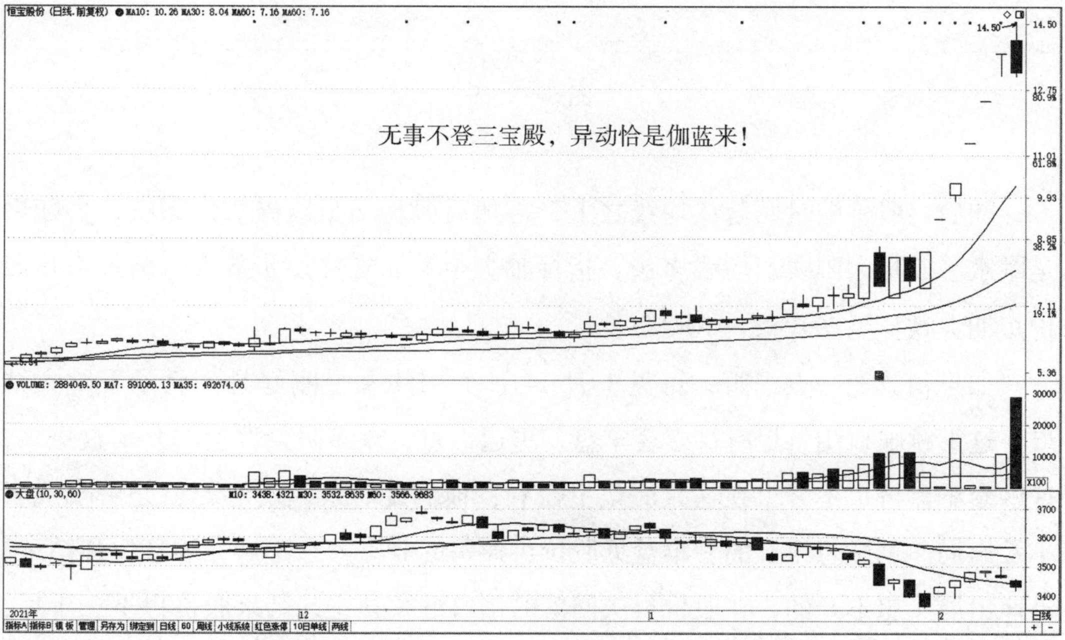

图6－2－8

安科生物（300009）股价前期在底部横盘了较长时间，于2022年1月14日放量收大阳线，股价收盘收在前股价小高附近，均线系统呈多头排列，顺上形态初成。如果继续向上，则顺上形态成立。如果归如果，到底是继续上攻，还是重回横盘状态，抑或下行，拭目以待。见图6－2－9。

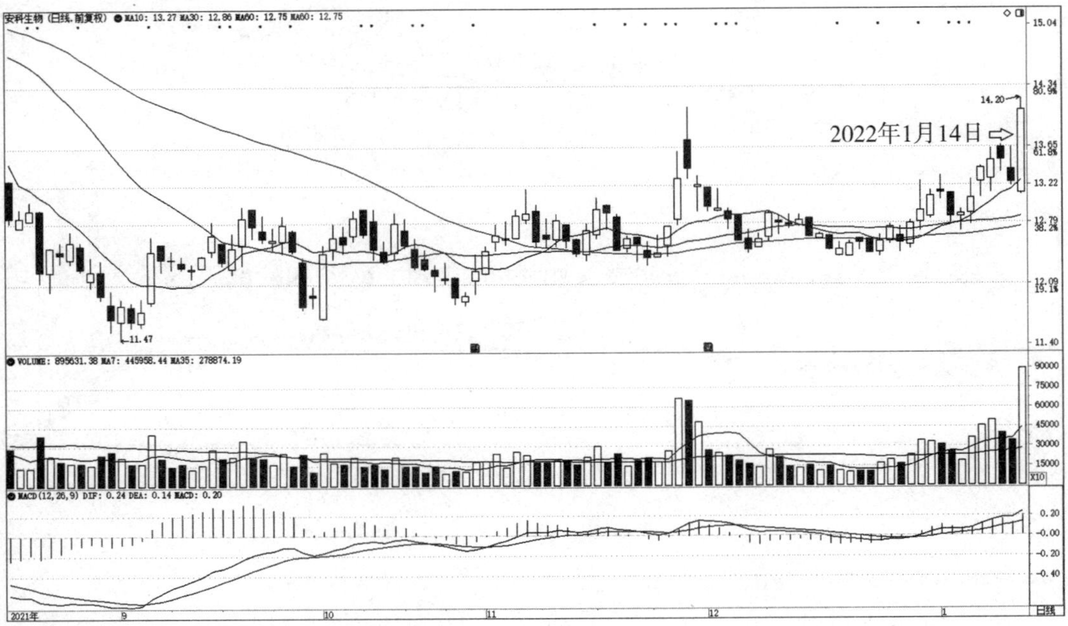

图6－2－9

随后，股价缩量回落在均线之上，再随后股价缩量跌破均线系统，再随后是跳水。放量大阳线、均线多头、指标轴上金叉、红柱逐步放大，结果都是股价短期大跌！见图6－2－10。

如果稍放宽一点视野，可见1月14日大阳线头上刚好是一巨量下跳大缺口，这下跳缺口阴量里有许多套牢盘。更远一点，众多阴量群里的套牢盘更多，这些套牢盘再也不奢求在这只股票里盈利，他们此时最大的心愿就是解套或者小亏出局。稍微想得开的套牢盘见股价再掉头的势头大感不妙，顺着反弹结束，迅速出局。想不开的，在股价再次回落的档口继续补仓，结果股价再下三千尺，期待大涨的二浪、三浪瞬间变成暴跌三浪、五浪。笔者在此无意贬低任何指标的使用，这些由前辈智慧心血凝结创造的指标，给交易者的帮助是巨大的。笔者要表达的意思是：任何指标的使用，须建立在量时空安全的基础上，需要有充沛资金能量介入。

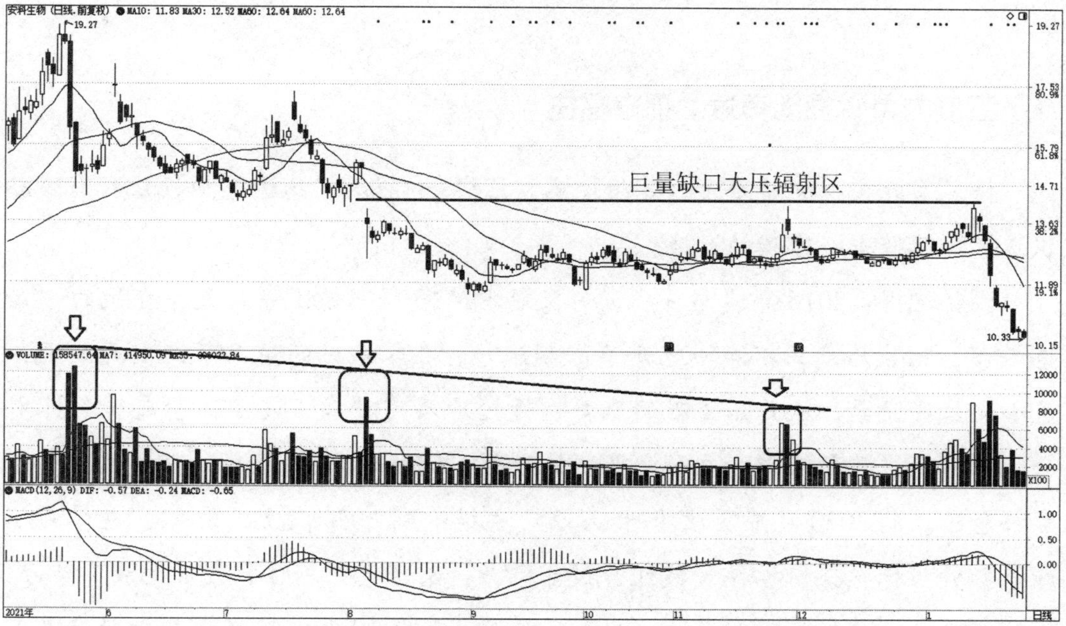

图6-2-10

长年在股市里溜达的人，亏了，要找理由，下次避开；赚了，要找盈利的支撑点，下次再好好利用。亏钱赚钱，都要长记性。经一番挫折，要长一分见识，这样的挫折才有价值。假如经几番挫折依然不疼不痒，只要还留在这个市场，不用多久，再厚的家底也会被漂洗成一挂薄纱。

章结

顺上形态是均线多头排列状态下的强势品种，本章提出了顺上形态对均线系统的要求，对成交量的要求，对量时空的要求。

均线顺而上，股价上行、下调、止跌均有一定节奏，正极能量在中途不消退，这是成功顺上形态的具体形态要求。

股价从底部起来一段空间后，介入机会比较“悬”，很多时候，操作者更希望股价能休整一下，能回落一小段来稀释前期的获利抛压盘。一旦股价回落是健康的，回在坚实能量之上，我们就该心领神会主力“落红化作春泥更护花”的情怀，跟随主力步子进行相对踏实的交易。

顺上大形态很好地给我们提供了这种踏实的交易机会。

三度力量：爱出有返　福来福往

提笔写此文，思绪万千，万般情感，汇成一句话："感谢恩师，让我有缘相识三度，开辟出一番新的天地！"

依稀记得，2016 年我与一位爱好做股票的同事一起出差几天，在她的"怂恿"下，回京后我马不停蹄地开了证券账户。在零基础的情况下，一开始还知道小仓位买股票，从开始 2 万的账户，慢慢地买完被套，发了工资赶紧转账补仓。日积月累几年后，账户资金累积转账 30 多万，被套到最后，也不太敢转工资补仓了。到 2020 年底，被套十几万，亏损达到 50% 以上。其间，也学习 K 线等各种指标，奈何各种 K 线组合过于复杂，看了也记不住，索性也放弃学习。刚入市时，我曾经跟家人说过，如果股票里亏损超 10 万，我还没明白股票是怎么回事，我就彻底不做了，后来我当真清仓了一段时间。

一直想寻找工作之外的一点点稳定收入，一直在努力尝试，也许是老天怜悯我那颗不安分又漂泊的心，终于在一次机会中给我敞开一扇小门。很清楚地记得，2021 年 1 月 5 日，宿舍几个好友约着吃顿饭，闲聊时舍友知道我股票亏得比较惨，极力推荐我买"股是股非"系列三本书，让我至少看五遍十遍再跟她沟通。我回家第一件事就是下单买书，后面的事情就顺理成章了，工作之余和 2021 年春节假期埋头学习老师的三本书。看完第一遍书就萌发参加面授的想法，因工作原因，参加 7 天面授的时间受限，只能等待。终于在 4 月，跟三度助理沟通后，知道在 5 月老师要开第二期函授中的两天面授班，时间在周末，对我再合适不过，于是迫不及待地进入函授群，预定面授名额，终于如愿以偿地在 2021 年 5 月坐在老师面前，听老师娓娓道来内容满当当的两天干货。也是那两天，我才学会用电脑看盘和下单，原来一直用手机买卖，只能说以前的买卖全凭感觉。感谢老师的书把我拉到正确的方向。

为期两天的面授结束后，回家着手整理笔记，利用工作之余的全部时间，7 月初完成笔记整理，开始做经典文件夹，紧接着报名 2021 年 8 月的 7 天面授，再次收获满满。为了充分利用所有时间学习，我把老师的笔记、经典文件夹以及书都整理到手机里，坐地铁、等公交、陪娃上课外班，随时随地拿起手机就翻看笔记。在家的时间，全奉献在书桌前。功夫不负有心人，到11月，就将入市几年来所有的亏损赚了回来，我心里默默地再次感谢老师，按捺不住内心的激动，跟老师汇报了这一小成果。

老师说过："最大的风水在于人心，善良要有价值。"作为一名大学老师，我也时刻按照这句话去要求自己。我将自己辛苦、细致整理的笔记分享给同期的师兄师姐。实盘和学习中，领会到知识点，也第一时间在群里分享。爱出有返，福来福往，我也因此结识了志同道合的股友，能每天实盘交流心得，进步堪称神速。

不断进步来源于持续努力。每天坚持学习，坚持按老师叮嘱的"精细化表格式复盘"，领会表格里大中小三极所属，领会领涨，感知主流。慢慢地，也领会到精彩的盘面内容，有时可以意随盘面舞，紧随主力在"半步之间"操作。进入2022年，前几个月，我连连斩获了好几只经典强势股票，开始步入赚多亏少的稳定盈利之路。

老师曾给我们说过："信则有，不信则无，这句话很奇妙，很有力量。"我一直坚信，三度有力量也有能量，三度有力度也有温度！我如同大海里漂泊的小船，三度操盘系统充当着大海的灯塔，我定能在茫茫大海中沿着正确的方向，划向财富彼岸。

此生入三度门，是我的幸运！再次感谢恩师，谢谢恩师无私分享自己的心血，让我少走很多弯路；感恩恩师，让我能站在您的肩膀上，看到更远更大的世界！

北京　包清如

第七章

底部形态

股价底部的含义很广，涉及的形态、标识很多，涉及的时间周期有长有短。要全面解析股价底部，恐怕耗墨一本书也道不尽其内容。笔者在本章中论述的底部不特指大底部，因为“三度交易模式”不追求大底部。大底部出现到行情启动大多耗时很长，不确定的因素很多。我们着眼的是相对精准的底部、强势的底部、即将大涨的底部。

第一节　趋势底部

趋势底部是指趋势基本明朗时产生的底部。这种底部是相对底部，所谓“相对”，是因为前有一个可以参照的底部。这样的底部于实战更有意义，易于把握，等待时间期也较短。这样的底部在表现形式上均会体现拒绝下跌、承接有力、反转快速、易于辨识的特点。本节所有底部形态均是相对底部，包括单日见底 K 线等简单底部。

一、简单底部

简单底部是由一根或者几根 K 线构成的阶段性股价底部，包括单日 K 线见底和多日 K 线组合见底形态。

（一）单日 K 线见底

单日 K 线见底就是在股价走势图中，以一根 K 线奠定甚至确认股价为底部位置。其形态大体集中为三种：长下影 K 线见底、诱空大阳 K 线见底、巨量大阳 K 线见底。

1. 长下影 K 线见底

股价跌势汹汹，连续下挫，形势较为吓人，但盘中反转，收盘为长下影线 K 线。这是主力引导恐慌盘出局做最后打压动作的见证。

大千生态（603955）股价见底后不紧不慢走出多头顺上模式，走得稳稳当当的股价突然发飙，急落两天，然后大阳线收回，紧接着又以跌停板击穿均线系统，2022 年 1 月 28 日继上一交易日已经破位下行的大阴线之下继续低开，开盘不久就猛烈下挫，盘中时呈现两根大阴线吊在悬崖边上，极为恐怖。面对这种恐怖，持仓者免不了会心底冒出飕飕凉气。如果说对待震荡没情绪，只可能是没看见。此时持有该股（主力除外）本身极为勉强，勉强在于此股各方面欠佳，同期一定有较之好得多的标的供交易者选择。勉强的持仓面对急速破位的下跌，出局似乎也是不错的选择。大千生态的股价经过盘中急速下杀，主力接

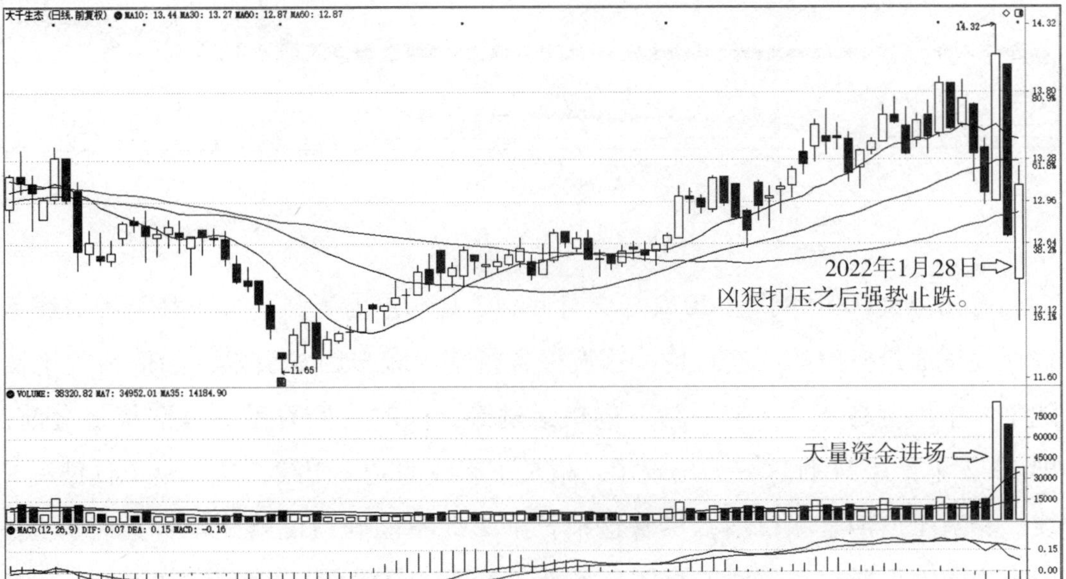

图 7－1－1

过被逼出的大单后，股价犹如蹦极到底，立马弹起转身，昂扬向上，当天收涨为3个点的长下影K线。主力天量收集筹码后打压洗盘剿筹，长下影线止跌，见底已露出底牌。见图7-1-1。

主力亮出底牌后，次日股价跳空高开，再次收大阳线重回均线系统之上。后期随着资金继续投入，股价走出顺上大形态的大波段行情。2022年1月28日这根下影线就是单日见底K线，它发生的位置在前期明显底部之上，依然属于“大形之中暗流涌动”的止跌表现。见图7-1-2。

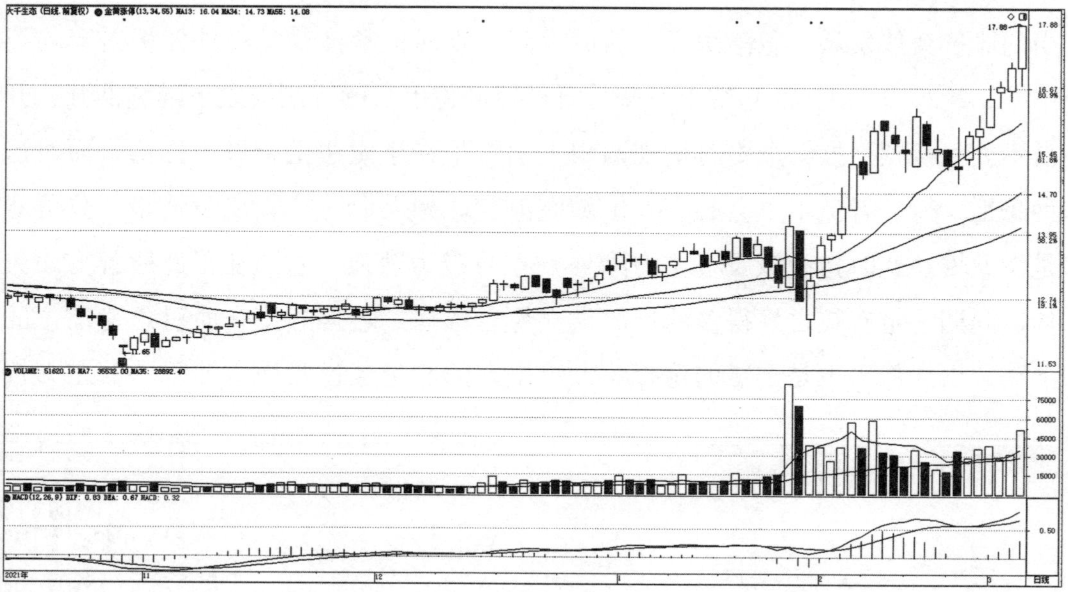

图7-1-2

锦州港（600190）在2022年2月底到3月初走出了“一带一路”中交通运输板块里面最极致的一波行情。这波极致行情由较多因素引发，如俄乌危机及战争、中俄贸易、“一带一路”港口运输等，同时我们看见连续涨停板之前，即2022年2月24日这一天出现了一根长下影线的光头阳线，这又是单日见底K线。相对于后期暴涨行情，尽管这根长下影线不能确凿说就是单日见底K线，但也说明这天股价有见底的意图。另外，关于这只股票，3个空板（10cm）之后的3月2日这天股价高开时仍可积极介入，因为各种题材因素仍在持续发酵中，而它是龙头，这一天是“再度”新开始。见图7-1-3。

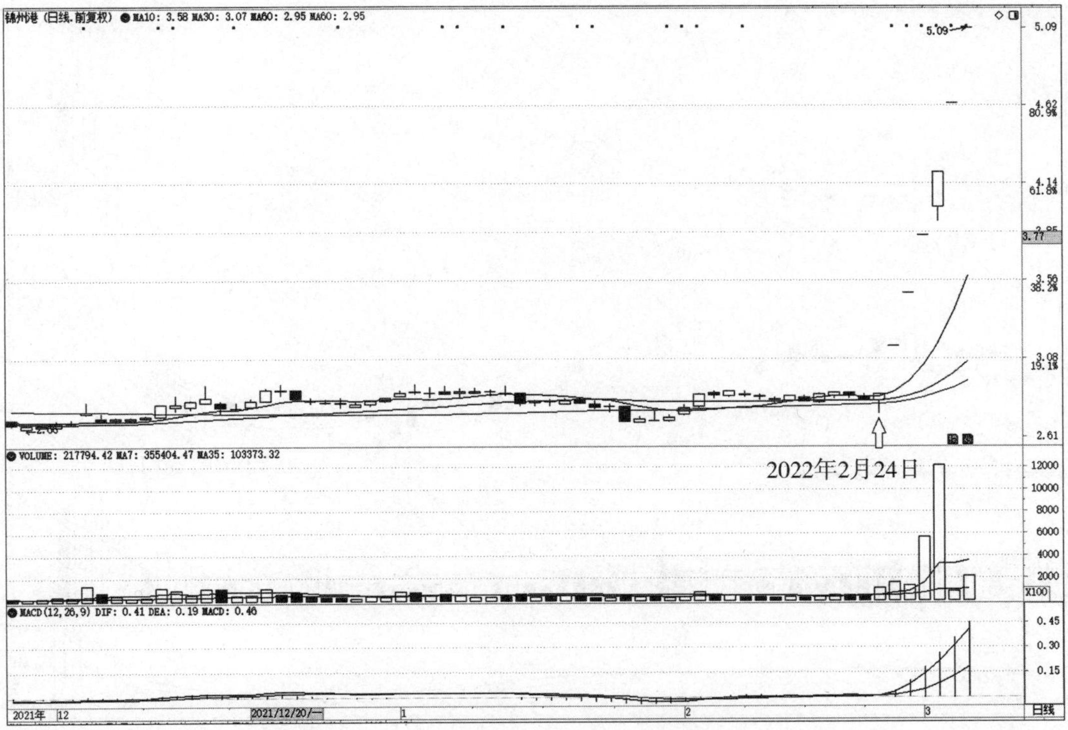

图7－1－3

下影线的形成主要是资金在低价位承接有力所致。这样的见底K线不仅出现在相对底部的中期打压过程中，也会时常出现在量价异动后小幅回调模式中。相对底部的中期打压是否见底，需要一小段时间观察、等待，而异动之后小幅回调见底下影线之后，行情就在眼前。

奥克股份（300082）的进攻线10日均线在量价异动引领下，由下行到走平再过渡到略微上翘，这是量价异动让均线归位的形态表现，也是机会显现的形态。2020年12月28日，股价在进攻线上收长下影阳线，这是较为明显的止跌信号。读者朋友需要注意，对于前期无能量介入的长下影，需要后期的资金量能入场且不创新低的确认，毕竟长下影出现得挺多，而量价异动之后的长下影机会来得要快很多。奥克股份股价明显止跌后，强势资金能量持续介入，短短8个交易日，涨幅达80%，止步的位置刚好是前暴跌缺口的量时空大压区间。见图7－1－4。

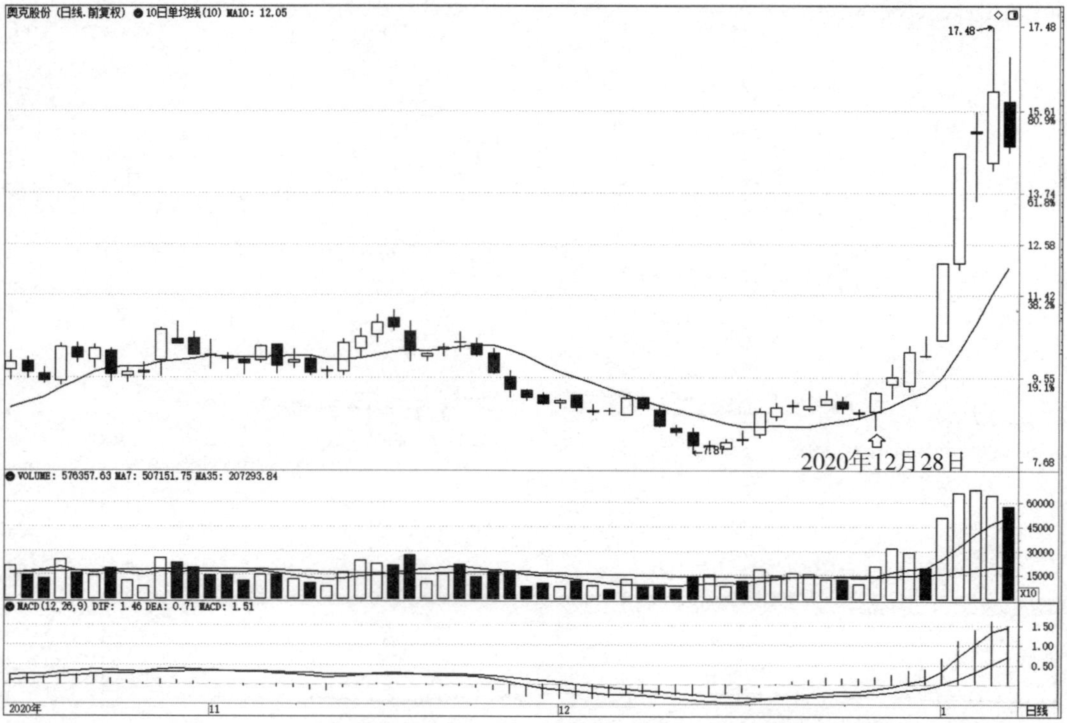

图7-1-4

2. 诱空大阳K线见底

诱空大阳K线见底是股价在压价洗盘的尾段，再大幅向下跳空低开，但开盘即高走，全天震荡上行接纳所有恐慌盘，收盘为中大阳K线。随后，股价持续向上。

海优新材（688680）股价在2021年8月20日这天，一反此前的徐徐下跌，突然大幅低开，大有加速下跌迹象。在破位处集合竞价低开，是给前面咬紧牙关持股者一个下马威。在头顶上举着一把大砍刀的情况下，更多的持仓者恐惧感会倍增，希望挂单出局者恐怕不在少数，而主力要的就是这种效果，并且经常使用这种手段对付在他面前贪小便宜还想要赖的人。主力接下全天的抛盘，强硬地把股价拉回收大阳线，次日继续收阳线，且连续7日收阳线，直到不再收阳线。此股低开高走大阳见底后不再回头，而是持续拉升进入上涨波段，这种形态需要参考三个方面：一是周线刚好在均线系统循环支撑处止跌；二是整个行业板块情况还好；三是科创板行情效应。见图7-1-5。

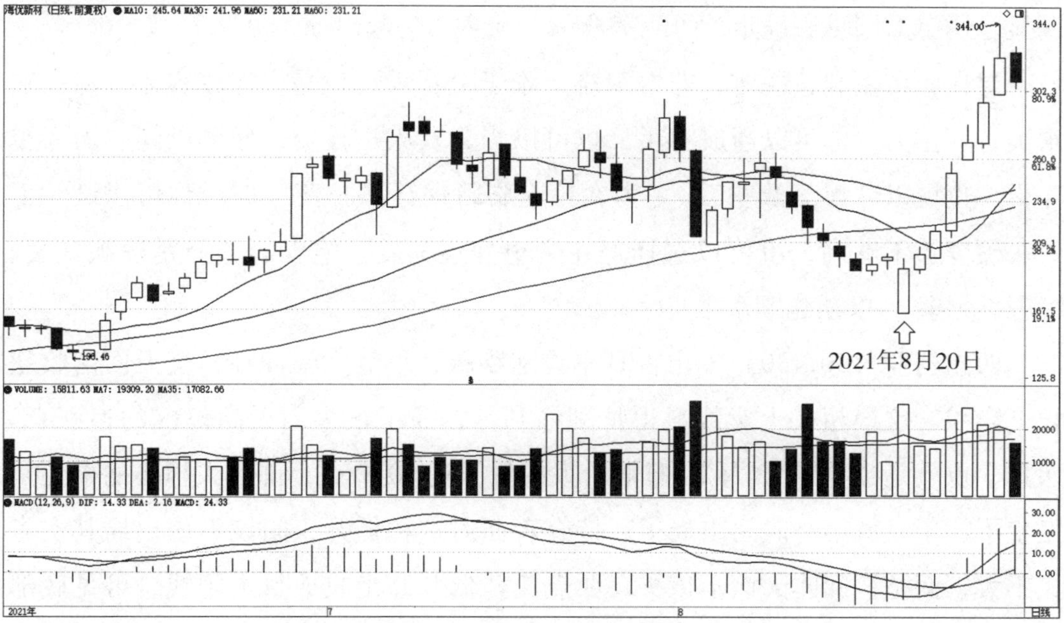

图7－1－5

三六五网（300295）2014 年 1 月 8 日股价直接低开到底，全天震荡高走，收巨量大阳线，随后股价小步向上。其后，回落的股价刚踩到这根巨量阳线收盘价时，即折身回头，这可以说是回踩颈位，也是资金的颈位。主力洗盘意图

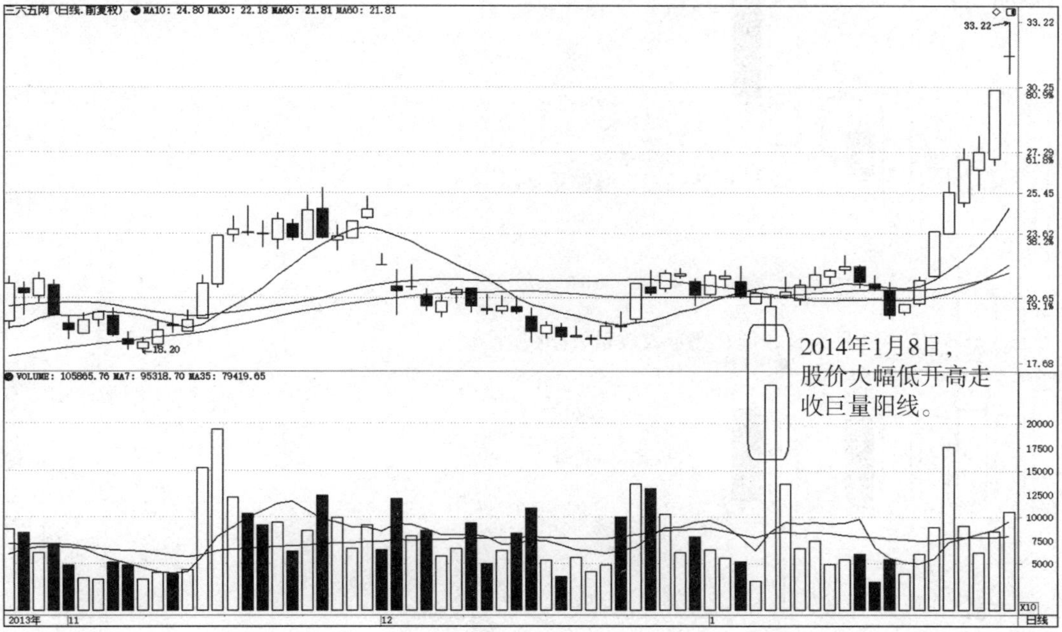

图7－1－6

明显，诱空大阳见底确定，可顺势介入，与主力一起出征。见图7－1－6。

想在股市盈利，说难，非常艰难，难于上青天！说易，比较容易，易在顺水推舟。主力，你可以当成对手，也可以当为友人；投资，你可以同主力斗智斗勇，也可以“顺智顺勇”。主力在抡起胳膊进行“扫荡”时，你可以试一下骨头硬度够不够高，也可以选择退在旁边静观其变。笔者的选择是静观其变、“顺智顺勇”，以期能顺水推舟。

西点药业（301130）上市首日不设涨跌幅，早盘大幅冲高，全天回落收超长上影线。这根超长上影线显得特别锋利，扎痛了很多当天高价区的追涨者。次日，也就是2022年2月24日股价大幅低开近10个点，许多人担心的事还是发生了，于是就第一时间出局了。持仓者面对这种低开，问该不该出局其实意义不大，而是该问昨天该不该买。西点医药低开高走收放量大阳线，可见底部承接力度挺大，结合当时段医药板块情况，几乎能确定这天就是大阳见底，随后的上攻即是买入机会。见图7－1－7。

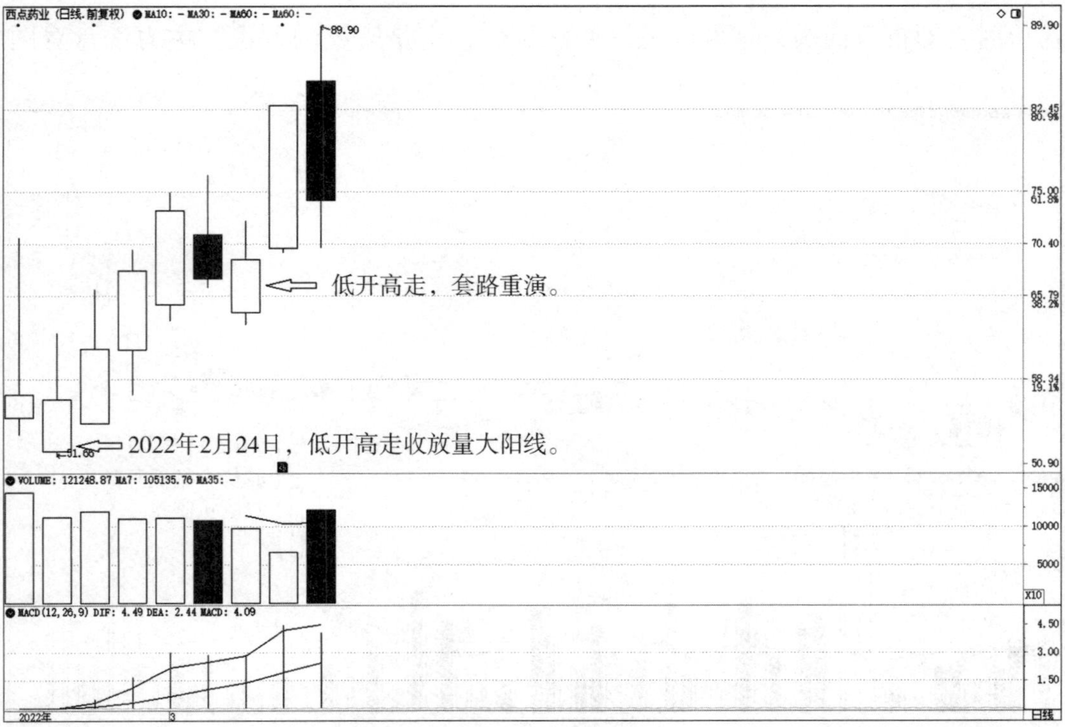

图7－1－7

注册制全市场通行后，新股会更多，上市后几天的机会同样更多。总结几个套路，建立一个交易体系从中获利是行得通的。于此，笔者也提醒一下，在新股盈利交易体系里，有一块内容坚决不能缺，在什么情况下坚决不能买！

3. 巨量大阳K线见底

这是指股价在跌势趋缓末端或横盘走势中突然冒出一根巨量大阳K线或涨停板，随后股价不破这根巨量K线并向上运行。突兀、醒目、霸气是这根大阳线的特质。

三房巷（600370）股价震荡下跌过程中偶尔伴有明显大阳量（堆），随着震荡趋缓，似有见底迹象。2021年9月1日，一根巨量阳线横空出现且站上均线系统，这是主力资金积极进场的表现，也是股价明显见底信号。随后几天，股价在巨量阳线上蓄势补量，一个扎实的A区筑成，一次最佳交易时机已经来临。见图7－1－8。

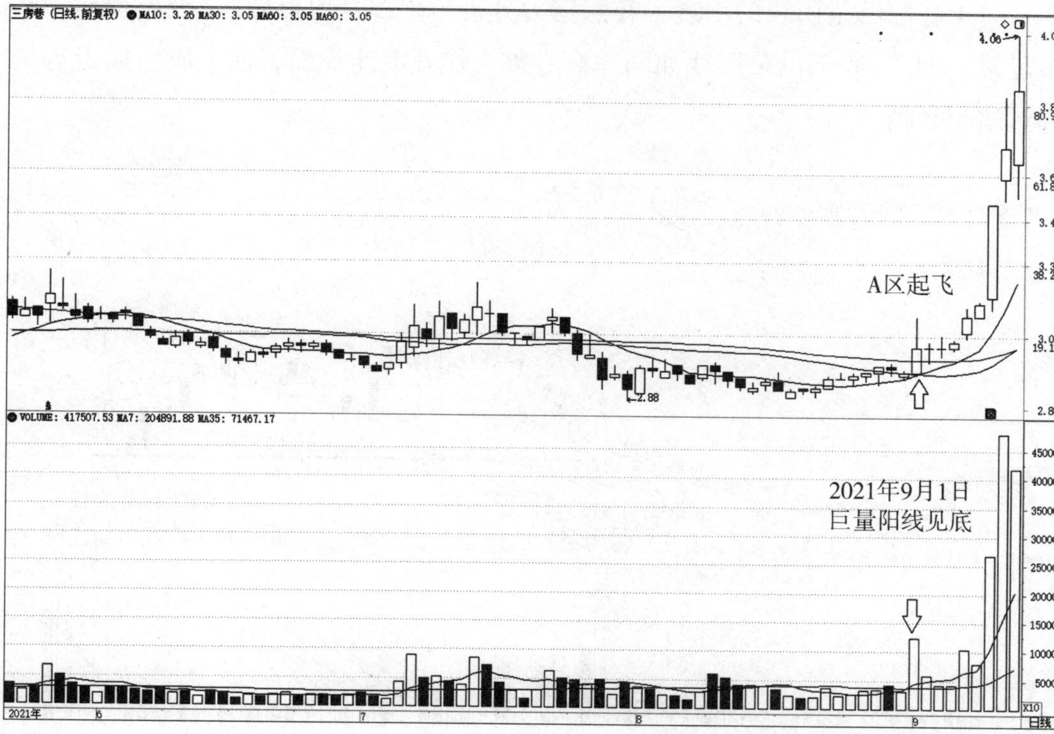

图7－1－8

低位巨量形成的A区在一年交易时期中常有发生，如此好的盈利机会实战中千万不要跟丢了，这是极其强势且稳妥的形态组合。股价能向上突飞猛进，毫无疑问是资金持续买进的结果。任何想在二级市场赚钱的人，这个认识必须具备。至于怎么买进，如何推进，何时拉升，那是技术层面的认识，而技术缺少正确而恰当的理念引导时，会如同无头苍蝇，尽管有一对可以煽动的翅膀，终是四处碰壁。三房巷巨量筑底后，股价于A区起飞，尽管只有三五天，依然绽放出靓丽的行情。见图7－1－8。

北巴传媒（600386）2021年8月31日在A区出现巨量大阳线，这也是股价传递的见底信号。行情小幅推高后并未直接上攻，而是向下行进，当股价回落在巨量阳线底部时就回头。从2021年10月29日开始连续5日收大阳线走出一大波行情。前巨量阳线往往是股价回调的止跌支撑点，这是主力需要固守的重要筹码成本底线，交易者多关注此区间的股价走向，对于实战挺有帮助。见图7－1－9。

对于底部巨量阳线的出现，花点精力分析与跟踪是值得的。“鼓打千槌，不如雷轰一声。”底部巨量阳线如同一声春雷，炸开混沌盘面，使个股后期走势变得明朗而开阔。

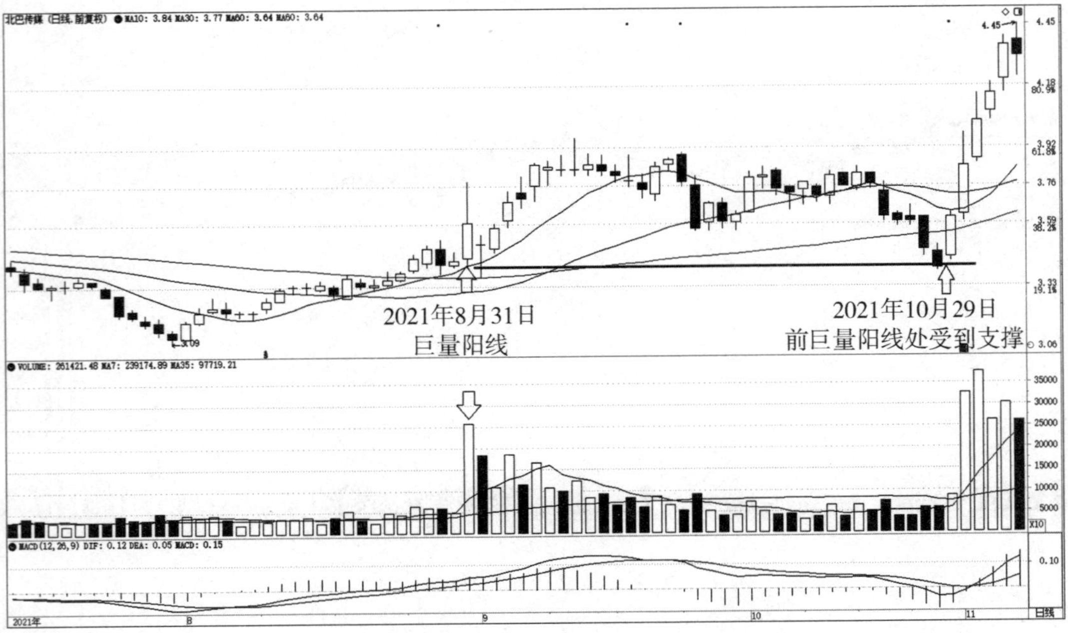

图7－1－9

中锐股份（002374）股价前期有几次小波段拉升后见顶，随后股价不断走低再走低，下跌幅度着实不小。实战中，如果看见股价掉了几天后贸然闯进去，或者在无任何异动，看见股价暂时不跌了提前埋伏进去，凡此等等，从哪方面衡量都是欠妥的决定。为了避免过多负面情绪对交易造成影响，就应当避免上述众多股价“无征兆”状况下的交易行为。

2021 年 11 月 25 日，在低位横盘了 4 周的股价突然放出巨量报收大阳线，结合板块表现以及市场题材点分析，应该判断出这是主力资金强势进场的异动行为，也是股价见底的强烈信号，值得重点跟踪。中锐股份在巨量大阳线次日继续高开，早盘多波带量冲向涨停，这是对巨量见底的确认，盘中即可顺应介入。见图 7 －1 －10。

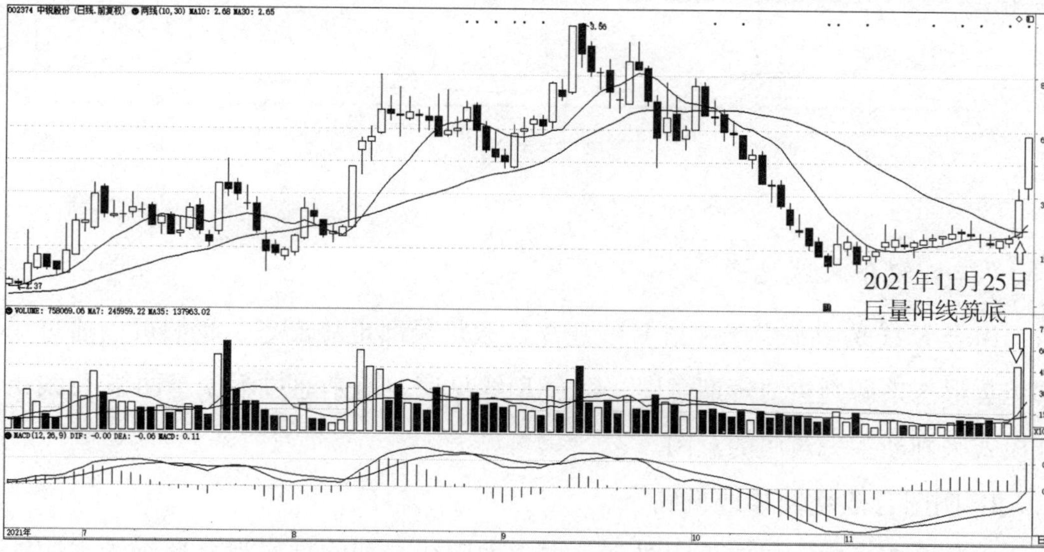

图 7 －1 －10

来交流的友人，我总会在开始时看看他们的自选股，审视他们的操作习惯、操作模式，借此了解其对股市、对股票的认识角度、认知方式。多数人会有几十只甚至上百只自选股，涉及众多板块，涉及各种形态、各种位置。我认为，这样的情形反映选股者欠缺对当下股市强势群体的认识，欠缺对“时机”的理解，从而不得已广撒网。广撒网会造成念想多，念想过多，会裹足不前，因此，大幅压缩自选股数量，提高精准度是我协助他们的一个重要事项。

随图可见，中锐股份的主力抓住市场热点加速让股价走出一波暴涨波段，调整后再次“龙回头”发动强势波段的表演。见图7－1－11。

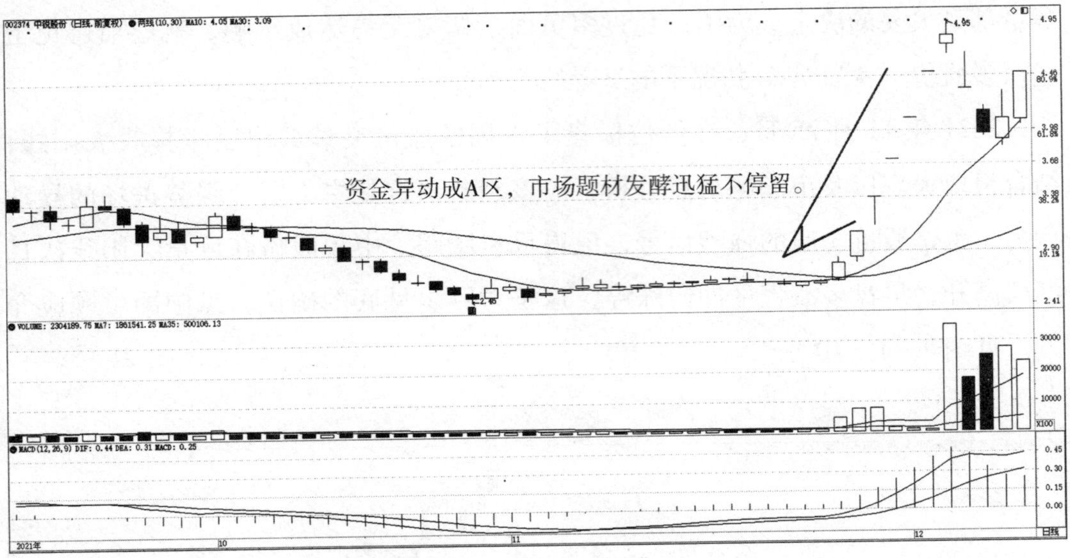

图7－1－11

（二）组合K线见底

组合K线是由不少于两根K线建立的股价局部走势形态，我们可以通过局部走势形态来研判主力短期意图。组合K线见底，就是通过不少于两根K线组合模式来判断主力筑底的意图。

1. 阴阳合抱组合K线见底

阴阳合抱是由一根中大阴线与一根中大阳线并列的见底组合形态（大阴线包含跌停板，大阳线包含涨停板）。主力借助股价下跌之势，大幅度打低股价，引导持仓者惊慌出局，次日意外反转，用大阳线快速收回大阴线。

奥翔药业（603229）2021年11月1日股价以阴阳合抱的方式止住回落，这是明显见底信号，谓之“明显见底”，是因为前不久已经有一次阴阳合抱且伴有量价异动行为。而此次的阴阳合抱位置在抬高且均线系统处于密集状态，这是主力对股价“回调得差不多了”的底部拍板。见图7－1－12。

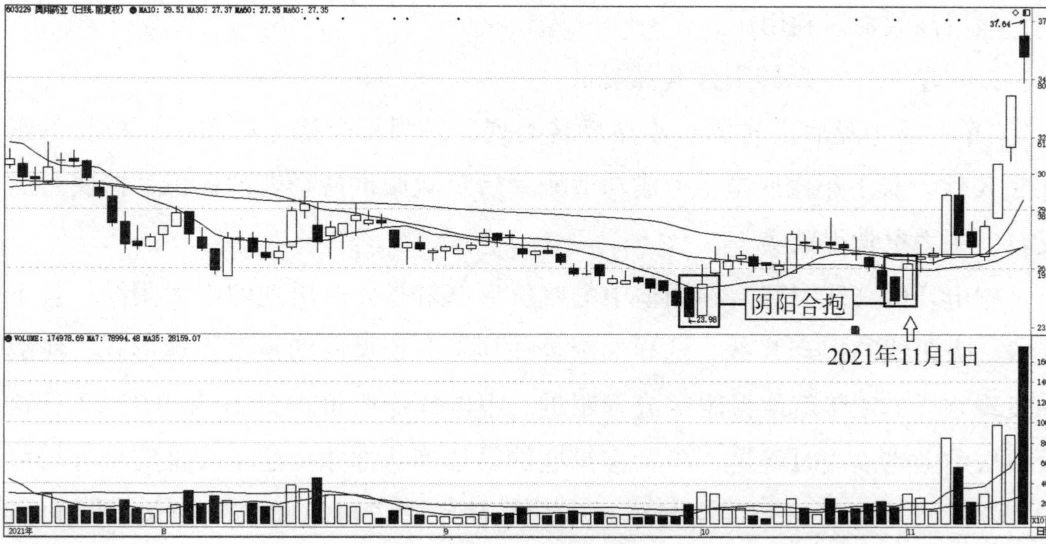

图 7-1-12

一阴一阳为之道，股价走势，绝大多数也是阴阳交替，阴阴阳阳，阳阳阴阴，正是因为这样的交替，这样的出其不意，股势之道才充满活力，充满诱惑。万物始终，极生阴阳，对阴阳 K 线的极端表现需要投资者有一定深度的认识，从量时空所在的位置、前后能量、均线系统状态、盘面契合度、热点题材等多方面考量，因为不是每种组合都具备实战意义，实际情况是多数时候意义不大。随后，明显可见强势资金进场后，股价以短平快的步伐走出一波强势行情。

“主力为何拉升股价?”

“主力为何敢拉股价?”

“主力为何敢汹涌澎湃地拉股价?”

“如何知道主力在何时拉股价?”

“如何判断主力使用哪种方式强势拉升股价?”

“如何知道股价即将到头?”

“如何面对这些纷繁复杂的问题? 要不要面对?”

这些问题需要我们去认识、认知、把握并加以利用，同时，经过一段时期的历练、磨合后，我们就要依据简洁、简单的图表及表现方式来加以概括、识别，然后高效加以利用。

2. “单”字形反转组合 K 线见底

“单”字形见底反转属于小岛反转类列，是阴阳合抱之间多了一根长下影探底 K 线。长下影探底是主力成功清剿最后负隅顽抗持仓者的标识，探底后的反转，主力更觉得踏实。

中电环保（300172）在圈框中的股价形态就是先后出现的中大阴线、长下影线、大阳线的组合 K 线，这样的组合往往是股价见底的重要表现形式。实战中发现这样的走势就值得跟踪或者跟进。中电环保股价在 2021 年 9 月 22 日这天再次站上进攻线时就是“单”字见底的最佳确认方式。这个底是资金进场后的相对底，相对底是三度交易体系中的最优底，“再机无价”中包括“再机底”，这样的再机底盘中呈现时即可介入，这里的启动往往是波段启动点，启动的全天均是介入时机，也就没有必要去计算买进成本多出了个点了。股价次日竞价高开在极佳位置，更说明主力意愿是积极向上的，可以乘胜阻击扩大战果。见图 7 -1 -13。

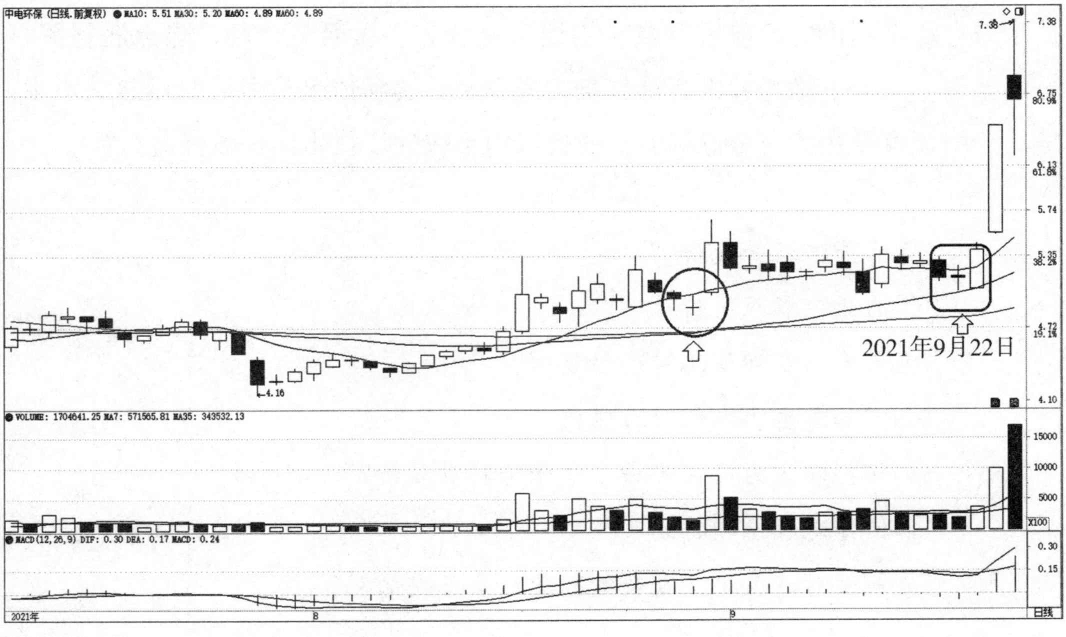

图 7 -1 -13

新疆交建（002941）在2022年2月7日出现极其标准的“单”字底，当天股价在B区位置走势强劲报收涨停。随后可见资金仍在积极投入，这是对“单”字底的进一步夯实，后期值得进一步关注。图中也能见到，股价在行进过程中又见“单”字结构，并于次日，即2022年3月9日，在大盘血雨腥风中强势领涨收涨停。在《股是股非（之一）：猎取强势股》中，笔者详细论述了B区的构建原理和实用价值，强调其是3个最佳交易区之一。B区与A区同是“均线使用五定律”最佳组合表现形式，但又不仅仅限于均线交会或密集，这里面隐含着主力要做盘时最关心的三大核心问题中的两个大问题。见图7-1-14。

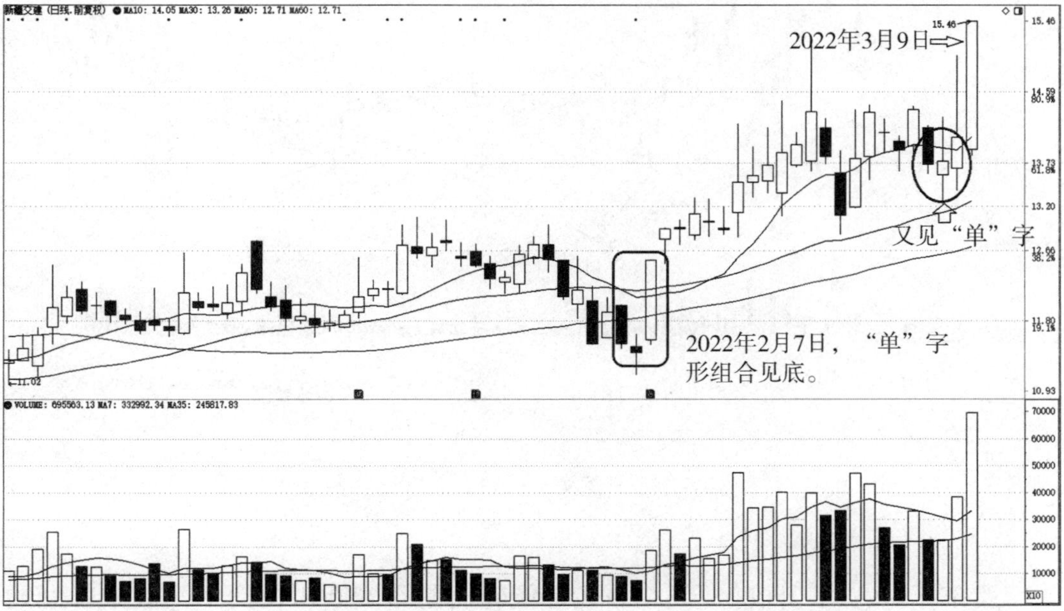

图7-1-14

二、复式底部

复式底部是股价在一个较大轮廓走势中，参照前期底部走势，再次出现股价低点的提示。其表现形式集中表现为复合底（双重底、多重底）与延伸底两种。

（一）双重底

双重底是股价在同一水平价区或大致水平价区，出现两次见底的反转形态，也称之为“W”底。

准油股份（002207）股价在2021年11月5日止跌后有一小波上行。2022年1月28日再次止跌于前小波段底部区转身上行，而这次上行伴随着释放出巨大阳量堆，这是极其经典的“再收集”行为，强势双底已然出现。准油股份强势双底出现后资金未流出，股价在强势缺口上震荡。2022年2月24日，主力在前颈位强势启动，结合当时热点题材，一波行情可以预期。见图7－1－15。

图7－1－15

股市挺有意思，随随便便一个人都能轻而易举判断出任何一只股票曾经的行情高点与低点，随随便便也能找个低点买进、高点卖出，着实没什么高难度；不管任何技术指标也能随随便便找到进场与出场信号，也因此，随随便便的人就可以随随便便进入股市淘金了。但是，曾经居然与现实太格格不入了，曾经的随便通透，好难照亮实战的糊涂，曾经的通透原来是错觉，而谁愿意相信自己会是错觉呢！每次，我一定会给走进三度课堂的朋友说一件事情：系统学习三度体系后，对投资交易知识可以有三种模式运用：一是把三度知识融入自己以前的交易体系；二是把自己以前的知识融入三度体系；如果交融一段时间不能融合，那就直接用三度体系。三度体系很看重形态，但更看重位置；三度体系很看重位置，同时也很看重题材热点；三度体系很看重位置、热点，但更看重盘面，盘面到底是什么，盘面是照见整个股市的一面大镜子。

准油股份的主力，抓住俄乌危机、能源制裁、“一带一路”多重题材积极布局资金，在好位置，在“可以做多”盘面庇护下，发动了一波汹涌澎湃的行情，看见这波行情，你还相信那些信口开河股市不能投机的话吗？见图7－1－16。

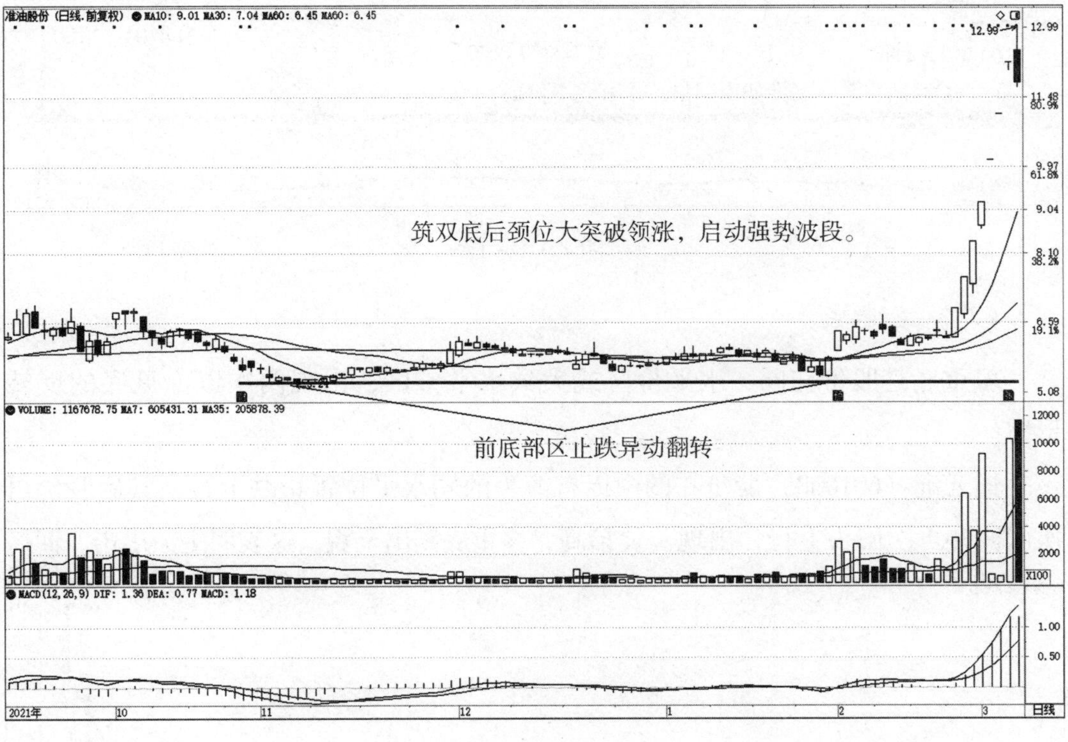

图7－1－16

万里股份（600847）2021年2月4日区间的底部与2021年10月28日区间底部构成了双重底部架构。而第一个底部之前那堆如山般高大的阳量经过长时间酝酿后，就在第二个底部出现时弥漫出陈酿的醇厚。这样有能量的双重底一旦启动就具爆发力。在数千只股票的走势中，常有可见双重底，而行情起来的并非太多，见“底”不见“量”，卷起裤腿就下田干活极不明智。见图7－1－17。

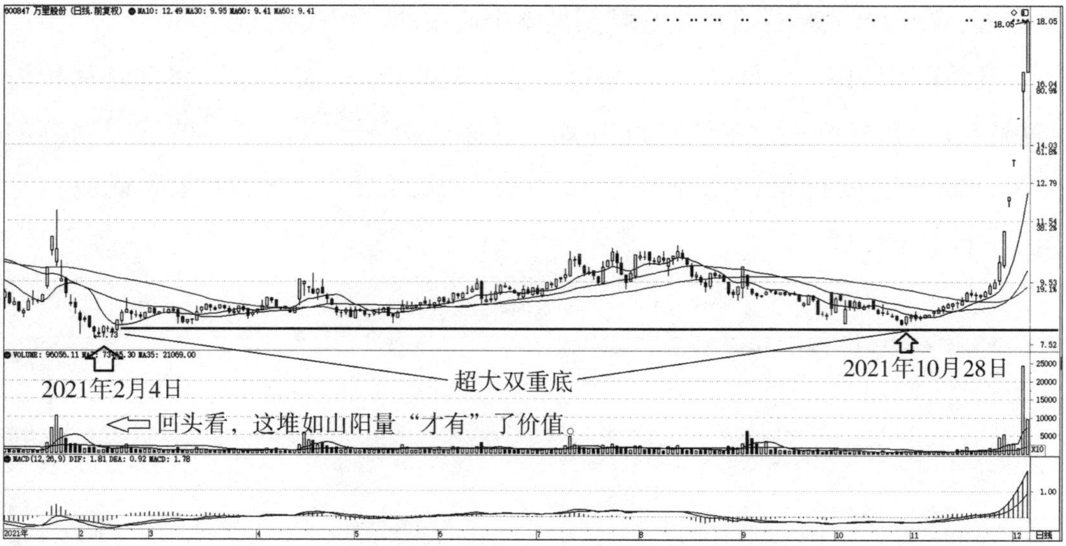

图 7-1-17

（二）多重底

多重底是股价在同一水平价区或大致水平价区，出现两次以上见底的反转形态。

连云港（601008）股价在图中标有箭头的同水平位置止跌上行，其后股价再次回调并再次回头上行，出现位置抬高，多重底露出全貌。这表明主力出击、回撤

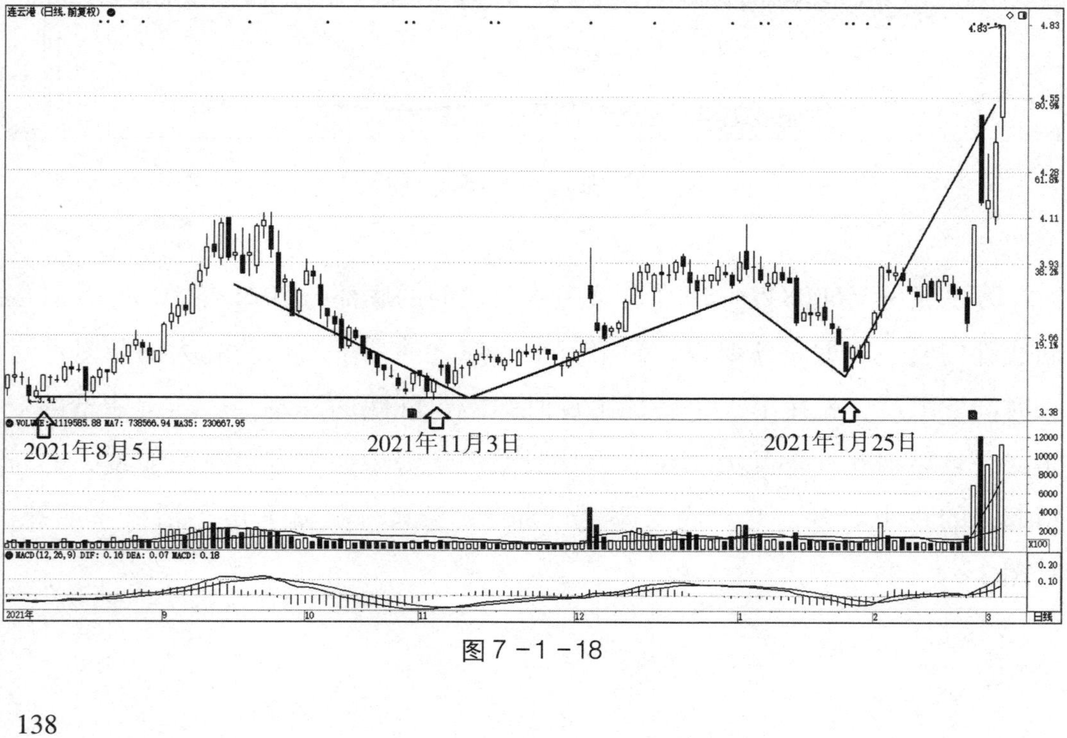

图 7-1-18

的幅度在收紧，行军动作在加快，粮草（资金）正在集结，暴发前的准备工作即将完毕。经过充足筹划、经典运作，主力发动了一波强势行情。见图7－1－18。

国联水产（300094）股价在几个箭头处止跌向上，但行情点到为止。多重低点对应多重高点，行情为何迟迟不来？最佳答案是没见主力拉。到后期，股价回调幅度变小了，多重底就露出了底牌。多重底有很多模式，它不仅表现为水平价区止跌，股价前前后后、高高低低，不尽相同，关键在于追踪底部能量性质与均线归位状态。能量足、回调渐浅、均线归位，多重底就快到位了。2022年1月4日该股越过多重颈位，多重底亮出底牌，大形态机会展现眼前，此时，伸出手，天边可及。至此股价即步入两波主升浪。见图7－1－19。

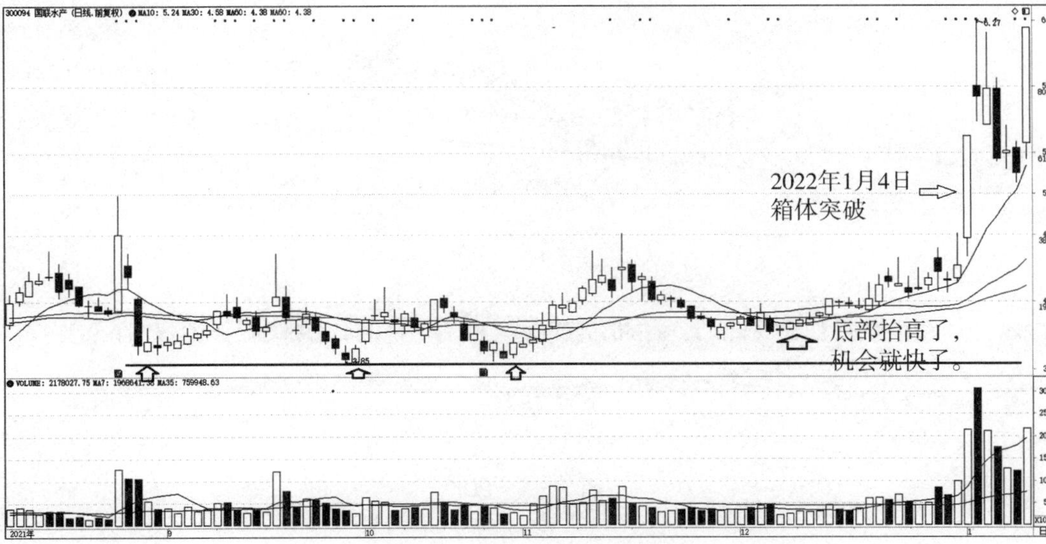

图7－1－19

对于多重底，期望后期能有较好的上涨行情，就需要跟进一些条件：前期的量能、关键位置的量能、均线归位状况、盘面支持力度、板块效应、个股质地等，这些条件均是决定后期能否大涨的直接因素。

（三）延伸底

延伸底是把前面逐步抬高的两个股价波段低点连成线，以此来判断随后股价在连线延伸处再次出现股价止跌的底部。

海鸥股份（603269）2021 年 7 月 28 日与 2021 年 10 月 28 日两个股价低点连线的延伸线正好是股价在 2022 年 1 月 27 日再次止跌的支撑处。我们可以看到，股价回调到延伸的连线处止跌，然后出现一波拉升，这个止跌位就是延伸底。延伸底止跌后之所以出现一大波主升浪行情，是因为拉升前主力用了更大的时空蓄势、运作；用了更为经典的手法点燃行情。一旦股价强势高开过颈位或打破原有轨迹，说明主力冲锋的号角已经响起，资金跟进最恰当。见图 7－1－20。

图 7－1－20

低点连线的有效延伸，其市场最大意义在于证明先期的主力仍稳坐其中，稳坐其中的主力迟早会见势发动有利于自己的行情，甚至是暴涨行情。如何识别主力“见势”的行为正在展开？一是从量价异动让均线归位入手查看盘面变化；二是关注有利于个股的消息，提炼并进行两点印证。

德石股份（301158）刚上市，股价于绝对底部两个涨停板后的调整在强势缺口上受到强支撑，主力继续补进资金，箭头所指处的股价呈逐步抬高，并且是在小底部连线上得到延伸。这种在延伸线上反复按照一定规律止跌，并且能量也保持丰厚，往往是股价将要大涨的一大预兆。2022 年 3 月 1 日，股价再次于延伸线上出现止跌，细心的你是否发现这天的止跌不一般呢？次日股价大幅跳空高开，跃过平台，跃过前期带量大阴线，震荡后封住涨停，三日最高涨幅达60%。见图7-1-21。

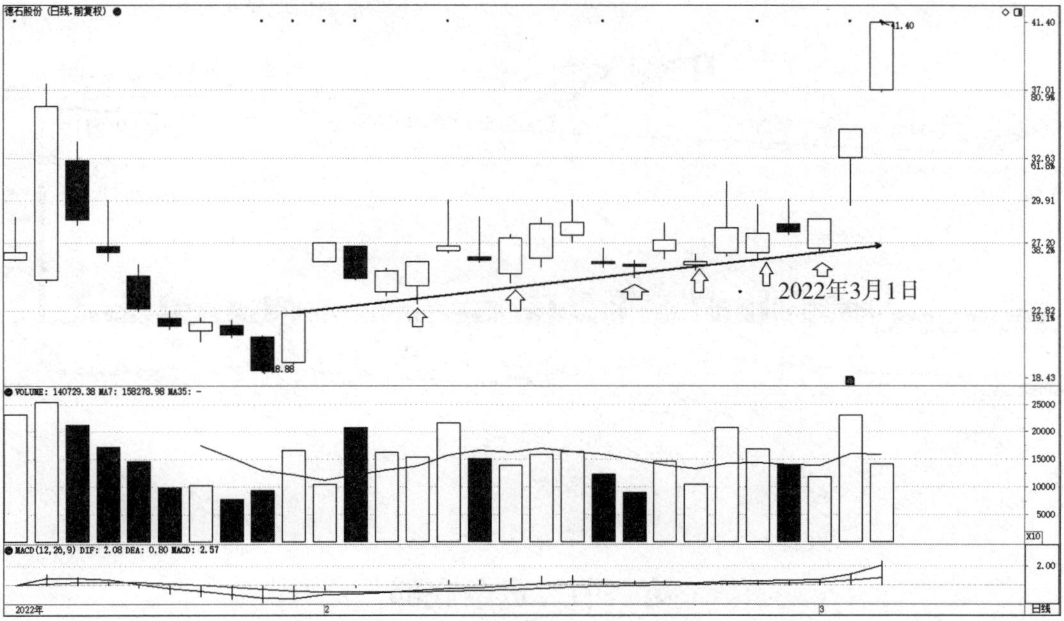

图7-1-21

淮河能源（600575）股价在2022年2月7日这天的强势启动封涨停板，也是发生在延伸底部区间，前期两个小波段均有三阳控三阴的积极能量介入，且量时空处于无大压的安全环境中，这样的延伸底后市行情就值得期待。见图7-1-22。

股价走势，多重底也罢，延伸底也罢，能走出一波像样的行情，无一例外都在遵循两个规律：量时空安全；量形态还原主力身影。没有遵循这两个规律也有行情，不过，一是买不到望洋兴叹，二是亏得多赚得少容颜易老。时空有大压，无资金能量介入，用任何技术、听任何消息，用任何炒股软件去低吸、去追涨都不靠谱，有违股道。股道！何为股道？明辨规律的操作就是道。股市之中，无中生有亦是道！

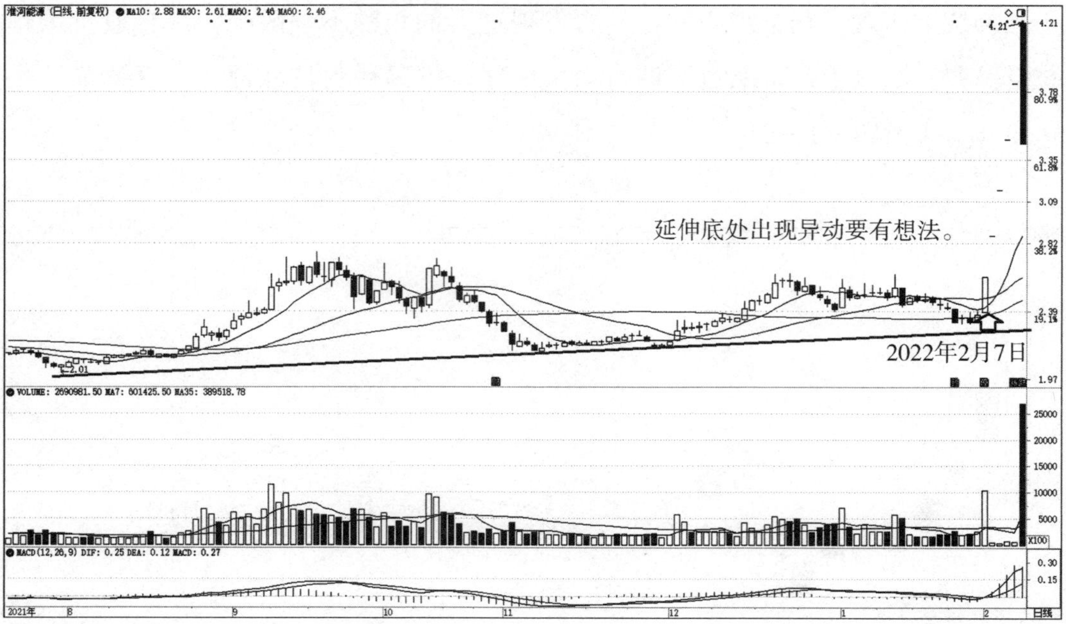

图7－1－22

第二节　资金底部

资金底部是指经由资金累积所铸成的底部形态。股市很大程度上就是资金市，历史行情告诉我们，没有资金市场就没表现。资金少，市场就表现平淡；资金足，市场就强劲。个股的走势同样可以通过代表资金的成交量的表现形式来断定底部。

从形态上看，资金底部就是股价在相对的低位区，出现积极的资金持续介入，图表呈现的是成交量出现显著的三阳控三阴形态。有成交量构建的底部是相对牢靠的底部，是所有底部的重要前提。

华东数控（002248）股价在低位区间有一波行情，行情期间有两次放出大堆阳量，之后股价长期横盘构成大箱体，其间未见资金出局的信号。未见资金出局且股价长时间横盘，就有“不下去就上去”的可能性。2021 年 8 月 20 日，股价开盘就快速上涨，几小波即封住涨停板，而当天有关“工业母机”的政策及题材正当时，这就是三度体系里谈到的“两点印证”及“领涨印证”的印证表现。次日，股价如猛牛狂奔！图中量区方框处就是资金筑成的坚实底部。见图 7 －2 －1。

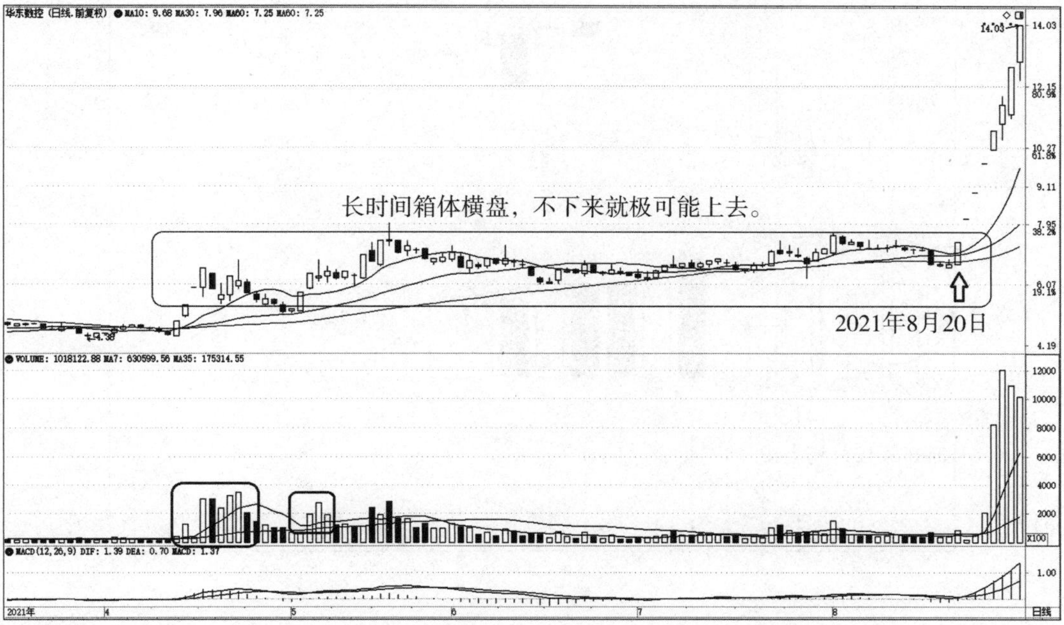

图 7 －2 －1

粤万年青（301111）2021 年 12 月初注册制上市，上市首日阳量阳价，随后 3 日继续阳量阳价但股价被压制在低价区间，这是刚上市的次新股在积极建仓的经典行为之一，实战中值得高度关注。粤万年青主力用资金浇铸完成底部后迅即展开攻击，短短几天创造了 80% 行情高度。见图 7 －2 －2。

雨露不滋无本草，无本即无根。

股票的“本”在哪里？强势行情的“根”在哪里？

扎根在股市从何处立足？

盘后选股要不要讲点方法？

集合竞价要不要依据？

盘中看盘要怎样的高效程序？

买进股票后，要不要分析个股涉及的板块以及个股地位？

……

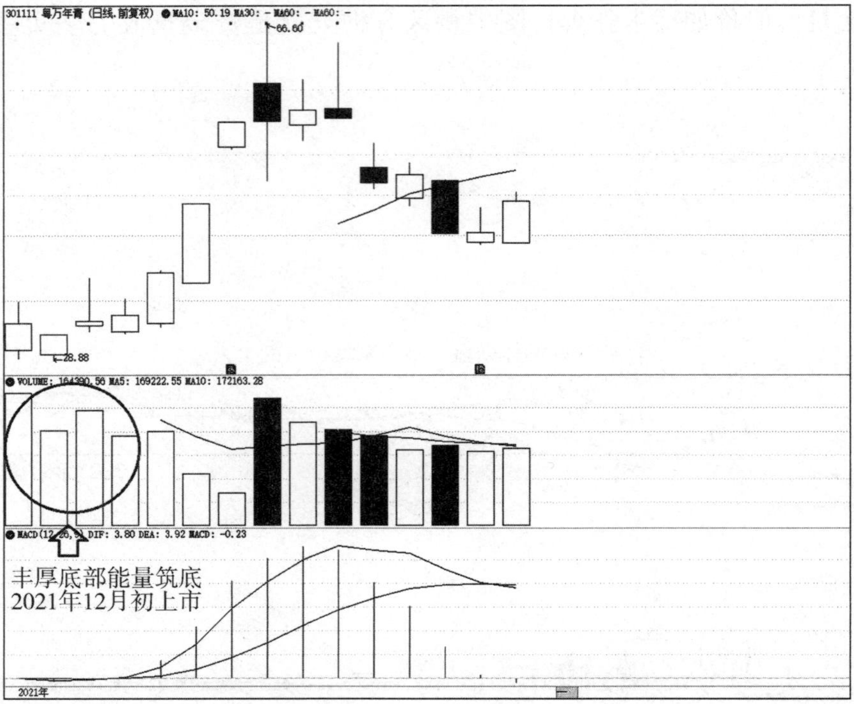

图7－2－2

这些问题莫要等闲视之，立定脚跟就要从它们开始，大步流星也要从它们开始！

图中清晰可见思特奇（300608）低位A区有强健的资金连续入驻且未透支行情，跟踪的股池中又多了一个不错的标的。之后，股价进入整理阶段，经过30多个交易日的洗盘、震荡、收集，股价再次回到颈位，关键时间窗口也已在打开，短线资金亦要准备到位。做股票交易，少不了选出认知中的好股票，选出的好股票是需要跟踪、等待的，跟踪的目的就是判断机会、选择时机，观资金进场后是在固守能量还是能量漏掉了，等待的价值就是享受绽放的成果。2021年6月9日，股价于B区上蓦然升起，分时图拉升的结构极其经典，呈现的综合强度级别更增添了两三分“必然”，当天每一波上升均是介入的良机。见图7－2－3、图7－2－4。

资本市场事事与资本挂钩，时时用资本说话，资金底才是最坚固的底，也是最可靠的底。

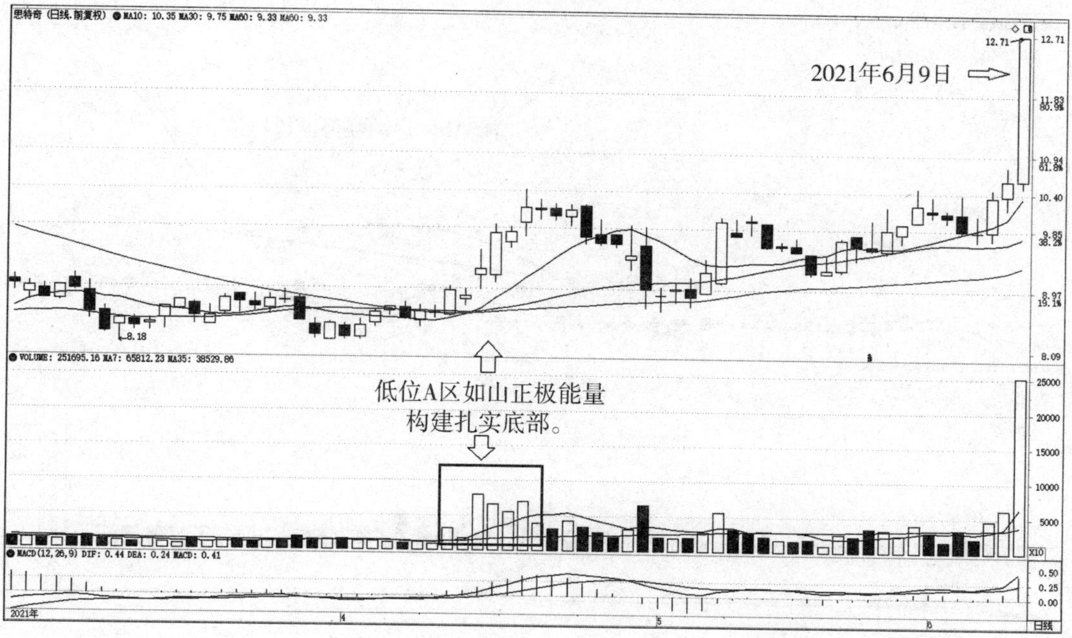

图7-2-3

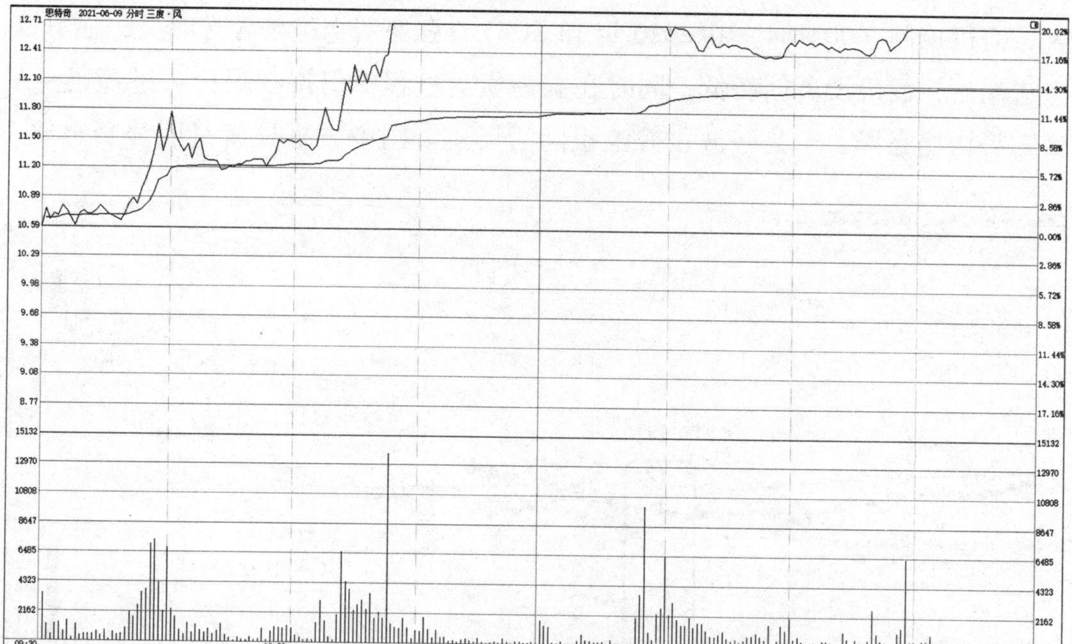

图7-2-4

思特奇的股价强势过颈后长驱直入，连续三天20cm的涨停板，专注完成主升浪。见图7-2-5。

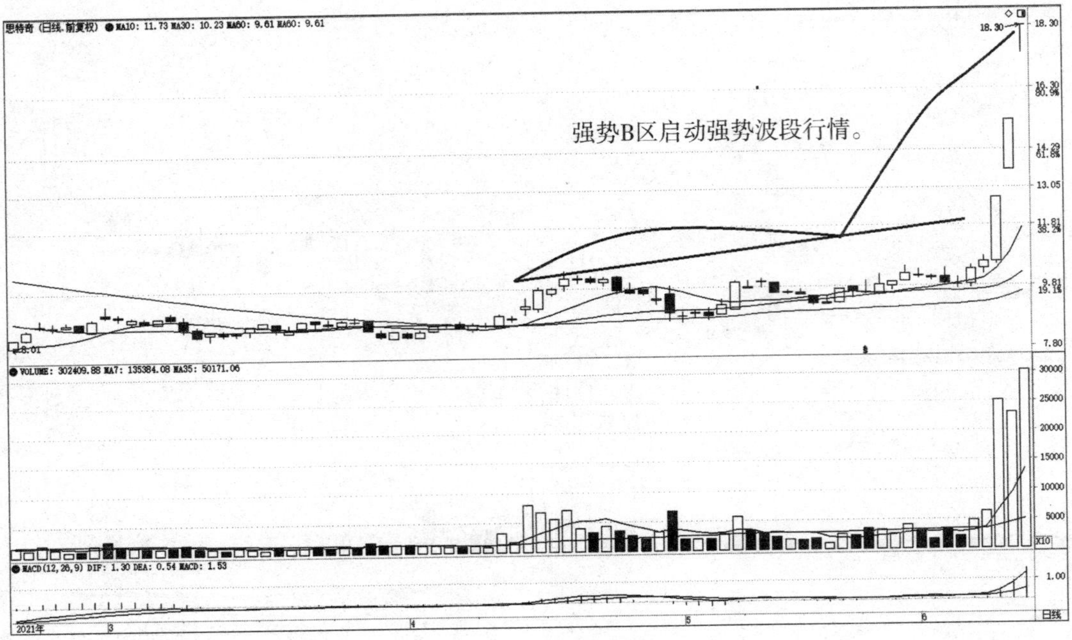

图 7 -2 -5

海得控制（002184）在 2020 年 12 月 25 日强势资金进场异常明显，强势资金进场后，股价没再创新低，同时在震荡横盘过程中仍持续限价买进筹码，A 区顺势构建完毕，于是一波主升浪也随后诞生。图中方框处就是明显资金底。

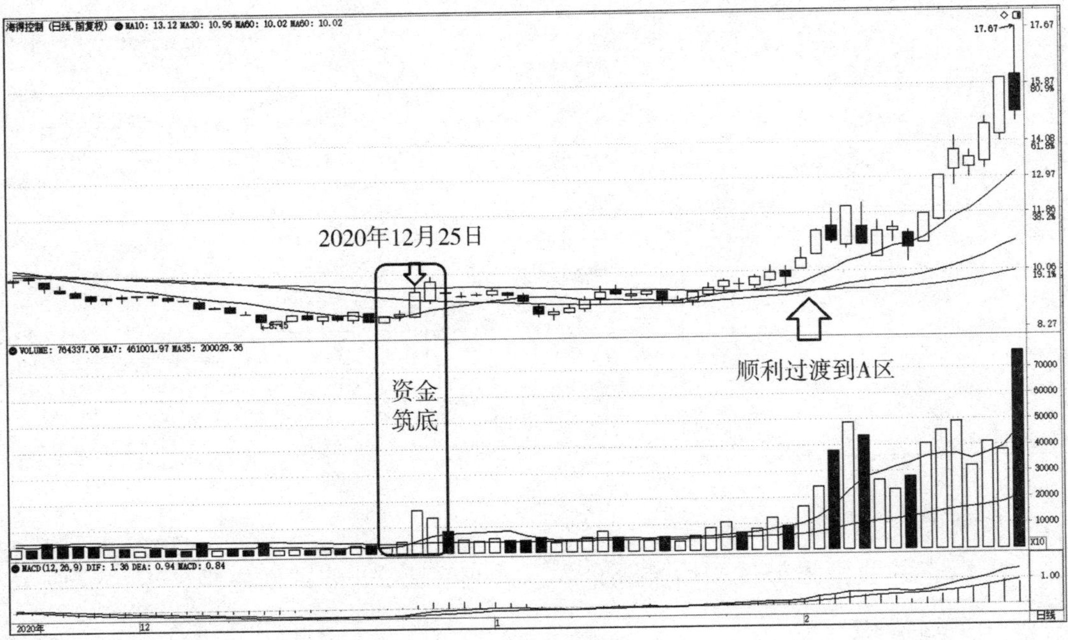

图 7 -2 -6

A股市场，类似的资金底较多，像这般走势的波段也不少，只要不急功近利，一年抓住这样稳稳的行情做上几波也挺惬意。见图7-2-6。

关于股价的底，人们总痴情以待，更多的人总会认为买在最低点会赚得更多，风险更小，持股最安全，事实真的会如所愿吗？非也！偏也！散也！执也！买得很低同买得很高二者风险是同等的，如果可以卖得更高，适当买高点也没错，但是如果去买见不到底的低点，哪有立足安身之处呢！

“心一松散，万事不可收拾；心一疏忽，万事不入耳目；心一执着，万事不得自然。”一个人，态度一旦松懈，所有的事情就会失去头绪，无法收拾；人一旦心不在焉，马马虎虎，一切事情将听不进去，不会放在心上；而心一旦执着，事情就达不到自然的境界。股市是虚拟资本放纵的地方，尽管虚拟，但一切结果又落到实处；股市包罗万象、无奇不有，但一切又有规则。成就股市财富的方式林林总总，但需要方法，需要金刚钻，需要专一地凝聚自己的战斗力，把心稳住同时又不能顽固。专注于三阳控三阴的能量展示，专注量价异动让均线归位的强势机会，放弃买在最低点的执意，坚守好位置的强势，诚实等待经典攻击的印证，再难再困惑的股市也会开出莲花。

章结

本章“趋势底部”阐述了股票走势中几种较为鲜明的“相对底部”，以及成交量量能筑底和见底走势模式。论述的局部K线底部与时间周期跨度较大的复式底部，所举证的有效底部都是以前期有效底部为参照，以前期资金及成交量的性质做评判，以随后走势做验证，这种通过周密叠加印证的底部可以带给我们足够的底气进行操作。

成交量反映的是买卖双方交易的资金状况，显示交易者对当期股价的认同程度，把握资金对股价的认同度，就可以极大地帮助我们辨认股价的底部。

资金底部是最直接、最简单、最有价值的图表技术体现，利用好资金入驻的见底形态，对我们实战的帮助是很大的。

我们不追求大底部，作为二级市场的跟随者也没必要去操作大底部。“再度无价”，底部的机会也是如此。【更多关于底部的案例说法请参阅《股是股非（之二）：暴涨大形态》】

三度力量：叫声老师您是我的靠山

老师：

您好！

岁月流转，不经意间人生已到中场，在听天由命，准备就经营好现在手头业务，认命过好余生之际，接到大洋彼岸旅居黄金海岸老友张伟师兄的一个电话：“兄弟啊，你一定要去拜读“股是股非”三本书啊，一定要去听听三度蒋老师的面授课程!”怀着忐忑的心情认真拜读了老师的著作，读完三本书，心中有点小兴奋，狂热之情油然而起。书中每一个技术理论、走势规律、主力行为习惯、大格局思维的举证剖析，均让我无法安睡。经常半夜无法入眠时起床，再次捧起书来读，细细体会书中每一个章节，体会交易的风险和幸福。一个“再”字道出了炒股人的灵性！这也让我明白了我明天要去的方向。

报名参加了老师面授班，当进入课堂时，对老师“屌丝班的授课”心中还是充满着疑惑。但一周下来，老师不动声色带领我们进入自己心灵深处去撞击灵魂，评估过去，诚实认错，推倒重生，重塑交易投资理念，借助三度建立自己的强势经典交易模型。

老师常说：以后就不要捧着金饭碗到处去要饭了。回来以后通过交易才明白，老师早就为我们打开了投资股市的快乐之门。交易过程中，多点印证，迎接领涨。即使癫狂也在AB间，就没大事故。复训一两次后，终于拜服，老师用心良苦、逻辑通透、套路清晰，是能真正为学生们着想的明灯老师。所以心心念念，希望能有幸跟随老师这种高人走余生。

两年的期盼中，突然看到卓越之旅研习班开班了，兴奋异常，马上报名参加，幸运地成为第一期成员。在研习班，老师数月如一日，不厌其烦地领着我们，更进一步明白强势的体现方式，找到当下市场的狠角色，第一时间精准看见盘面风险，不管你盘中上蹿下跳，我稳坐于我喜爱的舒服能力圈，得我喜悦之门！从忐忑彷徨的心情转变为自己确定的经典交易模型，并诚实喜悦地面对每天九点半。再回想那些年，全国到处去培训、上课，但因为自己的迂腐都没有得到好转，今天终于服了三度这汤剂而得以扭转。

老师你所讲的“结缘三度开始，努力将过去的拿回来”让我有十足的信心享受这种快乐的回报！感恩牛哄哄的老师，让我能在三度体系引导下幸福地买卖，吻合三度强势经典股票而赚钱；感恩在过去这一年中，老师帮助我正细心、扶细微，让我从黑暗中走到到了明路上。心怀感恩，特向老师报喜，从 2021 年春节后开市，老师教导叮嘱我们要率先并主动熟悉适应注册制里主力的做盘套路，细微盘面的演变。我严格按照三度交易逻辑和规则来做，每天创业板只有几只涨停，但好像都跟我有一点点缘分。

叫声老师，您是我的靠山！每天看着账户飘红，由衷说声：感恩三度、感恩老师，叩谢！

深圳　邱村长

第八章

强势经典

本章以大形态作格局，以强势三度理论为依据，以经典盈利模式为突破口，重温一些经典强势案例。其中附有友人、学生在交易及成长过程中的来信、来稿以及他们的实盘操作感悟，借以展开“三度盈利模式”的进一步解析。公开这些信件，主要目的是希望用“强势三度理论、三度经典模式”向读者打开另一扇看股市、看股票的窗口，更希望读者可以见到窗口后面有更多充满笑意的面孔。

本章的每一个案例均是在当时段具有代表性的强势股。案例当中，极大部分股票是“强势三度交易系统”爱好者们借势或见机的操作，这一点毋庸置疑。

漳州发展（000753）股价在2021年12月16日集合竞价时高开，且稳收近3个点，量能刚好持平前正极能量高点。该股开盘后几乎是用飞的速度直冲涨停，稍后涨停板有一次打开但很快再次封停，这是主力在B区发动的攻击。前期阳量十足，当期现个股领涨，上涨空间可看高一线。见图8－1。

次日股价再度高开，股价略微下沉迅疾折身，近端无量时空压力，干脆利落冲到涨停，全天属于持续正常放量。漳州发展的股价通过两日的领涨，大致可以判断后期会再创新高。随后两日，可见股价持续涨停。第五日，股价上冲无果，于盘中大幅震荡，全天放出巨量，呈阴线滞涨，股价单日见顶基本成立。见图8－2。

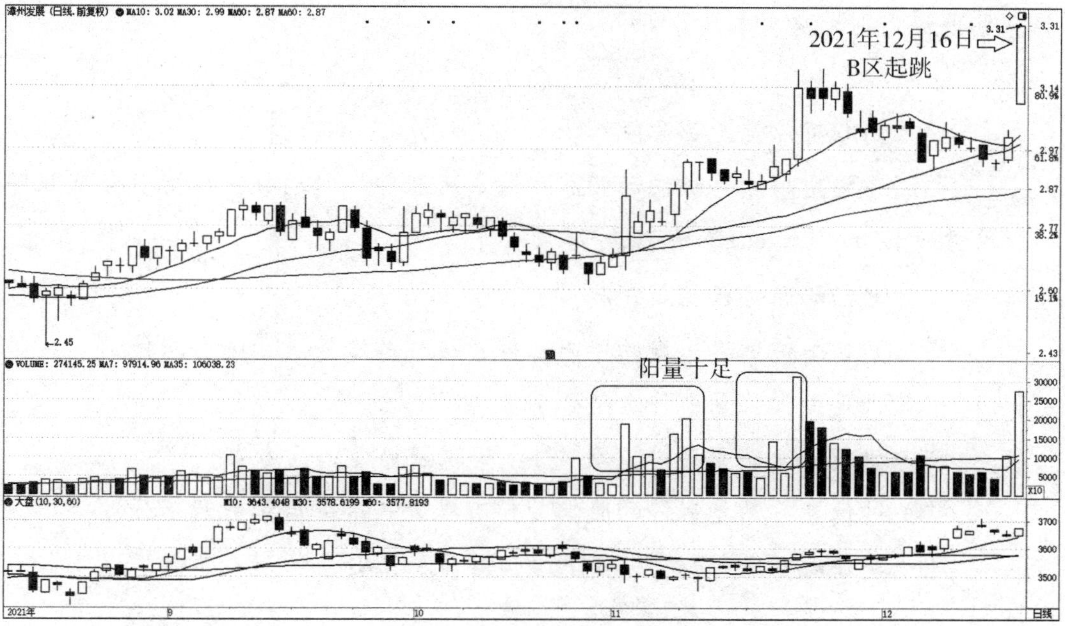

图8－1

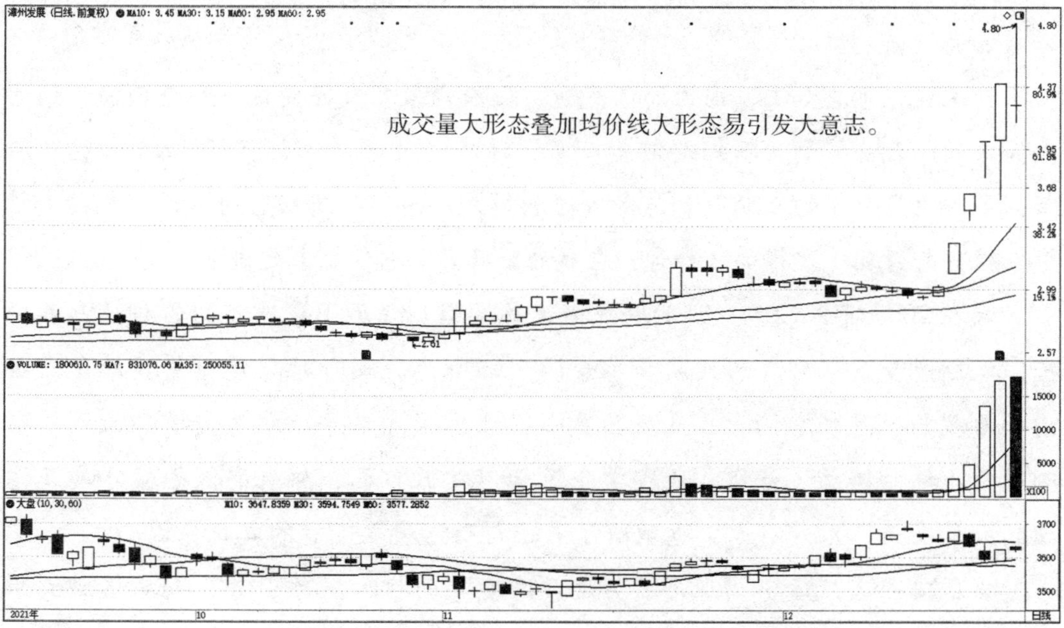

图8－2

交易策略：个股前期能量足可入股票池跟踪，股价在均线密集的B区高开要重点关注，当日若有题材吹风，竞价结束前后可以适当建立仓位，盘中攻击时即刻介入。确定是强势领涨股可适当“抗震”获取强势波段。急速上涨一波后有见顶形态则可兑现利润。

"为何它可以是龙头波段？"

"因为它是用涨停板发动领涨行情。用涨停板发动领涨行情多会有涨停板波段拉升。"

"为何它的涨停板就是领涨？"

"它是在关键位置出现的率先涨停，这样的涨停属于强势涨停。"

"什么是关键位置？什么是强势涨停？"

"建议阅读《股是股非（之一）：猎取强势股》这本书。"

"关键位置异动量涨停的股票为何有很大一部分后续涨势不强？"

"一是缺乏两点印证，二是非主流热点，三是主力现在不做。"

● 开疆辟地

尊敬的蒋老师：

有人说，师恩如山，因为高山巍巍，使人崇敬。我还要说，师恩似海，因为大海浩瀚，无法估量。不知是何其有幸，让我与您相识。犹记得2013年的中秋节，第一次学习您的三度理念与实战盈利模式，您的思想、您的话语，充溢着诗意，蕴含着哲理，显得那么神奇！在我的脑海里，它们曾激起过多少美妙的涟漪！

我在2007年入股市，那时全凭着运气做事。经历了牛熊市的各种惊喜和痛苦，深刻感受到了智者的收获和愚者的不知所为。那时时刻伴随着我的是交替着的希望与慌恐，它们冲击着我的身心，让我深感自卑、没有力量却又无法抵制股票市场的诱惑。是您，让我学会了如何放低自己，原来高傲的我才真正意识到天外有天，人外有人，也理解了自己与财富失之交臂的真正原因。

自从接受了三度中"厚度、力度、速度"的核心思维引导，我从选股到跟踪，最后落在实盘中的买入都变得有依有据，再也不像从前那样买也糊涂卖也糊涂。当明白了均线归位、好位置、正能量、主流板块、领涨龙头等实战要义之后，我才发现过去的自己真是太可笑了。原来的我只敢买大压之下的票、无强势经典形态的低位股票、一年都不动的弱势股票，结果它们却下了台阶。而现在，我已经敢大胆地在强势AB区下手，空板过后的好位置行情也不会错过了，以前的股友很惊讶我现在买票的手法变了。

恩师您对我们的教学毫无保留，记得去年12月份，大盘不好，老师怕伤到我，教会我如何用“三空模式”做空股指。我用两周的时间，平均每天挣几万元就平仓休息，有时上午就能完成盈利目标。此外，每每遇到烦心事向您倾诉时，您始终不厌其烦地开导我，教导我低调做人，高调做事；每一次成功后，我也迫不及待地想与您分享，仿佛能看到您欣慰笑容的鼓励。

感恩我的老师，是您拨开我眼前的重重迷雾，让我有了更高追求，让我坚信心有多大舞台就有多大，敢于去开辟又一个新天地！

老师！我虽不是您最好的学生，您却是我此生最好的老师！

北京　徐权

北大医药（000788）股价在2022年3月9日用涨停板收回前日的强硬洗盘大阴线，并确认突破数月形成的多颈位股价平台。这样的颈位突破是很有效的，有效不是因为涨停，是因为突破前量能丰厚，三阳控三阴无可挑剔；突破对应的位置无套牢盘的抛压，当时段医药大板块正值热点，主力选取发力的立足点十分稳妥，场外助阵的资金也不会吝啬而倾囊相助。多重缘由催生强势涨停的有效突破，尽管大盘走势看上去岌岌可危。见图8－3。

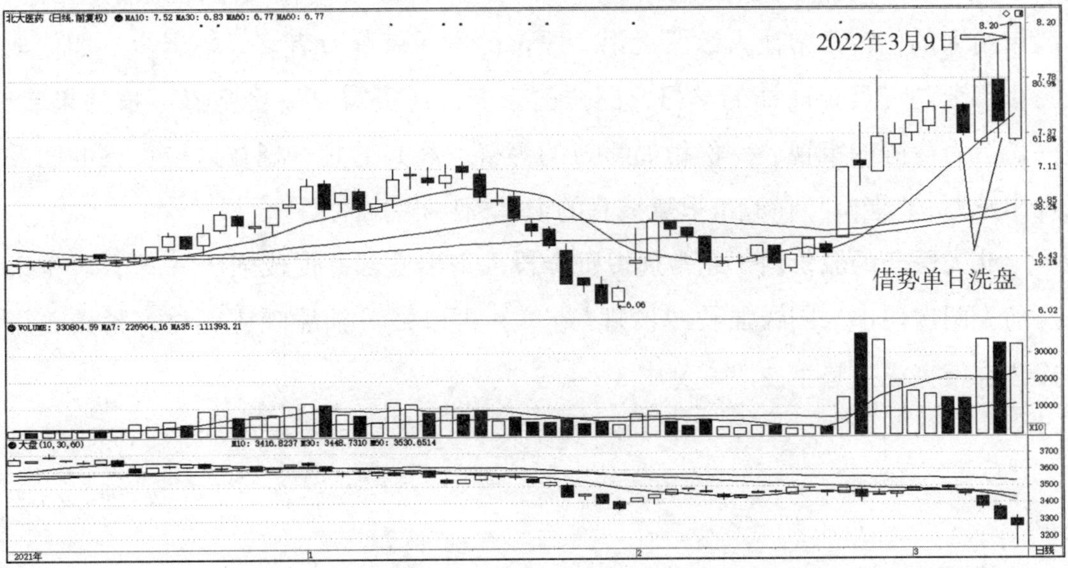

图8－3

沙子和珍珠相遇。

“你真美，一定有一颗高贵的心吧?”沙子说。

珍珠说:“我的心只是颗沙子。”

沙子:“你是在宫殿里长大的吧?”

珍珠:“相反，我是在黑暗的蚌壳里成长的。”

沙子:“你是在幸福中长大的吧?”

珍珠:“不，我在痛苦中磨砺。”

沙子又问:“怎样才能像你一样光鲜靓丽?”

珍珠说:“在黑暗痛苦时挺一挺!”

我看到这段对话时很有感触。在痛苦中磨砺，在黑暗中挺一挺，再挺一挺，靓丽可能真的在这一挺之中。

记得一次在青岛的朋友老刘家中发生的一幕:正在吃饭时，朋友家的小狗狗踮起脚尖，一直扯着朋友的衣服要食物。大家正谈论股票谈得兴起，朋友也没理它，小狗继续缠住朋友不依不饶，朋友一时气起，推开小狗，脱口而出:“还闹，还闹让你也跟我去炒股!”此语一出大家哑然。当时在朋友眼中，炒股是件多么辛苦、多么受苦的事情啊!的确，来自股市的挫败感往往悄声无息，股市给人的伤害常常让人欲哭无泪。股市的本质就是亏者多、赚者少。如何成为小部分的一员，同样的学习，同样的辛劳，还更需要一份坚忍不拔的果敢、一份沉着冷静的审视、一份稳如磐石的等待。高兴的是，现在这位青岛的朋友发出感慨:“老师!在股市里赚钱真的很幸福!很幸福!”

北大医药的股价由于超常规短资金投入走出底部并促成强势 A 区，股价出发前，两次用中大阴线强硬“清理门户”，再以强势领涨呼应题材，紧接着用连续空板完成强势主波段。见图 8 -4。

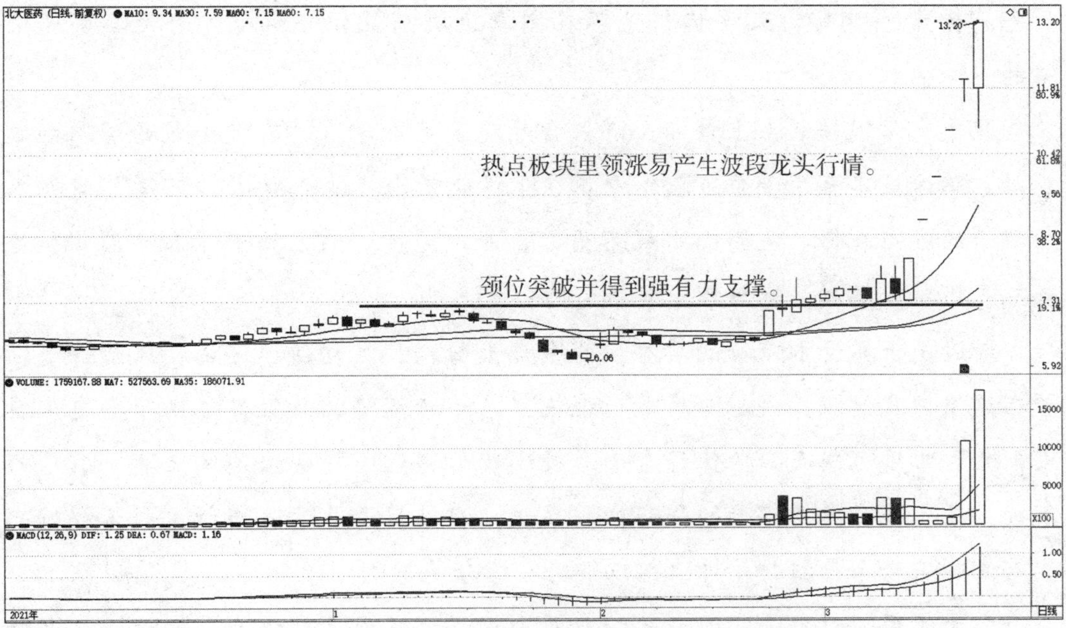

图8－4

交易策略：北大医药的股价清晰完成强势 A 区架构，当股价行至颈位区间时，是最该关注的时候，这个位置发生什么情况都是对的，蓄势、回踩都是对的，出现一根大阴线也是对的。大阴线之后，盘中出现有速度的拉升时，审视位置，能量符合条件，即使自选股没有它，仍然要实施买进操作。有能量支撑，又在主流板块，颈位处强势突破或反转，此时只需要一个字——买！

扭转乾坤

尊敬的老师：

您好！

从遂宁回港数月，数月来重新面对港股，前后之差异使我震惊万分，又欣闻《股是股非（之二）：强势大形态》不久面世，倍感此为一大幸事。

记得初涉股市是1997年，那时港九城多数股民每天早晨谈论的必是这消息那内幕，由于自己无章法加上近乎透顶的癫狂，唯一收获必然是一个“输”字无疑。可怜的是连我所在的那家证券公司也以倒闭为结局。现在回头审视过往的失利操盘，所有的风险特征无不在图表上提前显示，看来，老天其实是公正的。

此次有幸辗转联系上老师，得机会赴观音圣地学习，有缩小版西游取经之感触，路途虽不至于千难万险，重点在于终能亲密接触并感悟“三度”发明人所揭示的股市真谛。巴蜀山水果不虚名，人杰地灵。何以通透了人生股市？恰如三星堆难以揭秘，感慨万千实不为过！

港股是世界资本市场的典型，资金庞大魔幻，流动快速迷离，风险伴随欲望在这里被几何级放大。港府奉行框框里不干预经济的政策，任由市场自生自灭，生存难度可想而知，但仍有普通股民犹如留恋一周两次跑马比赛一般乐此不疲，若无一套完整可行的强势操作系统，在这里无异于飞蛾扑火。万福好彩能有幸师从奇人，扭转乾坤，何以解释？缘分是也！

学为实用，对照三度理论及经典盈利模式，发现无处不有三度奇迹，无处不有量价异动让均线归位之大纲，只不过港股量能缩放更为极致，升天堂下地狱就在一夜之间。放眼世界，不管是A股、港股乃至其他国家股票市场，遵循三度模式运行起飞的行情莫不如遵循教案书一般比比皆是，三度揭示的表象为股价的升跌，实相为人性在市场的集中体现。

心生于物，心灭于物，机在目。“再度”无限！感恩老师至诚授业且解惑，拨乱而树中正，吾将孜孜以求务实放低自己，努力完美五星人生。

香港　云逸

北玻股份（002613）股价在2022年1月5日这几天出现了异常明显的一大堆阳量，这是超常规短资的最后重磅投入，对应的股价同步出现异动，且位置正好在前颈位。股价在前高受阻滞涨是好事，也是问题，关键是看前高是什么样的高，是高点还是顶点，不同的高有不同的市场意义；高点与顶点操盘策略大不相同，健康的高点是主力用来突破的，不健康的顶点是我们要回避或观望的。1月6日，股价在长上影K线后出现一根相对饱满的阳线，这是股价即将展开大攻击且欲望积极的信号，精准买进的条件已经具备。见图8－5。

关键位置的异动，往往是对机会的提示，实战中需要多份心，面对机会要有足够的敏锐性，机会才是自己的。面对机会，吊儿郎当、麻木不仁、马马虎虎，其结果说什么也没用，做什么也改变不了运势。随后可见，北玻股份股价连续几个涨停板，以短平快的手段实现了高产出的目的。见图8-6。

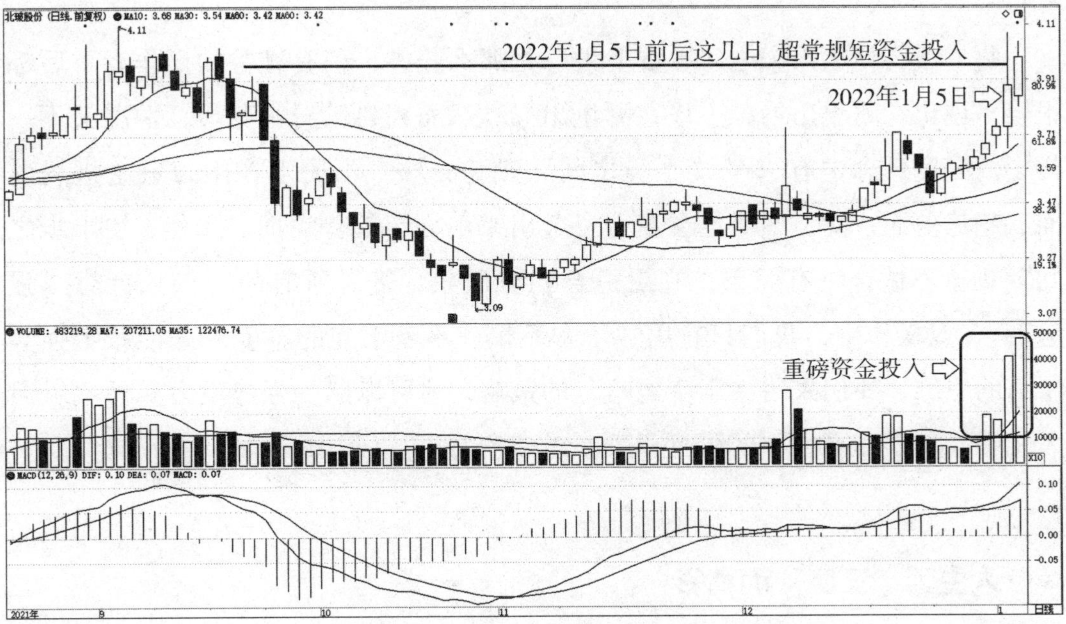

图8-5

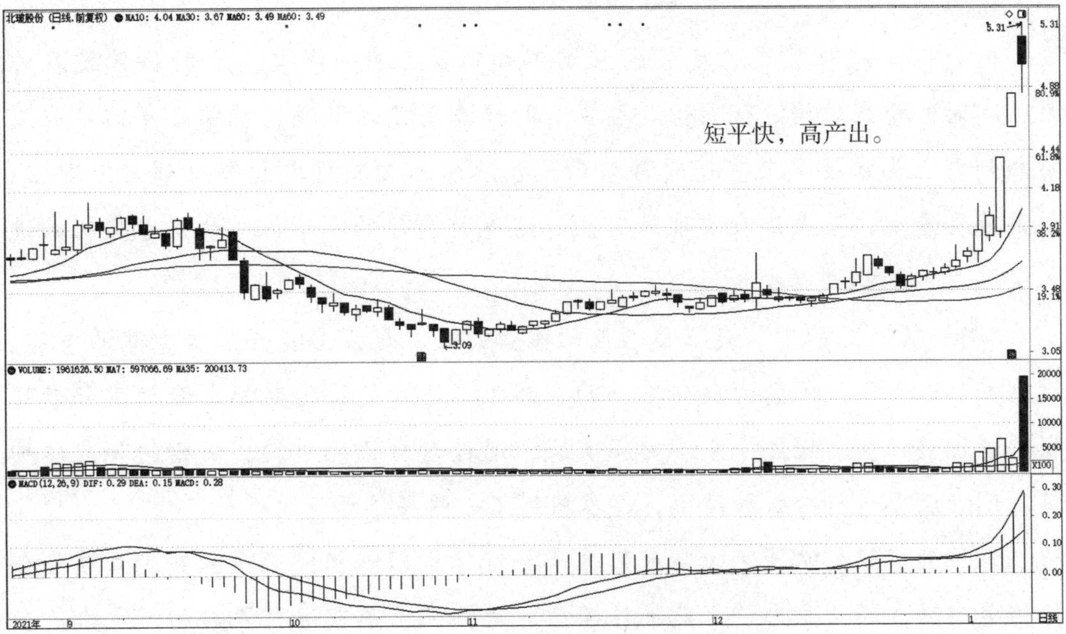

图8-6

交易策略： 好位置有异动，简单看，简单跟踪，简单介入，简单退出。前颈高处的量价异动往往是机会窗口即将打开的积极信号，实战要高度关注或见机见势布局资金，一旦出现强势攻击行为，可积极介入。

每一波行情走出来之后，看上去总是那么美妙，稍有经验的操作者事后都很容易说出在哪里出局，不该在哪里出局。然而当自己身临其境，情况又不一样了。三度理念中有一个“半步之间”理论：买，不要走在主力资金进场前面、趋势前面；卖，不要走在主力资金出来前面、趋势后面。当然，“半步之间”理论不适合所有股票，它更适合强势股票，笔者所有的观点只针对“强势”。实盘操作中，我们只有用“不贪不惧、不卑不亢的态度”才能跟上强势主力的思维，我们采用“半步之间”的策略，才可以感受强势主力那种“纵浪大化中，不喜亦不惧”的风范。

● 人生因“三度”而精彩

蒋老师：

您好！

时光飞逝，进入“三度”的王国不知不觉已有一年多，有时仿佛就在昨日，有时候觉得时间过得太快。人生有时候真是无法预测，就像几年前从来没有想到自己要靠股票来实现财富自由，也没想到靠做股票能够赚到亿万财富，但是现在看来，至少是有实现的可能。这也是自己的幸运——结识老师从而进入“三度”王国。

“好位置、正能量”是三度理论的核心前提，是股票能否强势上涨的关键。刚刚学的时候，把注意力放在单一的形态上，结果是买的票能上涨但不如老师操作的那般强势。经过一年多时间实践，通过对自己买对的、买错的和应该买没买到的股票进行分析和理解，逐步找到了一些买强势股的感觉。

好位置，股票的强势经典走势总是与好位置相依相伴，股价要涨必然要在好位置启动，那是主力“只能那样操盘”的结果，不在好位置启动，主力是在给自己添麻烦。

正能量，一个“正”字代表主力的实力和操作此股票的决心。好位置的正能量更加说明股价会朝着康庄大道阔步前进。

需要特别注意的是，一些个股在出现大形态雏形时最容易犯主观错误，就是觉得大形态接下来的确认是顺理成章，这个时候要结合盘面，如果不符合强势盘面特征，大形态的确认无法成功。量时空过滤掉的是个股股价往下掉的风险，而强势盘面是解决个股能否强势上涨的重要因素。

老师经常提到：“领涨龙头，要习惯买龙头股，龙头股可以自身修复很多问题。龙头股都不涨了其他股能涨吗?”这也说明龙头股的生命力比一般股票强，龙头股一涨三四个板，其他股一个板就歇菜，你说买哪个？只不过想买到龙头股需要叠加许多条件，否则领涨的不仅成不了龙头，还套你没商量。刚学“三度”理论后一段时间里，对龙头股缺乏操作感觉，我仔细想想是因为对促使龙头股产生和龙头股上涨背后的关键因素没有理解透，对“三度”精髓缺乏深刻认识。想想有受其他理论影响较深的因素，认为不买龙头，只要买位置好的，有正能量的股票也可以涨。自己对自己要求不够高，结果就是有时候买到龙头股的仓位不高，或者自己给自己主观下个结论，这只龙头股涨得太高了，导致该买不敢买，完全低估了龙头股顽强的生命力。另外，龙头股也更好进行波段操作。

2021 年过完春节，我也操作了好几只龙头票。我买进时底气十足，原因就是符合主流热点、量能充足、均线流畅，显示出主力的超强实力和操作个股的决心，当然股价走势也非常符合“三度模式”，极为经典。通过操作这些股票，我对什么样的股会产生强势波段行情有了切身感受，对以后怎样选择交易对象有了明确方向。我认为在股市里的成功来自于操作成功，只有操作股票成功次数越多，盘感才会越好，股票就会越买越强势。

经过一年多时间三度理论的熏陶和老师及师兄们的帮助，就我个人而言，对股票的认识已经发生了天翻地覆的改变。对于未来的股市人生我充满了信心，我已找到前进的方向。下一阶段我将继续努力，争取能对三度理论的理解再有提升，同时能买到更多的龙头股。真挚感谢老师的付出，让我的人生因“三度”而更加精彩！

巴黎　黄亚

远方信息（300306）股价在前期不远处出现明显异动，但行情未向纵深推进而是意外下行，不过，下行的股价在前异动起始区以长下影K线止跌后转身，这是暗示前面的异动“很有价值”，盘中或复盘见到这种走势可给予关注。2022年3月14日股价高开得当，开盘就持续带量上攻，两分钟封住涨停，当天有“全面实行电子身份证”的政策题材。见图8-7。

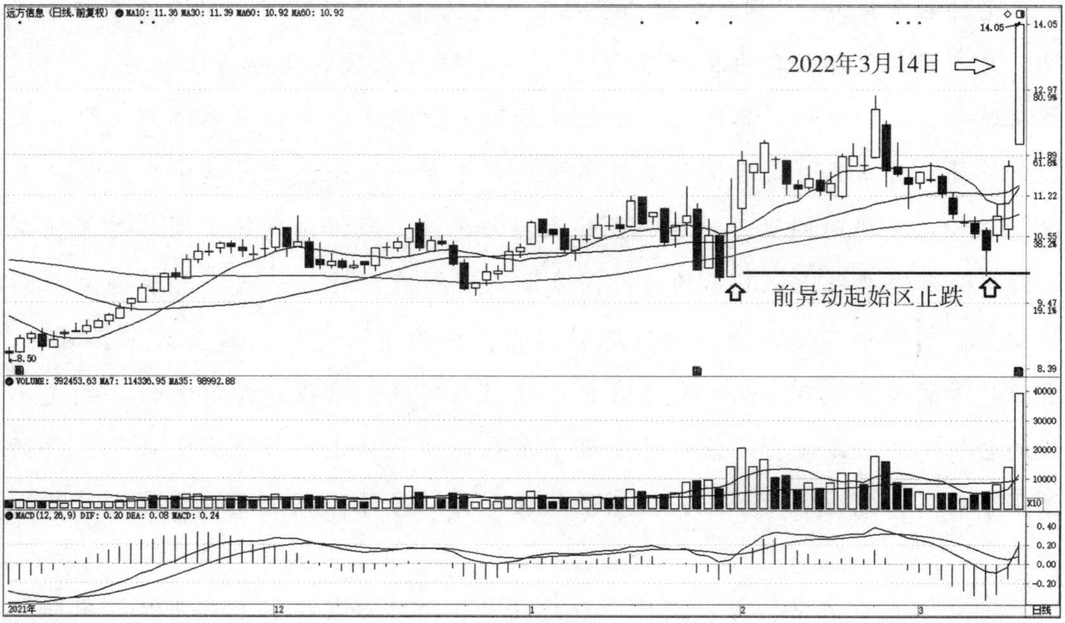

图8-7

许许多多股票行情的启动点是在均线密集处的A区或B区，这与主力的成本集中度有关；启动时往往有题材消息呈现在众人眼前，这与主力借势发挥有关。很多人以为主力就是财大气粗的化身，想怎么样就怎么样，这样的想法、看法确有片面之处。主力也罢，国家队也罢，游资也罢，均在遵循“只有先播种才有收获”的至简法则。苗地水太多就要排水防涝，苗地缺水就要浇灌防旱。用什么器械排水，用什么方式灌溉，是种地人的选择。均线分得太开就要回归密集，密集的均线终将要再次分开。“均线密集”是均线使用五定律的第一大定律，股价在此状态下极易变向，而变向时“偶遇”题材风，则极易暴发。

远方信息在前异动区止跌后，于均线密集的 B 区强势启动，连续三日呈 20% 涨幅，演绎了“电子身份证”题材的龙头行情。见图 8 - 8。

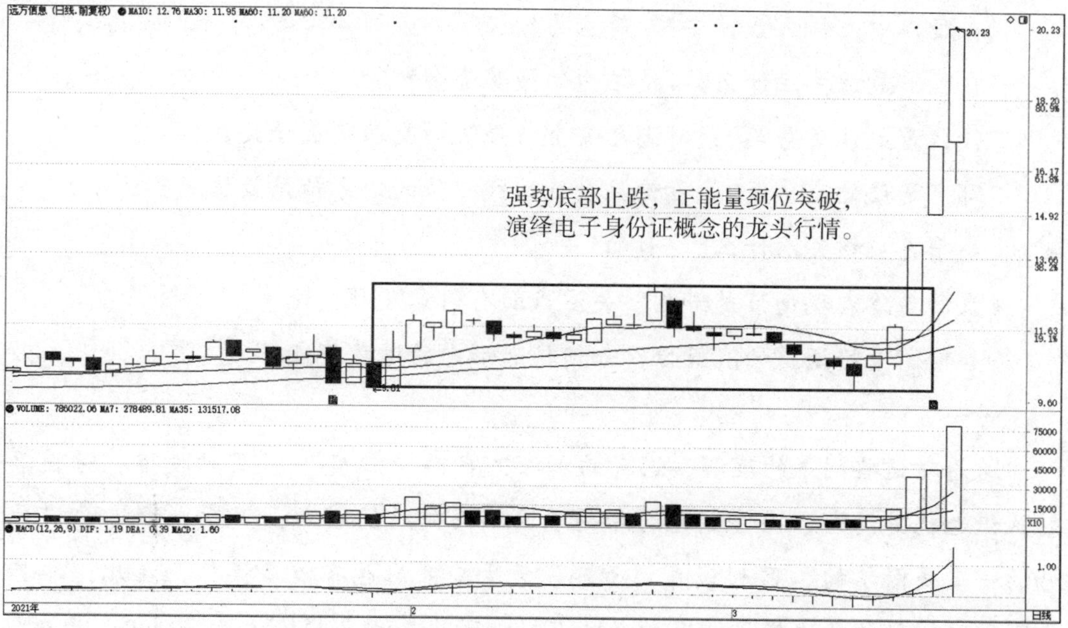

图 8 - 8

交易策略：股价于前异动起始区止跌后初步反身可关注，一旦有速度上行可跟进，盘中印证领涨可积极介入。对于 20cm 涨跌停板的涨跌幅规则，确定了个股在盘中印证领涨，没必要计较多出两三个点、少赚几个点。

简单的力量

老师：

您好！

自从有幸参加了 2014 年“三度”年会并向老师学习以后，自己对股市有了更深的了解。由于自己入市时间也不短，对老师的理念、战略思维，以及实盘操作战术学习理解都能较快进入状态，回来的操作立竿见影，更感幸运。回头调出自己以前的交易情况，再用三度的规则去衡量，凡是盈利稍好的，正好就符合老师说到的时空、位置、能量、盘面俱佳的状况；凡是亏损较重的，必有违背或不合之处。老师在书里以及面授给予我们的内容，其实都在积极向市场的强势主流靠拢，向股市最核心的规律亲近，这样诚实而务实的思想与行为，蕴含着巨大能量，值得学生努力效仿。

对老师给我们提出的问题，我一直在理解、在思考：

“在股市中，什么最重要?”是主力!

“在股市最该关注什么?”是主力的强势资金!

“什么是最佳交易?”同时满足安全与强势的交易是最佳交易!

“哪里是最佳交易区?”量价异动让均线归位的地方就是最佳交易区!

“高手更应该关注什么?”盘面!

“盘面具体表现细节是哪些?关注盘面有何意义?”

“如何衡量好题材的有效性?如何挑选形态的进攻节点?”

……

随着对这些问题的理解、思考的加深，我对“三度”以及对股市、对股票的认识也就更清晰，操作上也逐渐趋于简单而高效的模式，一步一步接近“最好的一定是简单的”盈利模式。于此，学生回来后也有较多操作，在此，举其中不同时间段的几次操作情况向老师汇报一下，恳请老师给予点评纠偏，感激!

华创阳安（600155）2014 年 12 月 25 日涨停，因为是家乡的股票，所以格外留意了一下。等股价回落后，12 月 31 日再次上涨。进攻均价线刚拐头向上，市场上关于京津冀一体化一周年的新闻再度提起，这之前股价连拉了 7 根小阳线，属于明显的“再收集”过程。2015 年 1 月 13 日，股价下打，判断为洗盘动作，1 月14 日收阳线逼近颈线位，在这一天买进半仓，次日一启动再度加仓。这就是按照老师教导“在主流盘面里找好位置、找正能量、找领涨龙头”。

长城电脑（000066）在 2015 年 1 月上旬走出了一段小的升幅。随后，随大盘缩量回调。在大盘止跌连续上扬的情况下，此股也形成 B 区，2 月 17 日呈现出经典的变盘信号。25 日，股价逼近前高，买进。此股随后的强势二波我也适当参与了操作。

沈阳机床（000410）在上一轮行情中，担当工业 4.0 概念的龙头。2015 年 2 月 25 日、26 日，在 B 区异动，引起关注。2 月 27 日，股价跳空高开，基本确认龙头风云再起。在股价拉升过程中，买进。

保定　石军

立昂技术（300603）股价两个多月上下小波段走势，形成了一个箱体大形态。说它是箱体大形态，因为它具备了箱体走势中成交量满足三阳控三阴的核心条件，同时个股股性在箱体里表现活跃，股价时有大阳线。2022 年 3 月 8 日，在股价底部明显抬高情境下，借“东数西算”概念的题材风，仅几天时间就发动了一大波强势波段行情。

短而快，张扬而热烈，这就是强势短资的风格。“强势的是最安全的，经典的是最好的。”股价平台上的印证领涨是经典的强势攻击模式，是介入的大好时机。面对机会，犹犹豫豫不敢立马横刀；该出局时，拖泥带水不能斩钉截铁，结局就只能是萎萎靡靡、后悔不已。简单明了、当机立断是成全股市盈利的一种优秀风格。“器大有容，何必过分泾渭。”每天左手拿把尺子，右手拿个计算器，每日每时都在计较幅度，昨天放量多少，今天缩量几分，这个位置量比要达到多少，下个位置换手率不能超过多少，做股票谨小慎微到这般田地，不知要枉费多少大好春光！见图 8 –9。

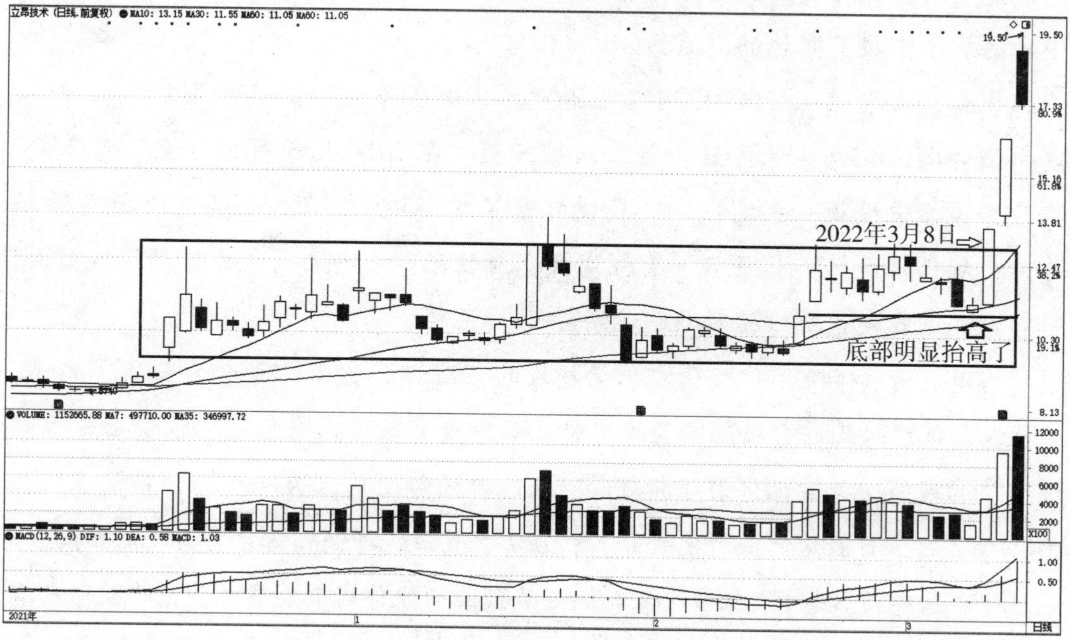

图 8 –9

交易策略：股价以强势箱体推进，某日某点，原箱体底部轨迹有抬高迹象可适当关注，一旦上攻可以介入，配合题材可以更积极介入。股价短期涨幅较大且远离均线系统，一旦滞涨或高位出现异动量，即可锁定波段利润及时出局。

出手就赢

老师：

您好!

今天，学生以非常喜悦和感激的心情给您发去这封邮件，自去年学习以来，历经大半年磨砺，如今的操作自己较为满意。学习完三度系统初始阶段，由于没有理解透，似懂非懂，尽管也有盈利，但总觉得哪里不顺当，磕磕碰碰。后来，您了解了我的实盘情况，提醒我多用功在大形态，多关注大形态。

“大形态之内结合暗流涌动，以大形态之中的买点为交易首选”；“大形态不是几条均线上上下下串在一起就称为大形态，大形态主要以主力中长期的投放成本、投放方式而决定，这点要理解透，透了，机会到了也不再惧怕了……”老师您的再次点化，使我对大形态有了更清晰的定义，并且在随后的实战操作中也给我带来极具震撼的说服力。

比如，吉恩镍业（600432）（已退市，为保留原文，留下这段文字），此股走出强势顺上形态，量区里明显三阳控三阴。在2014年5月5日至7日三天，主力再次集中投放，暴发在即，我便盯紧了它。5月8日，小高开下打放量拉起时，从容跟进。5月13日，大幅高开，封住涨停后不久，主力筹码倾巢而出，涨停打开，我便遵循“涨停轨迹变异法则”见势出局。

吉电股份（000875）股价在缩量挖坑的“腹部”出现“强势再收集”形态，遂收入自选股跟踪，当极度缩量摔下时，心中更有底了。缘于对“强势三度盈利模式”的理解，也常记得老师那句话：在经典强势面前，勇气在，世界就在！在2015年2月3日股价回头时无畏介入；在2月6日，冲高回落无力返上时出局。

像在这样大形态中，细节上又贴近强势盘面的操作实例太多太多，收获也是满满当当的，日子也是火红火红的。老师你是懂我的，案例在此就不再一一列举了。

老师，经过您的真诚相授与引导，在股市里晕头晕脑好几年的我，头脑不再发麻，目光已经清亮，自从确定了一种理念，确定了方向，再相信与坚持，在这个没有硝烟的战场上，真的可以出手就赢。我深信，最强的人不是没有眼泪，而是能够含着泪继续一路奔行。一路走来，越发坚定，收获也逐渐显现。谢谢老师平时的辛劳工作。老师请放心，我会以师兄师姐为榜样，帮助后来的同学尽快参透老师的理念以及三度的精华。

太仓　王建

杭州热电（605011）股价很清晰走出了高品质圆弧坑的格局，这个高品质是坑中有明显的再收集量行为，再收集是主力再次积极进场的身影，均线的同步归位更是暗示机会已不远了。2021 年 8 月 13 日，股价踩住上翘的进攻线开盘便强健上攻，三度之风在分时图上风起云涌，一气呵成抵达涨停，随后几天加速上攻接连涨停，直到前高巨阴见顶。

盘后选股是很多操作者要做的事情，并且大多数一干就是几个小时，这是决定要在股市有所发展的投资者入市初期必须要做的事情。倘若一个投资者在股市里待了好几年，每天仍然还要用几个小时盘后选股，这是选股程序有问题，学习方式、思维方式可能均要改善甚至改变。每一时期，股票好的走势其实并不多，经典的异动也不多，大形态的异动更少。只要舍弃一些无谓的机会，锁定一些暗流涌动的机会，给心腾出一个空间，做股票，也就不那么累了。见图 8－10、图 8－11。

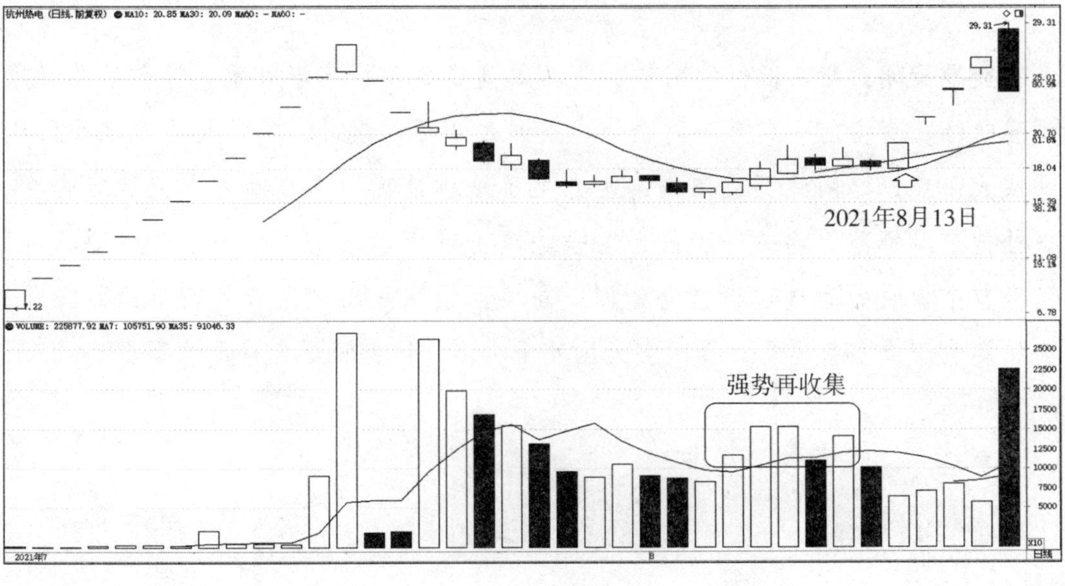

图 8－10

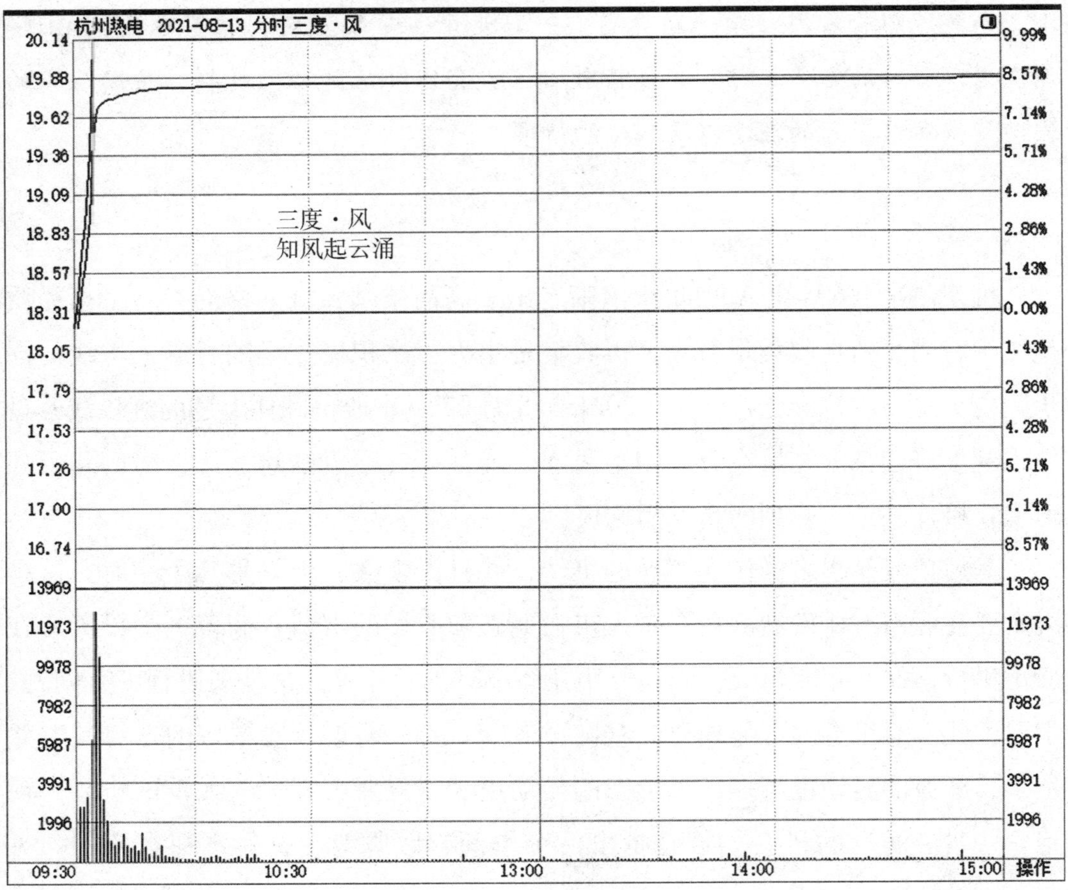

图 8 -11

交易策略：相对低位的强势再收集要高度关注，牢牢盯紧。异动后的健康调整末端，变盘前一定有不同之处。不同之处可以跟进，条件是不能把小阳线买成大阳线，把阴线买成阳线，主力见了这种情况会多嘀咕一句：他有资金，就让他把股价整上去嘛！股价再度强势攻击时主动出击。结合当时盘面状况，结合整个板块的力道进行控仓处理；高位巨量阴线出现，若是精准短线操作，先锁定利润或准备出局；量时空大压处坚决出局！再涨那是再涨的事。

步入正轨

老师：

您好！

分别有一段时间了，很是想念您！

最近感触颇深，集中在以下几点：

1. 学习了不等于理解拥有。片面理解、表层理解不仅无益于事，还极有可能事与愿违。

2. 想明白不等于可以做到。想清楚，理解到位了，不敢出手，不实战，会慢慢模糊记忆、淡化认知，拖久了会重回老路，操作时易出事故。

3. 实战不可眼高手低、眼贵手贱。对操作规则不可说一套做一套；要求高，手也要听使唤，心手合一就不会犯低级错误。

4. 强势的才是最安全的！简单的就是高效的！再度无价！简单几笔，老师已勾勒出这个股市的大道，股市的正道。最近的操作让我深深体会到其中的力道！

要抓到相对强势又安全的股票，老师讲到的几个方面都是不可或缺的，包括安全边际、强势体现、好位置、强势盘面，具备了这些能量叠加，无论是强势波段还是精准强势短线，无论是反转还是突破，无论是标志 K 线启动还是核心缺口爆破均可心无旁骛跟进并获利。

我把我对“三度”的理解结合实盘操作的几只股票发给您，请老师看看是否有更需要注意与提高的！

榕基软件（002474）股价经过 2014 年 6 月中旬的一波上涨之后，缩量小幅回落做大平台，其间有一次放量，突破未果。2014 年 9 月 29 日，借助软件行情的开启，放量突破成功于 B 区，这属于大箱体整理后的“再度盈利模式，爆破点属于精准的三度操盘‘全板行情’模式”。

航天长峰（600855）股价在 2014 年 12 月 5 日 A 区涨停突破，其后，行情并没有深化，而是选择了顺势短暂回落，并在上行的进攻线上止跌。在 15 日涨势再起，成为当天航天军工的领涨股。巧取这样的机会，目前我的成功率非常之高。

新能泰山（000720）股价在 2014 年 9 月份经历了一波暴涨，之后小幅回落筑平台。该股股价几番动荡，均线再次集结小 A 区，周线也在小 A 区发散。

2015年2月26日，盘中强势异动领涨，又是好位置的“全板模式”启动，龙头次级行情就此展开，机会难得，三步并成一步——抢进！

正如师言：“尽管股市艰难，但我们如能宽厚面对宅心仁厚的主力时，股市往往会给我们厚重回报。”“再度无价”，一切早已暗合其中！

绍兴　陆凤

德邦股份（603056）股价在2022年2月24日于B区收了根巨量长上影K线，巨量柱体与近身前小高价格对应的大成交量柱子形成了并角量形态，这又是极有意义的异动，盘中见或是复盘见，均勿等闲视之。见图8－12。

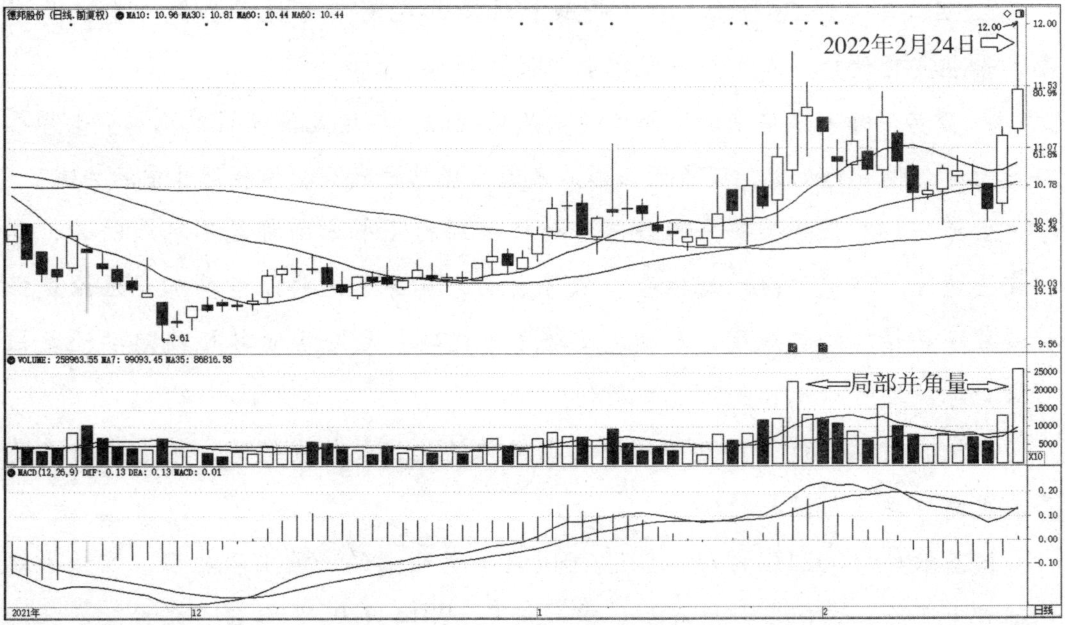

图8－12

次日，股价大幅高开，跃过颈位，开盘后稍作停留便急速冲向涨停板，稍后涨停打开，盘中多次涨停又多次打开，最终全天收涨停板，图中清晰呈现一拔升缺口景象。关于涨停板盘中打开是好还是不好，姑且不谈股价位置高低，好与不好似乎都很难自圆其说，如果任何一个案例都可以推翻“好与不好”的论调，那这样“好与不好”的论调还有何意义呢？见图8－13、图8－14。

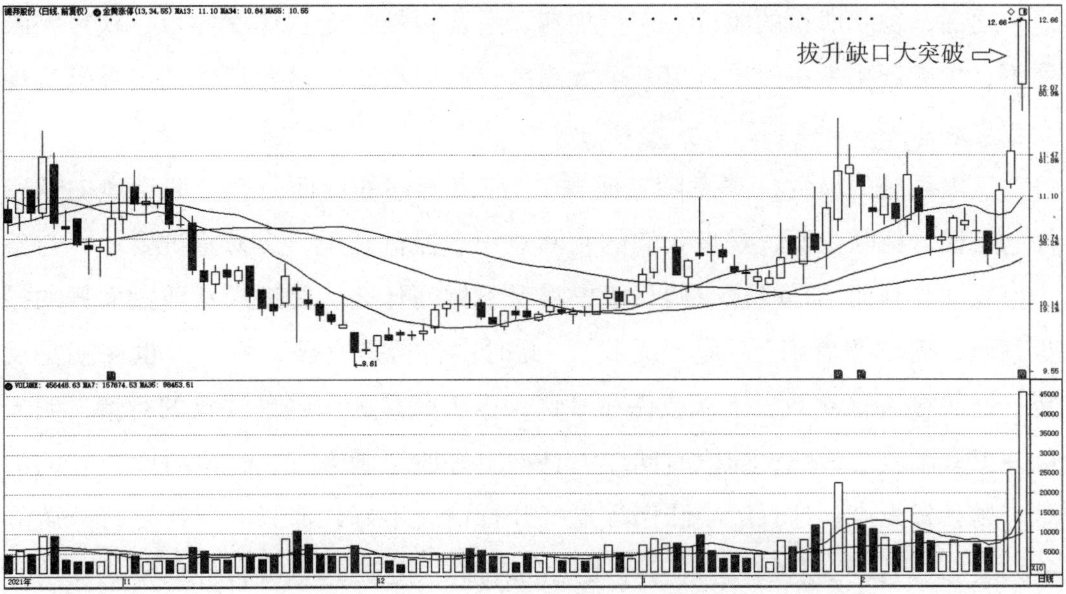

图 8 －13

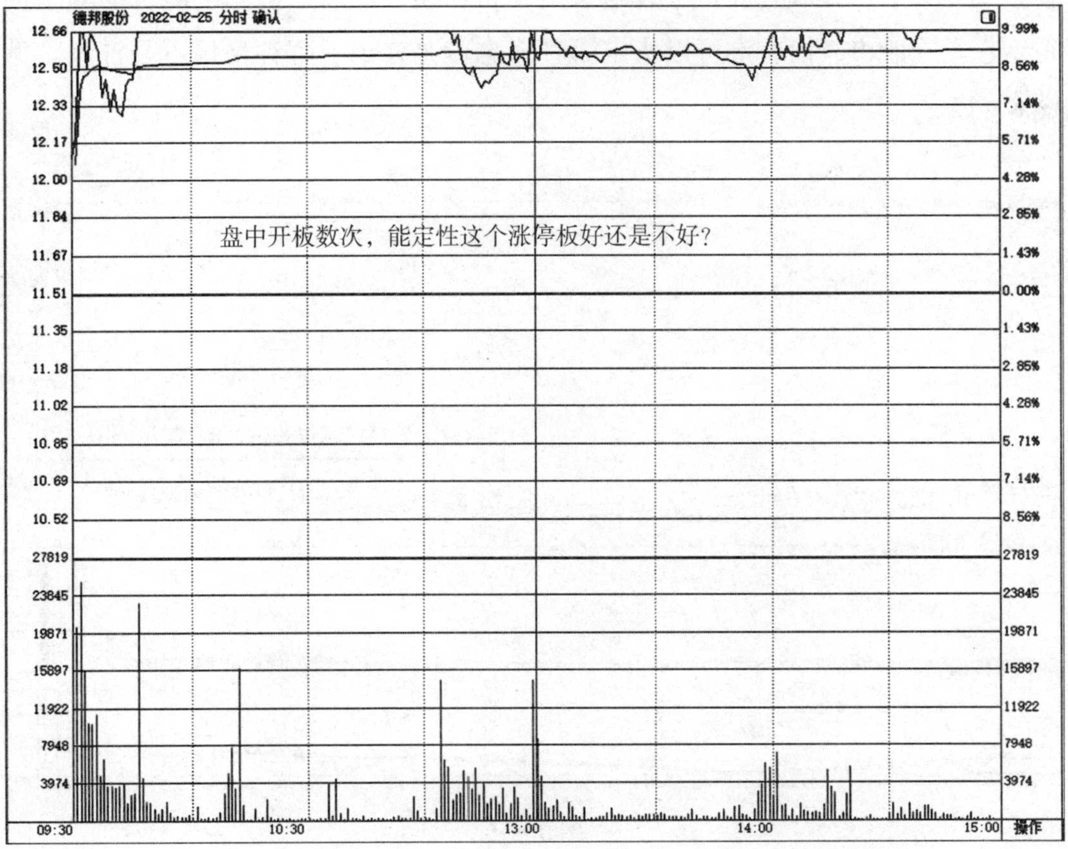

图 8 －14

之后，德邦股份的股价一字板加速，后面再接三个实体涨停板，众目睽睽之下，主力硬生生将股价打出一个大高度，然后在高位盘旋从容抛出筹码实现大幅赢利。

三度系统的极致是“意随盘面舞”。三度阐述的盘面是整个股市风向及特征与特性，意随盘面，是指我们的判断意识、操盘意识、交易意识要尽力与整个市场同步，而不是盯住一两只股票喋喋不休问什么。要进入意随盘面舞的操盘意境，需“平常心”，需“无我”，此时主行情是突破，另一时也许就是反转；这次在 A 区主攻，下次或许在 B 区；今天是黑太阳强硬洗盘的行情，明天也许黑太阳就会失败；前段时间，消息一出好股票满天飞，这段时间再好的消息市场鸦雀无声；这只股票涨停反复打开行情就不好，那只股票反复打开后涨一大波。“短长肥瘦各有态，玉环飞燕谁敢憎。”主力选取哪种经典模式发动行情，我们跟随就是了，主力选不选我们都得认，不认，那你就只能在小形态上，在金叉死叉上，在昨天放量今天缩量上苦苦纠缠，最后，被几根廉价的绳子捆得窒息。在股市，没有谁可以指定哪种形态就是江山，哪种格局不是江湖。见图 8 -15。

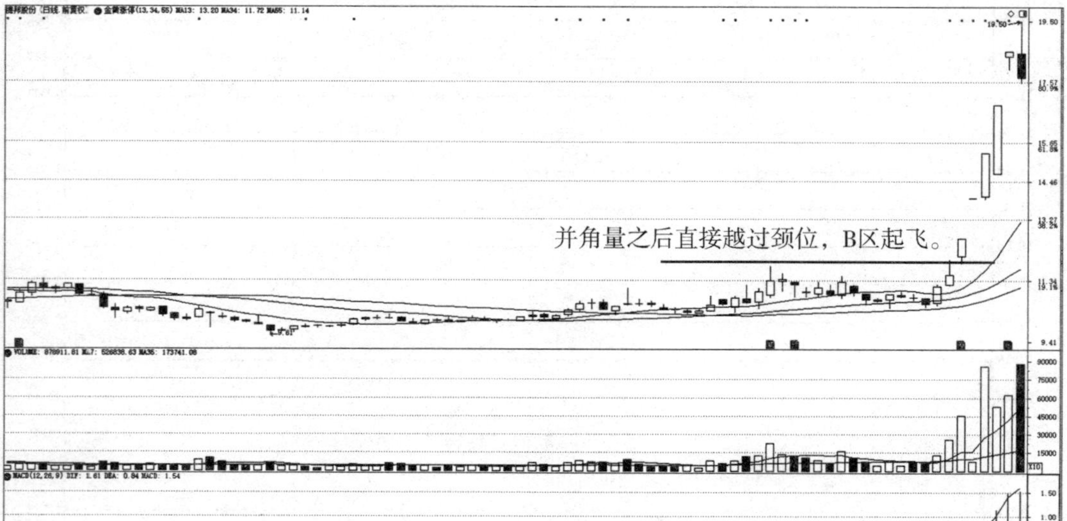

图 8 -15

交易策略：长上影是一种强烈异动模式，因发生的位置不同，其市场意义不同，反映的主力意图也不同。好位置就是该突破、该反转的位置，具体好位置的概念，笔者在《股是股非（之一）：猎取强势股》一书中有具体论述；好位置上的长上影对应并角量，则是极有价值的异动，实盘需要高度关注。德邦股份长上影异动当天，若不太考虑时间成本，临收盘前可以适当介入，次日再次拔升缺口领涨，就是很好介入的机会或加仓机会。

在2014年出版《股是股非（之一）：猎取暴涨股》后，收到许多读者好奇的问询，其中两种问询很有“个性”。

第一种：“老师，请问我跟你学习了‘三度’战法后，可不可以保证以后就一定赚钱！”我的回答是不能保证，因为老师要继续做人，不做妖怪，只有妖怪才能说保证一定可以赚钱，因为在股市里能否赚钱、赚多少，最终是考量自己的综合素质。

第二种：“老师，给你商量一件事，我多带点资金过去，学习期间所有盈利全部当作学费。”我的回答是谢谢信任，你带多少资金是你自己的事，尽管也有很多学习者在实盘期间赚到“足够多”回家的情况，但老师不需要这样的学费。

尽管股市不缺投资交易机会，尽管“三度强势交易系统”很贴近市场强势脉搏，但缺乏诚实、踏实、务实的投资态度，再好的交易系统，也很难驾驭你的投资交易，“三度系统”也是如此。

● 我要飞得更高

得知老师新书《股是股非（之二）：强势大形态》即将出版，我是欣喜若狂！老师第一本《股是股非（之一）：猎取强势股》堪称举重若轻，多么仁厚的老师啊！不管是对自己的学生还是对读者都是在用肺腑之言述说股市里的前因后果，话又是那么深！那么重！还那么多！就这一点，足以让学生折服，但不知有多少读者可以领会到老师的磅礴思想呢！

老师您给予我“三度系统”，我是一次次激动而后又恢复平静，激动是因为让我看到了从未看到的天，平静是因为清醒认识了股市核心规律后，可以很从容去面对机会，抓住机会。老师，在此学生很坦白对您说，最初学生走了好长一段弯路，主要还是如您所说“没有把自己放低”。惭愧啊，不是我把自己看得多高，以前我是学了东又学了西，初到您那里学习，以为自己领悟了，可以天下无敌，如同中了邪一样，在股市里挥洒各门武功，但哪种功力都不够，常走火入魔，自残不轻！不说看前面师兄师姐的优异成绩，就单看到后来的师弟师妹们也个个是脱颖而出！而自己犹如那首歌唱的一样：我是一只小小小小鸟，想要飞呀飞却飞也飞不高。我心急如焚，彻夜不眠！我想飞得更高啊！去年九月说是来看望老师，其实是想从头来学。老师，我想您早已看穿。您只说了一句：“回来就好！”

经过这次的再学习，让我明白，“三度盈利模式”看似简单、容易、高效，这是对读懂三度真谛的人才是这样的！而对“三度”只停留在表面的理解，没有深入骨子里去探究，不去融化“三度”内涵的人，情况就不那么乐观！从去年九月学习回来，我大不一样了，理解了“三度”更深的含义。老师的“三度”有严格的要求，体现的是综合素质！在“三度”经典战法中，不是有形态就会涨，同样的缺口、同样的强硬单日洗盘、同样的突破、同样的题材、同样的板块，落实到具体个股，结果差别是很大的。好行情的诞生必须是“三度”多重因素叠加于一体！现在我的策略是：首先对位置、能量、盘面正确理解，还要看到速度；在速度发生时，我要叠加厚度和力度，如此操作收获较大，感觉股市处处是蓝天。谢谢老师处处用心良苦，感恩老师每次语重心长，老师的书我还要细读、慢慢读，书里不经意的一句话就是一坨金疙瘩！老师一路奔行留下了不少闪光足迹，我只需顺着老师的足迹就不会再走弯路，几个月下来，不知不觉中我也跟随老师走在同一条路上了！有时一周下来也可以做到二三十个点，这种幸福与自信难以用语言来表达。

“强势领涨出现在筹码对接点就是‘多空强势成功对接’，后面多是强势波段”；“吻合三度经典位置、经典形态、经典的变盘前奏信号，于经典与强势面前，一路拉升一路买进，直到涨停”，这就是老师传递给我们的霸气，“三度”的牛气！

“最好的一定是简单的”，这是老师在交流时首先给我们灌输的理念。“能简单、清晰地描述股价的强势之处，就能三下五除二把它拿下”，老师，我现在做到了！

新乡　赵慧言

麒盛科技（603610）股价在2021年8月20日在低位A区出现一巨量阳线，这是明显量价异动、有主力资金在低位紧急拉高建仓的征兆；也具有巨量见底的形态特征。随后股价调整两周，均线系统完成A区架构，这是股价“落花有意”的体现。世间万物，花落各有不同。有的花落了就落了，气候让它落，不得不落；有的花落了，却是落花化泥更护花。9月6日，一根大阳线站上了岸，前面“巨量见底”得到了确认，后面静待波段印证。见图8-16。

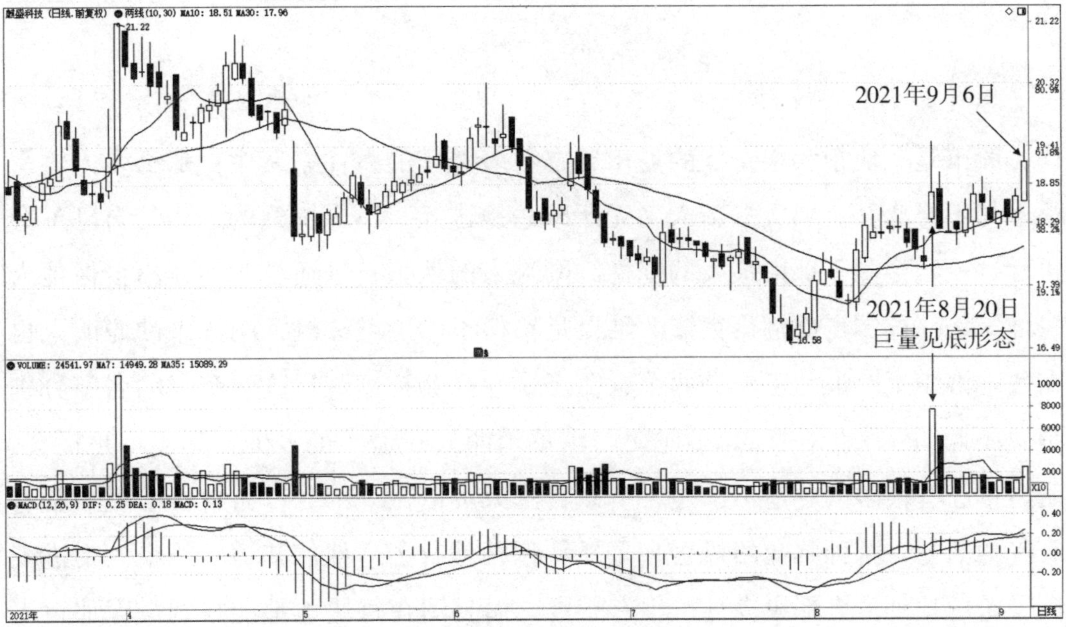

图8-16

2021年9月7日，麒盛科技股价在盘中稳健上攻，收巨量涨停板。涨停板左边无任何时空大压，涨停前有大阳量，均线系统紧凑，归位良好，这就是一副强势经典图表，这样的涨停板就是好位置的涨停板，这样的涨停板极易是波段起涨板，这样的涨停板可以在当天没涨停前介入。见图8-17。

图8－17

股市是一块很大很奇怪的麦田，有很多奇怪的人往来其中：那么多人输得很惨却不愿离开，那么多新人又无所顾忌地进入。不愿离开的，相信自己不会再亏，一定会割下那束最大的麦穗。刚进来的认为自己还算聪明，不会像他人一样笨、一样倒霉而输得很惨。结果是输得很惨的继续输，刚进来的聪明人也在亏。谁赚了？谁亏了？有两个人赚了，并且会持续赚！这两个人的名字分别是“不聪明”“也不笨”。不聪明与也不笨两人知道，很多机会其实不是机会，明白自己有很多问题还不清楚，所以自己只可以做一部分，做自己心里非常有底气的活儿，哪种熟知的机会来了抓住哪种就行了。他们知道，一个人走进麦田，希望找到最大那束麦穗，很有难度，而妄图在每块地都能找到最大那束麦穗根本是不可能的。他们知道，想摘下饱满的麦穗，最佳的方式就是自己心中有饱满的模样，符合条件动手就是了；他们知道，收获，不一定要从最大的麦穗开始。

麒盛科技的股价在巨量涨停后就不再回头，一步一步倔强向上攀登，沿着进攻线大阳小阴稳扎稳打，不经意间，股价上涨了百分之七八十空间，止步于天量大阴，股价阶段见顶。见图8－18。

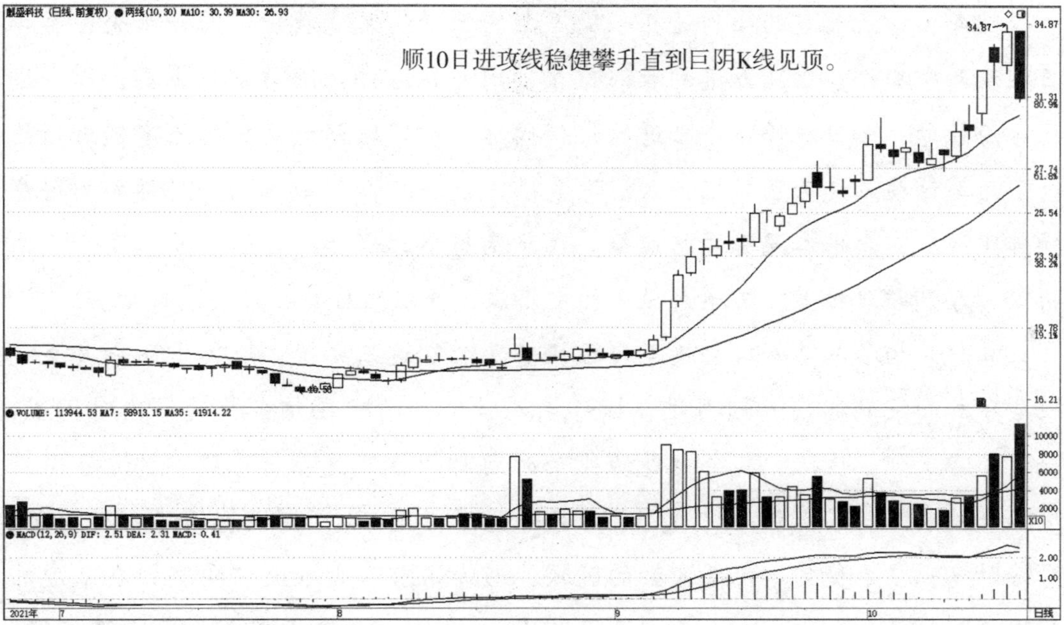

图8－18

交易策略：底部巨量阳线出现后，盯紧随后的调整，若价格不破巨量阳线且均线系统归位良好，巨量见底的概率就很大，股价再次放量上攻就是最佳买进时机，股价持续上行，则可耐心持仓，股价走出顺上格局则安心持仓，直到出现不安心的局面。

我走过你走过的路

亲爱的老师：

您好！

写这段文字的时间是2022年3月15日。俄乌军事冲突的第20天。因俄乌军事冲突持续胶着，引发国际社会对全球政治、经济、金融不确定性的担忧，各国股市鬼哭狼嚎。A股市场也是连续大幅下挫，昨天上证下跌2.61%，深证下跌3.08%，今天更是出现集体性踩踏，上证深跌4.95%，深证深跌4.36%，全市场行业板块全部下跌，概念板块仅“电子身份证”收红，行情可以用惨烈形容。

然而，近几天我的操作还算平稳。上周三进的龙建股份，周一加仓，至今日收获两个涨停；上周五进的长江健康，周一在涨停位附近赢利出局；周一进的台海核电，今日涨停；今日进的杭州园林、中国医药截至收盘已有较好短线收益。写这些不是为了显摆什么，毕竟跟“剑胆琴心”群里的师兄师姐的得意操作比起来，我根本没有资格显摆。我只是想借此机会对自己学习三度的“曲折”心路历程复个盘，向老师做个简要汇报，并以此自警、自省、自励。

算起来，参加第一次面授至今已快三年。在这三年里，有不少同期甚至晚一些参加面授的同门日精月进，操作渐入佳境。而我在相当长的一段时间里，除了正常工作、生活，其余大量的业余时间都用在了复盘、选股、“练习”三度操盘技法上，不可谓不“刻苦”，不可谓不“用心”，但操作始终不得要领，时好时坏，很不稳定。记得面授的时候，老师语重心长地说“要坚持在三度的锅里熬”，我“熬”了快三年，还没“熬”出来，一定是哪个地方出了问题。很庆幸在这个时候我在自己身上找问题，而不是向三度找问题。为了找出这个问题，我翻出了面授后不曾再看过的“股是股非”系列四本书【包括2022年1月刚修订出版的《股是股非（之一）：猎取强势股》】一个字一个字重读起来；把“剑胆琴心”群中老师的每一句话以及走在前面的师兄师姐与我们交流的每一次对话一句一句地摘抄下来认真体会；把面授笔记重新打开，利用工作之余的点滴时间琢磨琢磨再琢磨，慢慢地，遮挡眼帘的迷雾一层一层被拨开，一缕光亮逐渐透进来，操作止步不前的症结也开始清晰起来。

——原来“自以为是”是一切问题的根源。面授时记了满满的一本笔记，自以为已学懂弄通了老师讲的精义要点，自以为掌握了一招制敌的“绝杀”，实际却是浮于表面、蜻蜓点水、好高骛远。重读《股是股非（之一）：猎取暴涨股》，老师在其自序《问道　问心》中写道：“……面对股市就像面对提款机，然后就自以为是……这就是你储备丰富仍进步缓慢的核心所在。”这不就在说我吗？说得太深刻了，直击灵魂。

老师好几次在面授学习群里问大家某个战法须具备的条件，我要么答不全，要么答不准，是一个典型的“差不多”先生。原来“差不多”先生差太多，原来我走过你走过的路。细究起来，量价异动促使均线归位究竟理解了几成？好位置究竟如何把握？领涨龙头究竟如何衡量？好多关键问题，我之前都停留在概念上，没有深究其里，没有延展其形，没有用心感悟内在的道道，没有熟识形成条件反射，功力自然不如人意。老师强调：天才就是主动去注意细节的人。细节在哪里？在每一组K线、每一堆量里，更在老师的书里。重读发现，老师书中的每一句话都饱藏深意，细细品味，没有一个字多余。一些师兄每天将老师的书和笔记带在身边，有空时读一读、背一背、悟一悟，这是多么明智有效的方法啊！

——原来心法比技术更重要。复盘选股总担心漏掉每一只可能成为“牛股”的潜力股，每次都从全行业、全概念中挑出两三百只“强势股”入池跟踪，不懂取舍，费时劳心不讨好。机会出现不敢进，领涨未现盲目追，面对满屏跳动的股票眼花缭乱，总是抓住了弱的，放跑了强的。老师说：专一舍取，即能放下所有的“是非”烦忧；老师说：半步之间有玄机；老师说：不强势不入我心……老师的书中不光有技术的精解，更多的是理念、心法的诠释，要求我们多问道、多问心。复盘厉害的师兄姐等人在群中分享的交易情况，无一不是强势、舍得、专注等心法的娴熟运用。“有道无术，术可求；有术无道，止于术”，做股票，心法比技术更重要。

理可顿悟，事须渐修。与老师的要求相比、与师兄师姐们的妙手操作相较，我还差得很多。好在方向对了，路就不远了。如今，我需要做的是放低放下不放弃；多诵读老师的经典之作，多推演书中经典案例，多熟识经典图表，多参悟诚实、舍得、专注、半步之间的股道心法，力争赶上师兄师姐们坚实厚重的前进步伐。

成都　何苗

斯达半导（603290）股价于前大底处止跌后震荡回升，量能逐渐累积，且逐渐步入A区。2021年5月24日股价以小阳线于均线第三结点处收复前个交易日小阴线，这是股价再启程的小信号，结合前期股性特点，初步判断股价有可能开启顺上大形态的走势，当然，即使经验再丰富，判断归判断，最终以主力的行为模式为准绳运用交易手段。见图8－19。

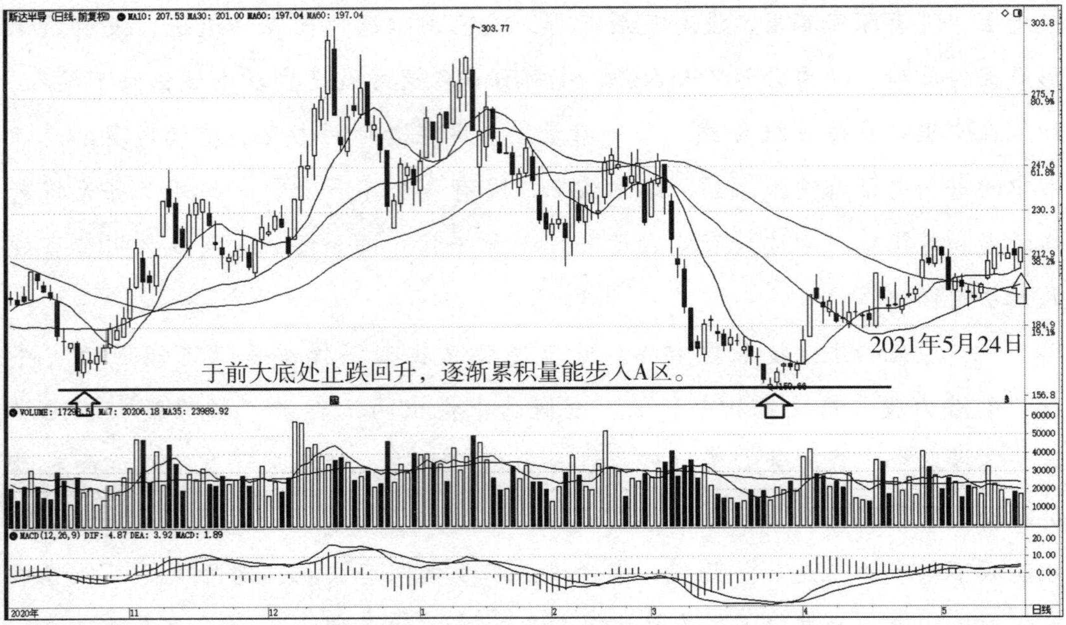

图 8 - 19

主力做盘，耐心十足，不急不躁，步步为营，大形态的形成就是主力悉心运作的体现。二级市场的参与者当仿效之。“士心从微而至著，功必积小以至大。”入市不可好高骛远，好高骛远易致眼高手低的局面，这是极其可怕的事情。在股市进行交易的风险超过任何行业，劳心劳作不但有可能颗粒无收，还有老本被血洗掉的可能。因此，刚进到这个市场，要一点一滴积累能量，要一寸一厘前行，能量足了，再图奔跑、图暴发。洞察市场的火眼金睛不是一朝一夕练就的，若是这份自我认识都没有，最好还是不蹚这里的水。

斯达半导从 A 区开始启动了“涨得多点阳量大点，回调少点阴量少点”的顺上模式行情。经过 50 多个交易日的推进，不经意间股价上涨了近一倍。三度交易体系里有强势盈利模式，也有稳妥盈利模式，更多的人盯住了强势盈利模式；三度交易体系有强势精准追涨模式，也有从容精准低吸模式，更多的人盯住了追涨模式。强势与稳妥，追涨与低吸谁更优胜，除了自身秉性与能力外，时间也许更能说明问题。见图 8 - 20。

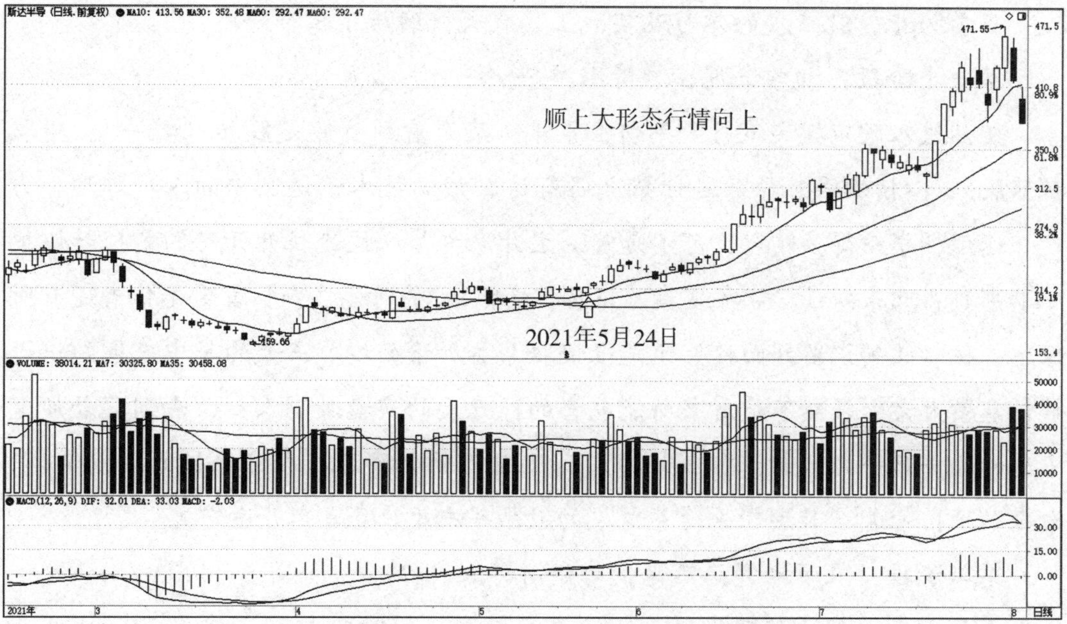

图 8 -20

交易策略： 前期量区呈现三阳控三阴特性，股价进入 A 区时开始关注，有形态时可先买进些；股价顺上大形态形成之后，可以在有规律的止跌点区进场或加仓，也可以一路持有，也可以适当进出；当有规律的顺上态势突然出现异样时，多几分关注，迎接最后主冲浪的到来，一旦强势冒头、变轨，则大胆参与，主冲浪一旦出现“见顶异样”时着手锁定利润出局。

放低则安心

蒋老师：

您好！

老师修订“股是股非”系列图书学生有话想说。比起那么多做得非常好的师兄师姐甚至学弟学妹，我是很惭愧的，本不敢吭声，不过近期看有同期的学友指桑骂槐说三度是“收智商税”，也还有不少的学友还带着疑心，还在东张西望继续损失着血汗钱，我忍不住想谈一些自己的一些心路历程和教训，期望能让有缘的学友少走些弯路。

目前为止，就三度的学习及实战上，我大概经历了三个阶段：

第一个阶段：初学三度，激情澎湃。

贸然进入股市摸爬滚打多年伤痕累累，某天看到《股是股非（之一）：猎取暴涨股》，心情澎湃。原来这世界上还有这么好的技术、这么牛的人！厚度、力度、速度，总结得多精辟！可不是嘛，主升浪都是从快速拉升开始的啊！赶快把三本书都买回来研读。半年实盘验证后，咦?！亏的时候多啊！肯定是作者还有所保留，核心的知识留到面授！于是很快联系参加了面授。三天的集中三度知识讲解信息量太大，果然不是看书所能包含的！五天的实盘激动人心，看到蒋老师盘中选的股一只一只地封涨停，好像看到了自己驰骋股海随手抓涨板的勃勃英姿！太来劲了！带着"长缨在手缚苍龙"的激昂斗志欢欢喜喜离开遂宁。

第二阶段：衣带渐宽终不悔，为伊消得人憔悴。

面授回来，赶快整理笔记，做经典案例图，同时挽起袖子实盘干！双眼紧盯涨速榜，这个起来了，追！那个股也起来了，板块涨幅第一，板块领涨龙头，干！嗯，不错，果然是三度厉害了，都浮盈了！再等等，不对了，怎么掉下来了？倒霉啊，被套了！半年下来，笔记整理了，复习了，书又看了，账户数字起起伏伏，总体还是亏的。不行，看来必须要参加复训！哦，原来强势盘面是这么个意思；哦，要坚持做K点同步或强于大盘的；哦，这个问题也搞清楚了……幸好趁早参加了复训！谢谢蒋老师！回头继续干！今天有领导讲话，这个板块竞价高开，这个股开得最高，前期也是连续阳线，走势强于大盘，领涨，竞价锁定，干！咦，高开冲一下就往下?！唉，看来盘面没把握好，晚上晚点睡，复习一下"意随盘面舞"，抄写一遍；明天开始加强复盘；周六开始把笔记再整理一遍……

两年了，身边学习复习用的稿纸都堆到30cm厚了，图形关也过了，怎么还是亏?！看来看涨速榜追涨的策略不行！那就改成低吸吧，远离均线的不追；再补充点别的股票知识，再加点主图指标帮助研判……

三年了，旁边学习复习用的笔记、稿纸都堆成山了，电脑里案例图都几个G了，怎么还是亏损的?！天哪，我是不是命不好，根本就不应该炒股？哎，再坚持一下吧，继续看书、重新整理笔记、做近期强势股的案例图；复习揣摩过去的三度经典案例……长年累月的失利，原先的激情慢慢消退了。

第三阶段：蓦然回首，那人却在灯火阑珊处！

失败是很失败，可是不能放弃啊！老师说过：放低放下不放弃，坚持在三度锅里熬！夜深人静，继续学习、复习。嗯，这个三度案例，底部这一堆阳量……进攻线上行……缩量回踩……咦！原来量时空稀释风险、量形态还原主力身影、量价异动让均线归位是这么精到和优美！其他案例……原来千图万图都是一个意思！真是有眼不识金镶玉啊！一下子有点不识得前“铜墙铁壁万般不是”，识得了才有“青青翠竹尽是法身，郁郁黄花无非般若”的感觉！这次图形关终于算是基本过了吧。

感恩三度，感恩蒋老师，也感恩自己，我总算掌握了一些三度的皮毛，实践证明，熟悉掌握三度的知识体系后，是可以比较稳定赢利的。

老师，您不辞辛劳为万千股民修订“股是股非”，学生有话说：回顾走过的路，我最后悔的是高估了自己的认知能力，低估了股市的风险，低估了自己实战能使用三度体系所需要的时间，过早投入了较大的资金，东施效颦盲目追涨，造成自己损失重大，身心疲惫。如果时间能够倒流，我一定听从您的教导，第一件重要的事就是把资金降下来，只投入自己闲钱的1%—5%用来练习、实践三度系统，直到三个月内翻一倍，三个月内再翻一倍，证明自己真正基本掌握了三度知识，掌控人性能坚守操作纪律，真正具备了在股市赚钱的能力才逐步加大资金投入。

作为三度大家庭的一只笨鸟，我想用亲身经历告诉大家：三度确实是茫茫股海难得的明灯！三度操盘体系，就是可以让我们在股市安心、赢利的工具。“好位置、正能量、强势盘面、领涨印证”的三度十四字方针是入场的根本大前提，量价异动让均线归位的再机，就是我们安心出击之处！但要真正掌握和运用三度系统，就必须下一番苦功夫熟悉理论、熟悉经典，首过图形关，然后才可能谈得上盘面。把老师提炼出的理论和方法变成自己的知识，这个过程，对大多数人而言，恐怕不是半年、一年甚至两年所能完成的。股市本身就是人性弱点的放大器，每个人的愚蠢、贪婪、放纵、马虎等缺点被持续放大，做股票之所以难，因为它是在跟我们人性的弱点斗，也是跟成千上万的人心斗。这世上最难测的是人心，因而最难做好的事就是炒股，因而80%甚至90%的股民都是亏损的。要做个好厨师尚需2—5年，更何况做股票这么难的事！所以，不要想学习了三度后几个月半年就肯定包赢了。要想学好用好三度，在股市稳定赢利，必须克服自己的人性缺点，一天天靠近三度准则，潜移默化，这需要时间的历练，需要心灵的涤荡和沉淀，既要靠努力，也要靠悟性。

“放低放下不放弃。”放低心态，放低位置，放低期望，放低操作频率，不放弃对三度的信心，不放弃持续的学习总结，不放弃对“量时空稀释风险，量形态还原主力身影，量价异动让均线归位”的坚守，不放弃“好位置、正能量、强势盘面、领涨印证”的临盘方针。

股海苦无涯，

三度幸有径。

息增诛三贼，

垢去心光澄！

静心再净心，定能找到股市的安心又安身之处！

祝老师身体健康，祝三度大家庭欣欣向荣！

南京　陈华明

兰卫医学（301060）股价在上市后不久走了一波强势行情，在相对高位横盘后股价回落，横盘期间阳量挺多，回落时段阴量挺少。股价回落到前期强势波段起始区时出现止跌，再次随着新的资金进场，进攻线亦归位走平。2022 年 3 月 10 日午后，股价开盘便如猛龙出海放量上攻，上攻动作刚毅，意志坚定，强势再上进攻线当天涨停。整个图表量能足，攻击时能量强，位置好，盘中看得见，动手呗。见图 8 -21。

看盘，这是股民口中常念叨的一个词，如何看盘？看哪样盘？这是相当大的一个问题，不解决这个问题，没有规范，就会在盘中出现眉毛胡子一把抓，或只能盯住几只股票打瞌睡的状态。科学地看盘，不是要有几台电脑、几个界面、几十条线，而是一种有程序地看盘。如果在电脑前，能第一时间发现兰卫医学盘中强势异动，能第一时间看到各方面符合条件，各周期支持股价启动等若干状况，10 秒钟之内完成“发现、检查、确定、敲单”，就是有程序看盘带来的效果，凡是来交流的朋友，这是要求必须上手的功夫课程。正是因为具有极高效的看盘程序，部分同学达到了平均看盘每天不超过 1 小时的“幸福炒股”状态。

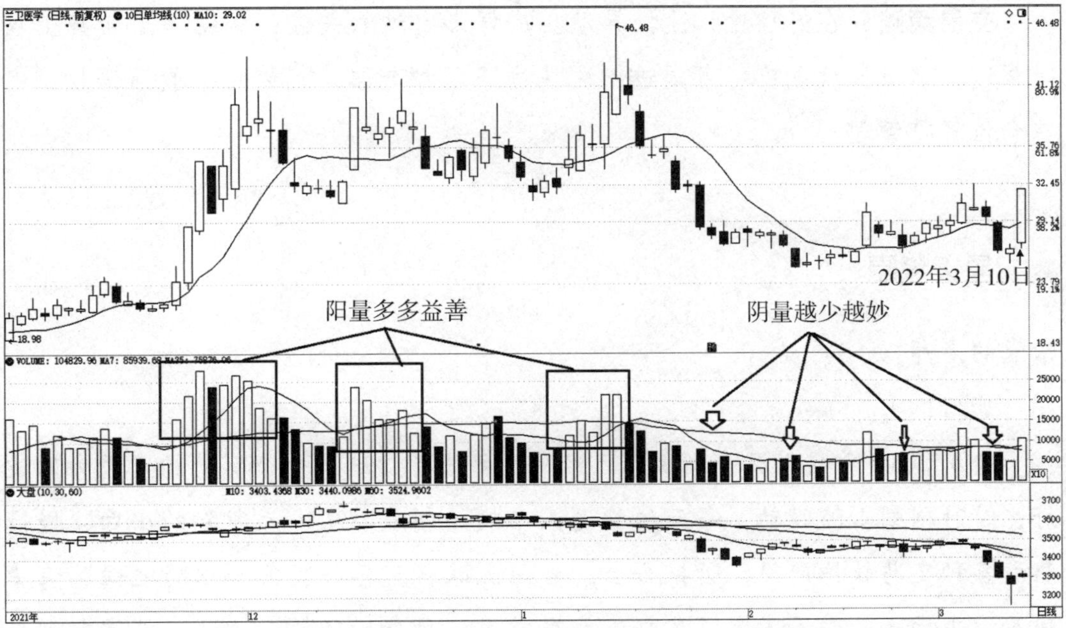

图8－21

兰卫医学量价异动让均线归位后采用诱空模式洗盘，致使股价回到均线之下，而后再度强势反身重回均线，开启一波医养康大板块领涨行情。见图8－22。

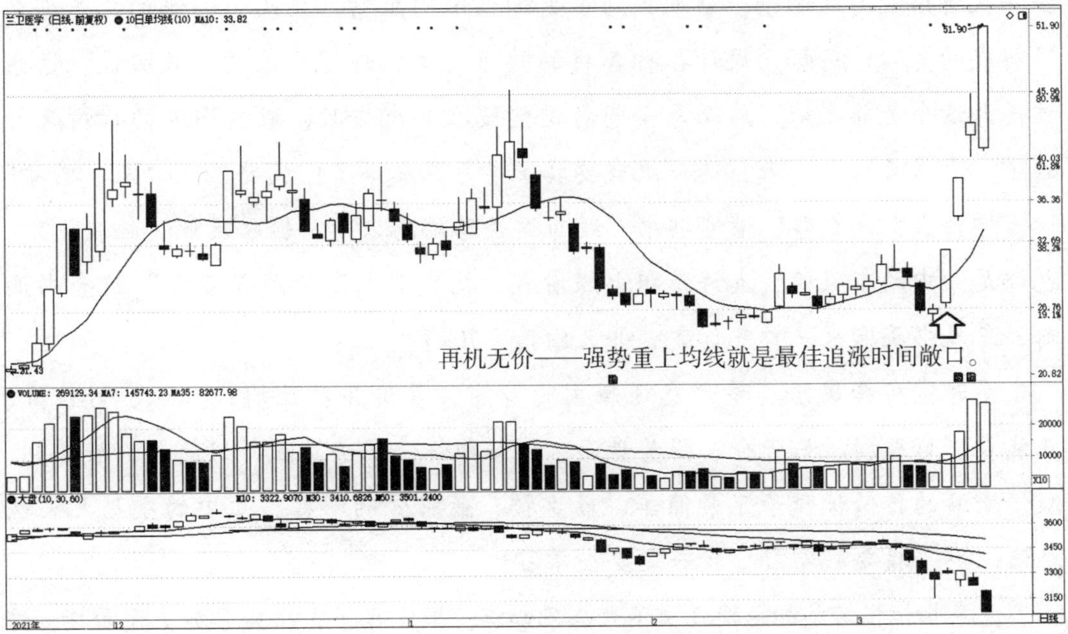

图8－22

交易策略:在好位置,股价异动生成好形态纳入关注,诱空之后转身上攻时跟进,携量持续上攻仍可跟进,关注当下题材与热点,以及个股话语权,考虑仓位轻重管理。

星火燎原

亲爱的老师:

您好!

自从2014年接触股市到现在已经9个年头了,这是一个有着神奇魔力的爱好;时时刻刻心随股动,每天体验过山车般的刺激。从一无所知的小白,慢慢熟悉各种交易软件使用、听报告会、看网上课程,各种股票知识随之向脑海中涌入。再后来,看了不少股票书,每当学习一种新的理论、方法,就像拿到尚方宝剑一样,去市场检验、尝试,去任意厮杀。一次次我挥霍着资金,把自己的心砍得伤痕累累,一把剑不行再换一把,不知道换了多少把剑也未舞出好剑法。感觉所有的学习似乎都对,又似乎都不对。

是我不够努力么?还是不够专业?又或者太笨了?在悲观失望中开始努力去寻找所谓主力的影子,结果找到了更加可恨的黑嘴、托儿……他们总是那么了解我的贪心、恐惧,设计各种各样的接盘方式,伤过、痛过,被骗过,也想过离开这个是非之地。然而每当想打退堂鼓准备离去时,激情澎湃的行情又开始了,于是又留了下来,这一次我要真正学习真本事了!我要静下心来,思考!

学什么?怎么学?看哪些书?股市这条路要怎么走?辗转反侧,彻夜不眠,也许是心中的不服输,也许是祖上照看我,把我引到了“股是股非”这套书面前,三本书买回来一口气读完,并又细读了几遍。

量时空稀释风险、量形态还原主力身影、量价异动让均线归位、好位置、正能量、好题材、好资金、强势盘面、领涨印证、强势暴涨。好简单,好犀利,激情澎湃的行情被赋予了最简单、最直接、最露骨的解释!心中的星星之火被迅速点燃,我要去学习!我一定要去学习!

急急忙忙报名参加函授巩固了大基础知识,2021年下半年又参加7天面授,这次感觉是真的进步大。老师总是那么和善、幽默地把强势股、暴涨股剖析得简单明了，逻辑清晰。通过两次跟老师学习，跟师兄师姐交流，我逐渐明白强势与经典、盘面与主流、位置与形态、两点印证与半步之间、巅峰超越……的市场要义。

2022年，我竟然开始盈利了，第一个月十多个点，第二个月二十多个点，想跟老师报一下喜，看到老师抖音上师兄师姐的留言、老师的回话“争取二月做到翻倍”心中满是自卑！更加努力学习吧！争取完成翻倍时再向老师报喜。于三度我还是一名小学生，刚刚入门，简单把我近段时间所感所悟向老师汇报一下：

一是好位置。

“好位置”我认为首先是我的位置，摆正好自己的位置，自己的能力圈，诚实面对自己的能力圈，然后去如是观照、去见市场的位置，见盘面的位置，查量时空安全的位置、审核题材的位置，确定是延续还是新生，有还是没有，最后定位锁定符合自己交易模式的好位置。位置不好，又不在自己模式内、不在自己能力圈，靠运气赚的钱，结果一定是靠实力亏回去。

二是正能量。

“正能量”同样首先是自己资金的储备，有没有资金准备，把每一次买卖都作为最后一次生机去把握，不要浪费最后一次生机，千万不要当猪开始起飞的时候，发现子弹已经打没了。再有就是主力资金是否在恰当的位置，投入山一样的阳量，只有主力在恰当的时机开始在个股上储备能量，积极建仓，才会有后续的大动作，没有主力的辛勤劳作，怎会有激情澎湃。面对主力的辛勤劳作要看到、看清、看懂、看透，尤其是主力先大盘一步行动时，更要懂，强者恒强，半步之间跟随强势主力。现在正在发生、好位置正在印证才是当下好位置，没有就不做，不做也是一种选择。

三是强势盘面。

盘面是我的弱项，开始时，也能锁定主流板块，但是经常买不到强势股，早盘急吼吼地抢进，后面再有好的股票时，发现子弹已经打光，而买到的却迟迟不动，在和师兄师姐交流时找到了症结所在，正在努力修正。

四是领涨印证。

领涨印证好位置、好形态、好题材；正在涨就是最好的印证，正在涨得快、涨得多就是领涨印证；位置与能量协调统一的印证；题材与资金的印证；盘面与主流的印证……还有一个我觉得非常重要，就是账户盈亏印证，账户的领涨印证才是自己看到的股市最美的烟火。

老师！一二月份总仓位虽然只盈利二三十个点，但是激情澎湃的大涨股还是捕获了几只。例如交大昂立、卫信康、富临运业、宁波建工等。幸福的是激情澎湃行情不再是误打误撞上的，是有理有据、逻辑清晰、脑瓜子清晰状态下做到的。记得跟老师通话时，老师鼓励我说：“路对了，即使慢一点也无所谓！”又语重心长地说：“不要急、慢慢搞。”是啊！心太急了，急吼吼的怕失去机会，恰恰就会失去机会。

感恩老师再次点燃了我在股市的希望星星之火，期待燎原之时再向老师报喜。

济宁　孔祥振

博瑞传播（600880）股价在2021年12月14日盘中冲击涨停，尾盘略为打开，收巨量大阳线，整个位置属于突破状况。从图中可以见到，三大堆阳量构建了一个极其漂亮的川量大形态，大机会越来越清晰。而后，股价小幅回调，止跌在前颈高处并限价再补仓。带量过颈，缩量坐颈，限价补仓，这是主力经典的操盘手法，此时已经能听到机会的脚步声在临近。见图8－23。

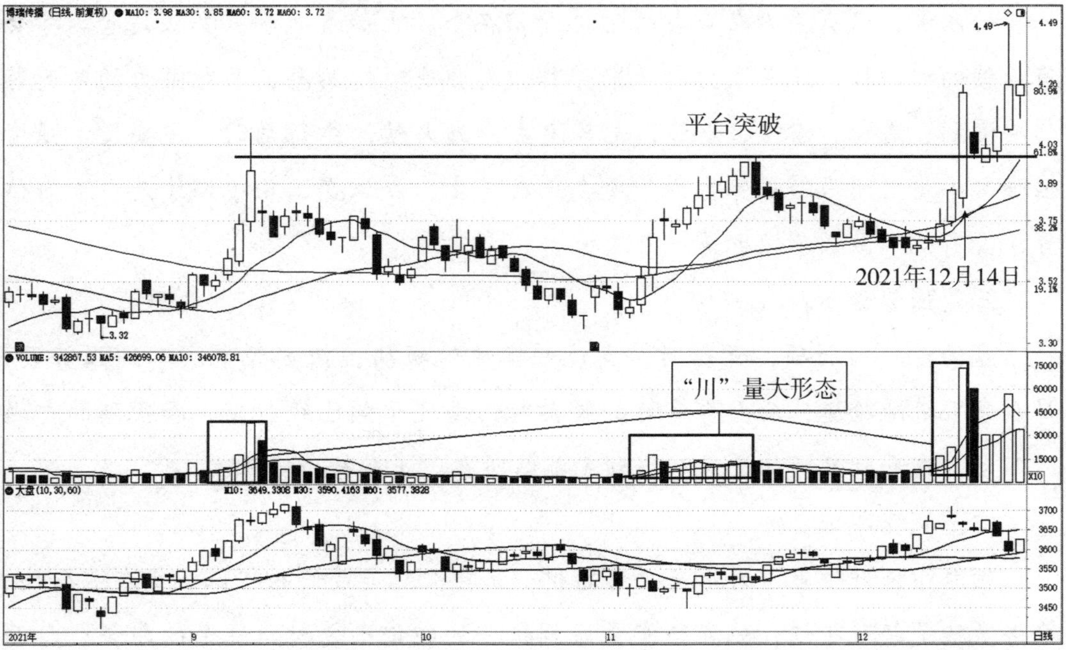

图8－23

股价经过几个来回小波段起落，构成箱体或股价平台，同时对应股价高点的成交量依次出现大成交量堆，这样的箱体或颈位就很有关注的价值。无论行情大小，股价要突破，震荡就会逐渐收窄，局部低点会抬高，这就是更要关注的区间。在关注区间发生异动，就是“大形之中暗流涌动”。一个大动物要出水面，再怎么蹑手蹑脚，水面也会有异样，因为它是大动物啊！接异动补量后，博瑞传播的股价仅停留了一天，于2021年12月22日奋力突破，开启了一大波极致行情，大波段中段的那两根“悬而不绝”的巨量上影线，应是主力寻求行为“合规”性的换手动作，随后的“继续上攻”仍可适度参与。见图8－24。

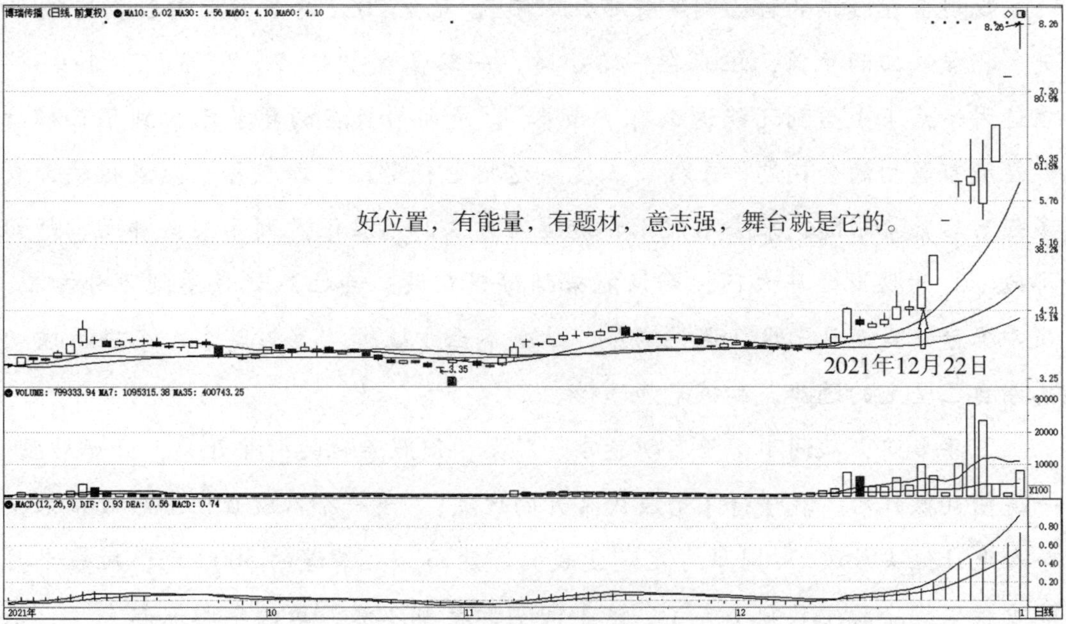

图8－24

交易策略： 川量大形态配上股价平台的出现，高度关注；健康调整后的反转或突破是最佳交易时机；强势突破后行情的多少，需要参考当时段个股所在板块情况，更需要参考当时段的盘面综合效应及特性。

股价的上涨启动，不是单一的形态就能催发的。试探、消化、等待均是主力拉升股价的策略。在三度系统中，唯一提出“再度”是无价的，其分量可想而知。一波强势行情的启动，位置是关键、量能是核心、题材是助力、拉升是意志，这样的买进依据，踏踏实实、堂堂正正。大成功者看上去多有点“木讷”，为何？是因为专注，是把精力用在最有效的事情上，不浪费时间去心猿意马、去疑神疑鬼、去东家长西家短。

手握金钥匙

老师您好！给您写这封邮件时，心情挺复杂的，国内疫情再次多点暴发，深圳、上海两大一线城市相继告急，其他城市疫情也时好时坏。

反观身在股市的自己倒没有那么“惨”，虽然2022年3月上旬股指连跌10天，指数跌回两年前，但我在一路小跑，一路高喊“1、2、3，3、2、1……”在这种情景下小盈利还能这么有“节奏”，是因为我在两年前已拿到了正确打开在股市盈利的金钥匙，手握“三度”这把金钥匙，可以在各个热点板块、众多强者后紧紧跟随，来去不慌张、进退有方法，不敢说做到了某些师兄、师姐那般可打开股市金库大门，而仅能拾到碎银几两，却已然让我感到万分幸福。庆幸缘分让我遇见三度，遇见老师，让我不至于继续“黑灯瞎火、东碰西撞”，感谢自己坚定的选择，和被老师选择。

三年多前，从同事那里了解股市、股票，便照着她的引导开户，开始炒股。一通胡乱操作后，我懂得了老股民常开的玩笑：“爱一个人就让他去炒股，恨一个人也让他去炒股。”同事肯定是爱我的。然而，刚拿进的5000元，短短半月账户稀里糊涂的便只剩小半了。这期间买的票都不涨，卖的票都涨起来了；跟风不是，不跟风也不是；买高的不继续高，买低的继续低，茫然地在股市里东碰西撞，毫无章法地当着一名“合格的新韭菜”。胆子比我还大的同事情况也不容乐观，买的票都套了，十多万被牢牢焊死，狠不下心卖，眼睁睁看着继续跳水。还好，我俩很快意识到问题的严重性，这样下去肯定不是办法，两个“笨傻”小白是不可能在错综复杂的股市里赚到钱的，我们也深信每个领域的钱都是给专业人士赚的！四五千只股票，买对股票像中彩票那样难，还能叫投资吗？怎么办呢？

休假后我们径直走到股市类书籍面前，翻看一本又一本书，终于一本红白相间的“股是股非”书籍映入眼帘，第一眼觉得这书名很有意思，股市是是还是非，是黑还是白，还是道不清的是非之地？带着疑问我打开了这本书，只读了几行字就被作者朴实无华、逻辑清晰、温声细语的文字牢牢吸引了，尽管在股市里是一个小白，但我完全看得懂、看得清楚蒋先生是在娓娓道来股市的根、枝、叶……原来我连好股票长什么样子，板块是什么，很多基本常识和逻辑都没有清楚的认知，看了几页才明白，想在股市熬出来，需要学习的内容还有很多很多。一口气看完老师的三本书，我竟然对好股票有了一个大概的了解，选出的股票也和以前大不一样了，我俩怀着崇拜之心关注了蒋文辉老师的“三度操盘教育”微信公众号，默默关注着老师的周文，在官网学习免费教学视频。知道老师即将开办新一期面授学习班，没有丝毫犹豫就报名了。我们知道，不去一定会后悔。

2020年的春天，上完扎实的第一天课，我们俩激动得异口同声说“来晚了”，这样优秀的老师，这样可亲的师兄师姐们，这样求知若渴的学习氛围，应该早点遇见。老师的一言一行是那么动听和熟悉，轻而易举地化解了我俩的难题和困惑。老师的才气文采、老师的和善智慧、老师的高超技艺在初见时已经看到端倪，而五天的实盘交流，在老师的“咔咔”和“搞定”声中，我们彻底沦陷变成了老师的铁粉。结束学习时，老师语重心长说：“交给了你们一把金钥匙，以后能不能打开金库，就靠自己了。”“交易说简单也简单，说不简单也不简单，修炼过程中可别跑偏了哦，踏踏实实地在三度这口锅里熬，怎么也会有收成。”

面授学习回来后，我们开始互相监督，闭关学习，拒绝无用社交，利用缝隙时间看盘、复盘，读书，看学习资料、做经典案例、做经典文件夹、写操盘日志。谨记老师特别忠告“用小资金检验自己对错”，逐渐找到适合自己的套路，用强者恒强，眼中只有强势股的模式循环反复。很多时候，我们凌晨还在毫无倦意地分享自己新悟到的经验，分享今天买的涨停板或者“吃面了”，分享为什么买对、为什么买错……历经两年磨砺，现在交割单终于能勉强拿出手了，发信息给老师的瞬间，心情复杂到难以言表，老师的点赞、点评更让我们激动到拥抱彼此、热泪盈眶！我们太清楚我们走过了多少路、跨过了多少荆棘、越过了多少障碍、挺过了多少质疑，我们又何其幸运没有走多少不必要的冤枉路，有很大部分的师兄师姐，拜会了多少老师、进过多少学堂、去过多少地方，迂回曲折机缘巧合才跨进了三度的大门，在三度扎下了根，发芽长大。只有三度学子才能明白，接下并紧紧握住老师给的金钥匙有多不容易，需要多大的恒定能量。

让我特别受感动的是老师接受央视采访时说的一句话：“为整体提高我国股民投资水平贡献三度力量！”真心期望越来越多的人走进三度，走进“妙门”，见识三度的好，领会老师的“妙善”，从而打开对股市的崭新认知。在此，我祝愿三度造福更多的股民，帮助更多投资者早日找到适合自己的套路，从而能利用好股市分享到资本市场发展的红利，实现财富大丰收！

而我，坚信，三度是一把金钥匙，股市是一大金库，手握金钥匙，不慌张、遵法度、守纪律，财源自然滚滚来；知三度，不强求，不贪恋，漫不经心福自来。

成都　王悦

汇鸿集团（600981）股价于2021年12月29日在前高处，也是前高的前面缺口大压区收巨量长上影，这个位置出现长上影线，回调也可能，横盘也可能，继续上攻还是有可能，一切皆有可能。不过，关键位置出现巨量异动，有跟踪的价值。见图8－25。

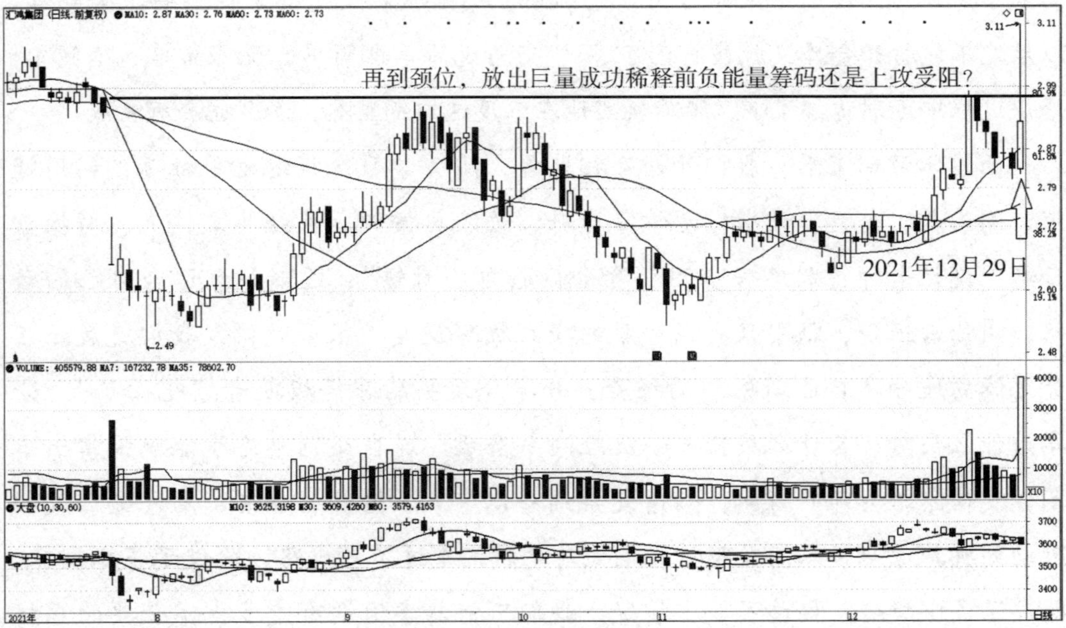

图8－25

关键位置的强烈异动，必有来头，这来头往往孕育好时机，孕育出的时机可以套用三度系统面授教学里的一句话来诠释：无事不登三宝殿，异动恰是伽蓝来。巨量长上影的次日，汇鸿集团接近平开的股价，开盘就快速上行，单日长上影强硬洗盘在盘中得到确认。主力用比较干脆的手法，两波就把股价推到涨停，这是关键位置的启动。关键位置的启动往往又是股价波段的起始区，股价在波段起始区启动时，什么时候发现就什么时候追进，太计较成本高低会错失大段机会。随后可见，股价短期大涨。见图 8－26。

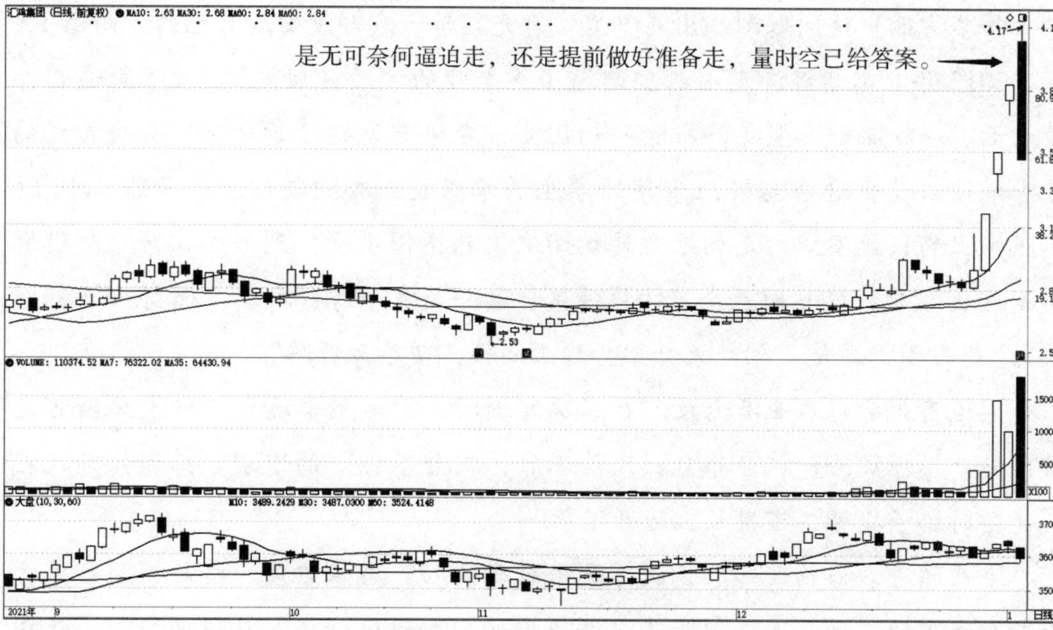

图 8－26

交易策略：关键位置巨量单日洗盘后，继续上攻就跟进。关键位置的巨量单日洗盘说了两件已是事实的事，一是关键位置，二是巨量滞涨，但还等待着一件事，等待的事是确认前两件事的意图，三件事依次且紧密在一起发生就成为一件事——主力真动手了，我们跟着动手就是。

正心念　正善直　正能量

知错是开悟，改错是成就。知之所以错为大彻大悟，改了所知之错是谓圆满。

追溯进入股市十载有余，欣慰没看错它的前景和未来，并且对于生命之修心、修身、立志，受益者自不必多言！初心无悔，十多年间，与股市朝夕相处、耳鬓厮磨，茶余饭后、睡前醒来、心里梦里都是它。然而，这样的呕心沥血，也没给我发个专业证书，投入没有回报，收入没有保障，甚至影响到了家庭、身体等多方面！这问题到底出在哪里？时光荏苒，我却没发现自己的方向错了！

2015 年在书店经济类书籍里邂逅了蒋老师的“股是股非”，读了数遍仍浮于表面，一知半解。翌年，排除一切困难，在遂宁见到了蒋老师！全覆盖式的饱和灌输法让我这个离校几十年的学生头晕眼花、腰酸腿麻、肚子胀。咋了？不服水土啊！最不该的是相继又复训两次依然懵懵懂懂！到底咋回事？难道真不是这块“材料”?！时至今日才搞清楚：第一是底子薄；第二不懂得“多空对接”。想当年，真是“闲愁无抒出，独上高楼，望尽天涯路”。

闻道有先后，术业有专攻。在二次复训时，徐师兄告诉我“四大风险可是敲门砖；不懂风险，机会难觅；风险不除，机会不安”的道理。感谢徐师兄在我迷茫时给予提醒，万里长征迈开了第一步。

术业精进，格物致知。我认为是由自我认知、思想维度、格局、圈层等方面而分高下的。也是由五识为基础并决定的：知识的储备、见识的广度、认识的深度、辨识的准度、觉识的强度。由此逐层递进，相互影响，从而，分析辨别自我的长处和短板，找到突破口！用老师的话说：“再大的饼要知道从何下口”！也就是“机会点”、股价的质变节点、市场的意志点、主力的行为意志点。知道了这些才有心领神会的机会买点。话又说回来，没有“五识”，怎么知道“和合为一”的机会点。

几分钟看透事物的本质，和几天才看懂，是有严格区别的，这是智慧、格局使然。老师常做领涨强势股和龙头股，说明老师的眼界、胸襟、胆识以及内心的布局到了一定的境界。对事物的规律具有独到的见解，对机会的认知具备强大的穿透力。

看书时一片茫然，只记得一些支零破碎，形不成合力。我原本属于这种人，不知什么事由让我有感而开悟，从“位置”这儿开始，用钉子精神把老师讲的所有关于位置的知识点，反复比对、推敲，领悟位置的重要性，以及将好位置、重要位置、大位置所引发的一切条件等慢慢铺展开来，这样我才贴近了三度，也幸好没把我隔在门外面，云里雾里总算透出一片阳光。

凡事成功，必有道法，道路是方向，法是方法办法。老师讲：“用功固然重要，方向更为重要，方向对了，路才不远。”这就要求我们既要看清眼前的金子，还要看准脚下的路。方向对于方法的推进，对于修行者太重要了！

在初学者眼中，八九成人把“股是股非”当成“术”的描写，把三度视为“战法”的说教，而当真深入三度，才知非也。走近三度与走进三度，一字之差，差了十万里。

路遥说：“每一次觉醒，都是一次新生！”几千只股票千差万别，是在垃圾里找到金子，还是在金子里捡起金子？三度的道与术本自在，就看是否清醒地意识到价值的存在。好位置、正能量、强势盘面、领涨印证……讲的是道，也在指导术，是普度迷津的偈语。总之，老师说：“不要拿着金饭碗去要饭就行！”愿已经结缘三度之人，正心、正念、正善、正直、正悟、正能量，而终度得功德圆满财富丰盈。

祝敬爱的老师一切安好，祝三度自在大道。

安康　张祥

六国化工（600470）股价于2021年5月20日见到波段低点后就向A区进发，然后向B区进发，再向又一个B区进发，又向顺上形态进发，最后向主升浪进发……图中前两个箭头是延伸底划线标点，后三个箭头处则是延伸底的止跌小区间点。随着延伸底、后续止跌点的逐步抬高，股价进入急拉段。图中可见，每次止跌后的上攻均有正极能量持续介入，这是支撑股价持续上行的核心动能。见图8－27。

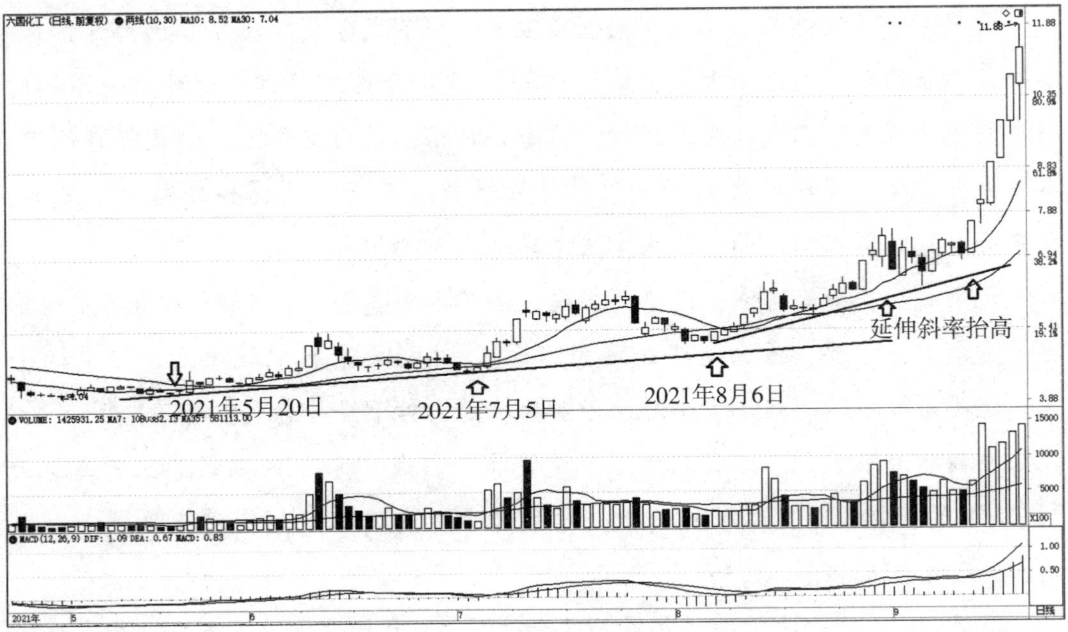

图8-27

交易策略：延伸底画线处止跌、缩量时关注（或凭经验轻仓介入），有量往上变向时跟进，带量上攻时加仓。结合自身操盘功底，可小波段反复进出，也可一直持仓，或持续加仓。

临三度 观股海

股海茫茫，风涌浪起。日月之行，若出其中，星汉灿烂，若出其里。

波澜壮阔的股海，不安分的心无所适从，直到那一天，遇见了你。

从此，航行有了指引，

从此，账户春暖花开，

从此，高山流水歌声嘹亮。

你是最耀眼的那一颗。

记得那年，我心想着买只股票不喂它吃喝就放着，总是比银行的利率要高吧？谁知道，买入后就“飞流直下三千尺”。心里又想，拿着吧，跌了总会涨回来的，结果这一拿就是三年，三年后账户仍然是亏损。心一横，又心生一计，不懂那就搞懂！从那之后，我开始时不时地找些股票书来看，以期找到答案。

那一天，我不经意翻开《股是股非（之一）：猎取暴涨股》，被书中的文字与案例震惊。书中第一章就是讲风险，而且是明明白白的告知风险在哪里！我赶紧查看自己的票，找到买入的位置，哦，我就是买在暴涨下掉后的一个小平台上。书中第二章讲的是量形态，我又对照着看自己的票，哦，量能好差，这么多年了，我终于找到了自己买入错误的原因！好激动啊！

之后，走进三度教室学习，我有了师父，有了师兄师姐！一路感受着三度的温暖。他们经常帮助我答疑解惑，我心里面都是满满的感动。三度书好，三度人更好。谢谢你们！

结缘三度仅仅两年多时间，我的股票知识体系就有了翻天覆地的变化。我不再是一个股市小白，我的账户，也不再是一片惨绿。（师兄师姐们都很厉害，而我很有自知，我的年目标是20%—40%，去年已经达到）

三度入门很简单，量价异动让均线归位便道尽万千；三度的高上也不难，好位置、正能量、强势盘面、领涨印证便一马平川，但是，学习的过程却不是那么容易的。尤其是面授的知识点挺多，技法、心法交错并行。当我每次觉得自己上了一个台阶的时候，再回头看之前的自己，就会发现之前对三度知识理解的浅薄。

所以，一定要把每个知识点都弄懂、弄透，要不断地思考、总结、提炼，然后放下。

师父曰："看见的是影子，看清的是容颜；看懂的是心意，看透的是烟火。"结合这一两年的学习与实际操作，这句话我是"懂"了的。

靠近优秀才会变得优秀，结缘三度，一定会遇见越来越好的自己。

结缘三度，幸甚至哉！

结缘三度，歌以咏志！

股海茫茫，风涌浪起。日月之行，若出其中，星汉灿烂，若出其里。

郑州　郑晓

快意电梯（002774）股价未正式大涨之前，需要有洞察力的眼睛来发现其经典所在的形态走势：大川量已经走了前两步，股价大颈位已形成；川量第二步对应的价格有空板后跃过前顶部的巨量；之后，股价调整，量能有所收敛且慢慢上摸前高。至此，经典已与强势交织一体，静待怒放。2021 年 8 月 30 日，股价在盘中稳健上升，全天收涨停，绘出一幅“川量进攻”的强劲画卷。见图 8－28。

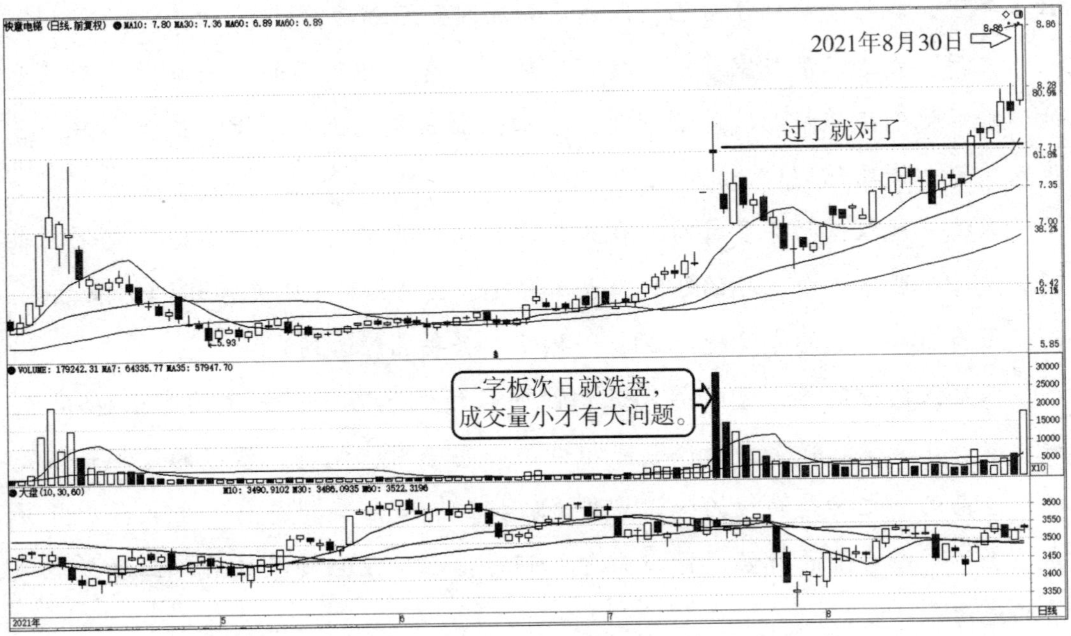

图 8－28

“股价为何敢于大涨?”

“大涨的股价后面是谁?”

“股价何时才大涨?”

“怎么知道要大涨?”

与笔者交流、学习的人，免不了要问这些问题，这些问题是大问题也是小问题。大之处在于需要弄明白这些问题后，操作才有力度，才有大机会、大希望；小之处在于把该做的做了，答案自然就有了，大机会也就可遇而可求并且水到渠成。

“求木之长者，必固其根本；欲流之远者，必浚其源泉。”意思是大树要长得高大必须根基要扎实；水要流得远须从源头让其疏通。主力策划股价要到达一个高度，他就要使自己的筹码在低价区先行构筑牢固的实底，三阳控三阴的量形态正暗合此意。主力希望以后拉升顺当，出发前就要用特别的方式淘汰犹豫不决者、加固拥护者。经典变盘信号、经典战法暗合此意。我们要想在这个市场有所收获，投资交易较为顺当，必须要累积基础、理清思维、明确理念、懂得规矩、认清主力、看清自己。打柴问樵夫，驶船问艄公。二级市场投资者，多向好主力学习，向强势主力靠近；多向实战派高手学习，学习他们的投资理念与投资方法。

快意电梯的股价实施川量突破，次日股价大幅高开，开盘强劲拉升一股脑封住涨停，没理由出局；第三日，股价大幅高开，很快涨停，没理由出局；第四日直接巨单空板，肯定不出；第五日空板开盘但封单不大，开盘涨停打开，多笔大单抢卖，盘中多次无量反抽均无果，全天巨量倒灌收阴，阶段见顶八九不离十，这天可陆续出场。见图 8-29。

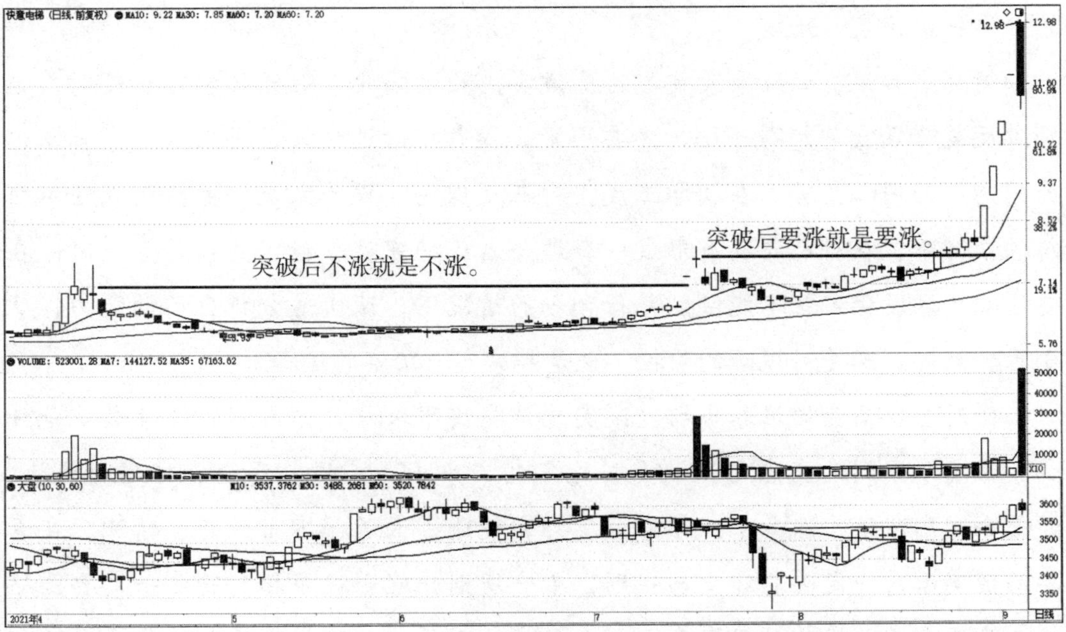

图 8-29

交易策略：股价接近前颈位，高度关注其动向；股价接近前异动颈位，打起十二分精神关注，结合盘面，结合板块，结合均线系统结构，凭经验也可在此区间提前布局一些资金。一旦启动即可跟进，然后关掉电脑，出门去看世间百态，去买菜煲汤。股价一路上涨一路持股，直到高位异动出局。

不忘初心

敬爱的蒋老师：

您好！

自从我2019年7月开始参加面授，跟您学习三度快三年了。这三年里，研习三度做股票已经成为我生命中的一部分。三年来有成功也有失败，有眼泪也有欢笑，正如您当初对我说的那样：成功的道路是波浪起伏式的，但只要一直在进步，一直朝着阳光走就好。

老师，以下是我学习三度后的心得体会，若有不当之处，敬请指教：

第一，诚实、踏实。

老师一直说，做股票最重要的是诚实，的确如此。刚开始学习三度时，老师曾反复叮嘱我们，刚开始一定要小资金操作。时过境迁，再回首，才真正体会到老师的用心良苦。在初学三度，对三度理论、操作系统、操盘模式还不熟练的情况下，在自己还没有形成一套适合自己的完整、稳定的操作系统时，在自己心性还没稳定、不能做到知行合一的情况下，诚实地分析自己的能力，从小资金做起，既是对风险的管控，也是最诚实、踏实的选择。

面对复杂多变的证券市场，诚实就是要实事求是。你看到的是什么就是什么，三度中谈到的两点印证就是接地气的实事求是。强势资金青睐题材板块，还是个股的涨跌，涨多少，都要诚实、客观地去面对，不可臆想、猜测。在真实的现实面前一定要严守交易规则，不守规则，就会被市场打脸。一定要严格按三度操盘套路操作，根据盘面、量时空法则严格、高标准选股，尽力贴近经典、强势，不可将就，宁缺毋滥！三度理论本身就是建立在客观、真实的证券交易市场基础之上的，严格遵守三度操盘模式，也是一种诚实与坚守。人性都有弱点，但正如老师书中所说：“知人者智，自知者明；胜人者力，胜己者强。”一个人最难得的是知道自己的缺失、弱点，并不断、及时纠正。学会隐忍，不要盲目追高，踏踏实实从首板做起，控制好自己的心手，做到实事求是，知行合一。

第二，简单最好。

老师在书里提到：强势最安全，经典最好，最好的一定是简单的。用三度的视角去看每只强势股、龙头股的前世今生，的确如此。如果心中有杂念，想得太复杂，就会导致交易时优柔寡断，失去最佳买卖机会。

看老师的书，从最初的懵懂、似懂非懂，到参加面授后再读、精读，更透彻地理解了老师书中的每一句话、每一个经典案例的深刻含义；把“股是股非”厚厚的几本书，越看越薄，把书中的精华、经典印入脑海，也是一种从复杂到简单的转变过程。

老师，三度改变了我很多，不仅是做股票，也改变了我的心性、为人处世、工作和生活。以前的我，做事冗繁复杂、优柔寡断；现在的我，越来越喜欢简单、高效的工作、生活，在很多方面，看问题也比以前更透彻、明晰。

第三，格局。

老师曾说：把欲望降低，格局提升。

做股票，一定要有适合自己的“发现、跟踪、买入、卖出”全流程操作系统，提前复盘、做好准备、要有耐心。不能被盘中分时图一时的脉冲拉升或震荡所迷惑，要从全局分析判断。结合盘面、位置、能量、题材等综合考虑分析，不仅要看日线、60 分钟线、30 分钟线，也要看个股的大形态以及周线情况；不仅看个股，也要看其所在的板块位置、能量，是否有板块效应、延续性；还要看整个市场的位置……要分清主流与热点。

走向成功的路上一定布满荆棘。一路走来，经历过多少艰辛、挫折、打击，只有自己知道。但不管怎样，都不要忘记自己的初心，目光长远、心胸开阔，风物长宜放眼量。失败了，多问问“为什么”，从失败中吸取经验教训；成功了，也问问“为什么”，把每一次的操作做成操盘日志文件，把每一周的经典强势股做成经典文件夹，让自己熟知经典、强势的样子，不断地向经典、强势靠拢。静下心来好好认真品读老师的“股是股非”，答案书里都有。

这个世界，有两样东西别人抢不走，一是自己心中的梦想，二是读进脑子里的书。投资交易的路漫长且坎坷，唯不忘初心，方得始终。

南充　吴静

锋尚文化（300860）在 A 区有过一次集中放量，行情未进入波段上涨行程而是进行波段回调。判断波段回调的依据是：缩量且不破前异动区。2021 年 12 月 9 日，接前日阳线止跌，股价在 B 区稳健上攻，全天收稳 20cm 涨停板。当天有元宇宙行业利好题材话题及盘面行情持续发酵。

对于前面有小波段行情接波段洗盘走势的判断拿捏，可以参考周线走势的“量价异动让均线归位”形态，如果周线量价线结构均优，则捕捉日线进攻的机会就大胆些。

锋尚文化的周线走势，量价线结构近乎完美，一组量价异动让均线归位的强势 A 区犹如一只正欲扑出的雄狮，丰盛的大餐就在眼前。随后短短三四天股价大涨近 90%。

见图 8 -30 锋尚文化股价日线走势图、图 8 -31 锋尚文化股价周线走势图。

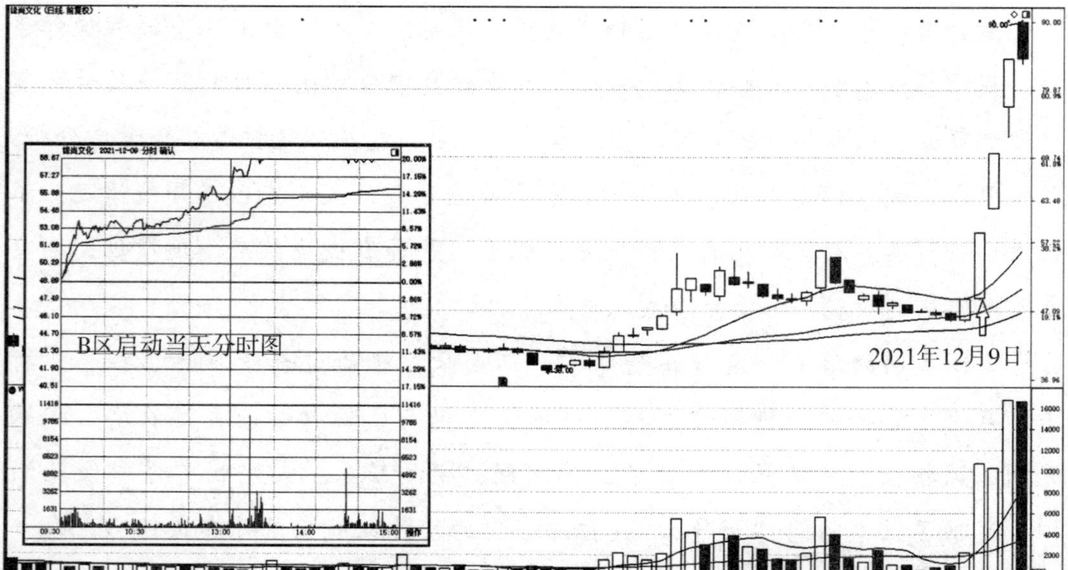

图 8 -30

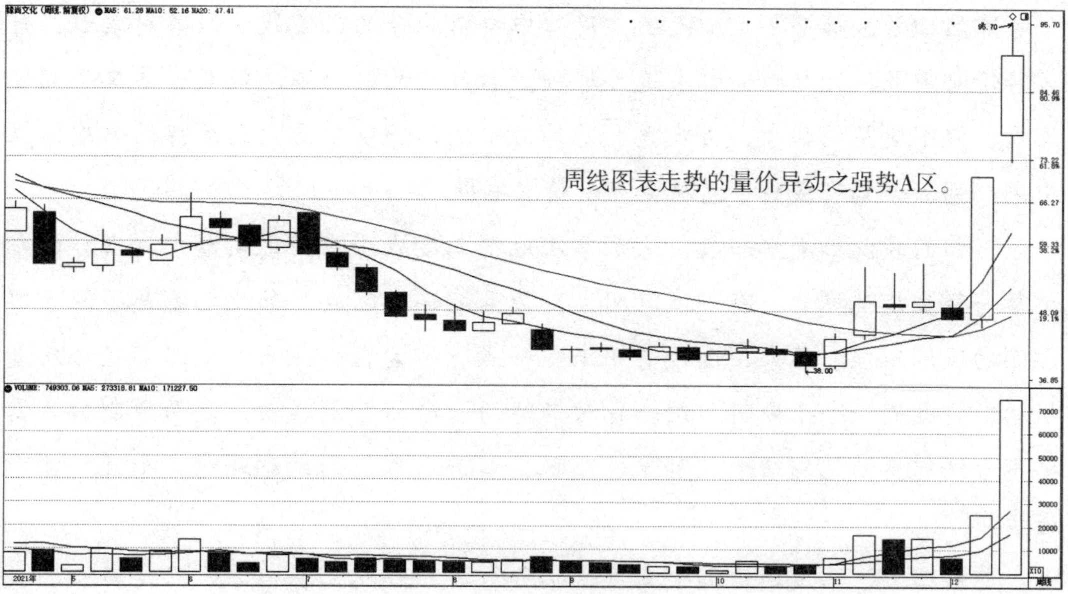

图 8 -31

交易策略：股价 A 区未走出波段行情，有部分股票股价会从 B 区启动波段行情。当股价健康回调至 B 区位置企稳时，就是机会区间，实战中多些关注。股价在 B 区启动或在 B 区补量之后启动均是较好介入机会，可结合题材风向酌情布局仓位。

蓦然回首始见君

恩师好！

喜闻老师《股是股非（之二）：强势大形态》正在修订，甚是激动，激动又可以拜读老师的精美作品，激动老师的作品能惠及更多的股民。在此鼓起勇气给您写信，汇报一下这三年来的心路历程，也是给正在路途中的同学们一点借鉴。

三年来，前部分时间感觉自己在茫茫股海中漂泊，时而风平浪静，安稳前行，时而惊涛骇浪，裹足不前，时而晴空，时而暴雨，其中心酸、曲折，只能自己默默体会。如今，我可以暗舒一口气，在内心里呐喊：老师，我终于稳住了！

蓦然回首，第一年无知无畏，用心中自以为是的三度战法做各种尝试，什么行情都去做，什么拉升都去追，那种盘后打脸的经历不忍提及；第二年痛定思痛，停下迷茫的脚步，去反思、总结、归纳，一步步回归到纯粹的三度体系中来；到如今胸有成竹，对机会可以精准把握。

当初的我犹如溺水一般，毫无章法地把三度战法应用到实盘中，当作救命稻草一样去胡乱抓取。有一段时间，我甚至怀疑自己运气如此之差是否源于哪方面的风水不佳。后来，慢慢静下来，一点点地复盘、反省，把课堂笔记反复研读，将案例一个个分析归纳。我对老师的一句话甚是喜欢：盘面限制引导需要不含任何感情色彩给予“静坐、冷眼、心若止水”的细细端详。如此，才能进步。

蓦然回首，三度还是那个三度，犹如灯塔一样屹立在前方，只是当初的我自以为看清了三度的亮光，急匆匆地扎进了股海之中，实则看到的只是海市蜃楼。如今发现，三度是简单的、纯粹的，简单到恩师只需寥寥数语即可概括：好位置、正能量、强势盘面、领涨印证；简单到“量价异动让均线归位”；纯粹到“再机无价、半步之间”；纯粹到我们只需要按照恩师的步伐，踏实跟随即可。譬如，京城股份（600860）2021 年 12 月 1 日，在拉高建仓完成颈位突破后，主力量能不减在涨停板上沿持续补量，随后的缩量洗盘十分经典，次日的盘中领涨突破即是对机会的印证，介入当顺理成章。譬如，东数西算行情中的黑牡丹（600510）2022 年 2 月 18 日，A 区涨停板上方的巨量黑太阳，刚好过低位平台，次日借势高开，行情确定。如此好位置、正能量，结合大好题材，焉能不信心十足地强进。林林总总，现在看，三度之精彩之强势之经典何其多！

然而，为何当初我需要这么久才略知一二？是因为我无法停下狂乱的脚步，无法安抚躁动的心灵。“狂乱、躁动本源是没认清自己，高估自己。”我真诚希望还在彷徨的同学认真对待这句话，否则你极有可能会走比我更长的弯路。

蓦然回首，才明白三度的巅峰超越是自我的超越，包括对规则的严格遵守，对经典的虔诚守候，对机会来临时的无畏把握。知道、看到，并做到，三者缺一不可。如此，股市人生将会可预见的精彩。

千言万语道不尽心中感谢之情，恩师的“放低放下不放弃”是我迷茫中的力量源泉。借用恩师的一句话，“谁先摆脱过去，谁就可以抢先赢得未来”来勉励所有尚在征途中的三度学生。心中有三度，问道亦问心！当你驶到彼岸，蓦然回首，才知道这才是真三度，这才是恩师的良苦用心。蓦然回首始见君，懂得方可拥有，三度的技法、战法有限，而三度的思想浩瀚无边，吾辈当学无止境。

积善之家必有余庆，积不善之家必有余殃。恩师呕心沥血修订“股是股非”系列书籍，此乃大善。最后愿恩师身体安康，事业蒸蒸日上，三度更辉煌。

武汉　王春石

自从有20cm涨停板后，很多人赚钱欲望又提高了一个挡位，包括我自己，然而丰满的理想常常与骨感的现实在股市里被碰撞得支离破碎。“竞价谁跳得高谁越强”，“哪只涨得快就是龙头”，“二板定龙头，四板定妖股”，等等，这些耳熟能详的顺口溜似乎不灵验了。庙还是那个庙，菩萨还是那尊菩萨，怎么就不灵验了？先前的“菩萨”因市场宽松不同你计较，而现在的“菩萨”也要严格考核才能蹲上位，所以就要同你计较了，也许是计较越多不灵验的情况就多了吧。

杭州园林（300649）股价刚从均线系统之下穿上均线系统，就大幅跳空高开响应题材，没想当天就来个下马威——收巨量阴线。这种大幅高开又狂风骤雨方式直下的模式，对竞价时与竞价后排队抢进的短线客冲击很大。而事实是：关键位置黑太阳异动。

黑太阳后，股价在A区之上用几根星线蓄势，蓄势期间千万莫急，耐心等待，确认攻击时奋力一搏。因为异动后的星线排列，之后可能涨，也可能不涨，也可能等很久才涨；股价横了可以再跌，跌了以后可以再横。没看见涨就是不涨，看见涨才是涨。看见几颗星线就猛扑上去会打翻满天星星，这种行为在主力眼中是很不欢迎的。看见星星时加些条件，看到动了就可以进去了，这样就受主力欢迎。作为市场跟随者，最好不要打大埋伏。2022年2月15日股价不起眼地小幅高开，早盘继续吸收了些筹码后，于盘中快速带量攻击直至涨停，随后不看任何脸色，不听任何杂音，把股价送至该去的地方。异动之后洗盘，洗盘之后拉出大波段，这样的大波段怎么不会冲刷买也匆匆卖也匆匆投机者的灵魂。见图8－32。

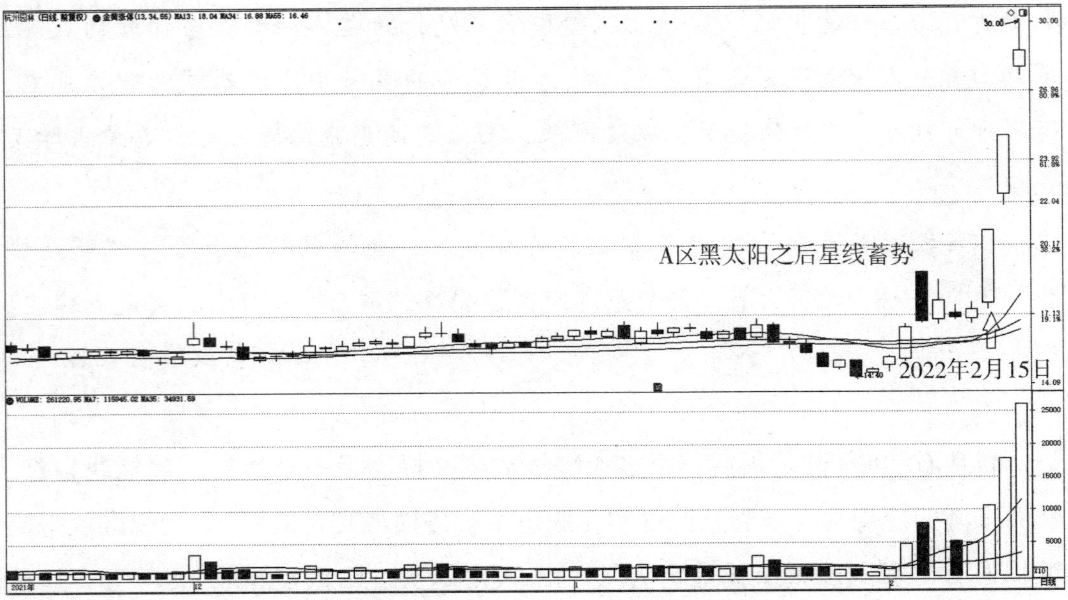

图 8 -32

交易策略：在 A 区出现量价异动，或用量价异动促成 A 区，两者市场意义是等同的。在好位置，大阴线与大阳线都是可关注的异动，都要打起万分精神盯住。这种机会很实惠，错过实在可惜，股价一旦再异动就可以开始跟进。

“天不得时，日月无光；地不得时，草木不生。”时机可以让天空放彩，大地生春，时机何等重要！股市里的时机又是什么？是大盘走好，是均线多头排列，是金叉共振？这些是时机，但是未必是大时机。可以改天换地的时机是量价异动让均线归位，是契合盘面的强势引导，是强势的两点印证。若对股价的运行核心规律有透彻理解，在股市就应该有赚钱机会。

静心之战

为什么静心，怎样静心，如何在股市中真正静下心来？这一系列的问题不断“撞击”我的心灵。在股市中我很难静下心来：父母的斥责声、妻子的怀疑、孩子的不理解、亲人的不配合、邻居的流言蜚语，更重要的是越来越多的血汗钱葬身“伸手不见五指”的股市……

有时候我想哭，可是我是男人，男人不能哭；有时候我想偷偷地哭，可是我又不想让别人看到我软弱的一面；有时候我想溜，但无论走到哪里，股市失败的影子总是如影随形，使我欲哭无泪。

夹杂着疑惑、裹挟着期望，我来到了山清水秀、人杰地灵的遂宁。老师的第一堂课是“正心之战”，正心之战的核心不就是静心吗？心静方能行远，心不静何以承载大的希冀。我的心好久没有静了：我匆忙来到股市，匆忙地买股、卖股，不断地打听着各种消息、考量着基本面，匆忙地从一个失败走向另一个失败。我的心变得越来越浮躁、焦躁、愤怒……如果我的心不静，我怎么迈开双腿，走向远方。

接下来的课程，老师通过不同的故事、案例，在理念和技术层面向我们展开了股市的宏大画面：交易者面对四类大风险，主力为什么拉升股价、龙头五步、T板战法、次新股盈利模式及操守，各类星线在不同盘面的应用；确定题材有效性，如何坚守已经认知并确定的交易规则……一系列的内容“排山倒海”向我涌来。干涸的心终于接受到滋润的甘露，恐慌的灵魂终于找到寄宿的“天地”。股市的根在哪里，股市的脉在何方？——在强势的主力群体里，在强势的主流板块里，在市场的大形涌动中。以前我的心偏了，我的心只在做“白日梦中”，我的心只在形态中，我的心只在弱势股中，我的心没有专注强势，没有挂念标杆、心系龙头。看来心不静总有不静的原因。

到了第四天、第五天，我的心越来越静了，扪心自问，我到底喜不喜欢股票，我为股市看过几本书，我在天涯、在远方探访过哪些名山大川、贤士能人？成功有成功的理由，失败有失败的借口，我为成功除了贪、嗔、痴、慢、疑，又真正付出了多少呢？我终于明白，在股市里端着大学教授的架子是要吃苦头的。

在七天的接触中，我发现蒋老师心很静，静得如平静的湖水，静得如高原晴空的蓝天，唯美洁净。静由何来？历经千般苦痛而又坦然面对，久经岁月风沙而又笑对人生，常见生活蹉跎而又上善若水。股市的根在哪里，股市的脉在哪里，在蒋老师对生活看透但依然无限热爱中，在蒋老师对学生的款款深情中。

我们一直磕磕绊绊地在股市中艰难跋涉，寻求股市成功的秘诀。如果有秘诀，那么诀窍就在每个人心中，在简单、听话、照着做中，在放低放下不放弃中。

谨以此文，献给尊敬的蒋老师，献给亲爱的同学。

南昌　刘建一

天保基建（000965）前面走势可以看到，股价在30日均线附近止跌反向，这一次还是在30日均线附近出现止跌回升，并在此区间重复涨停。股价继2022年3月16日涨停后用空板攻入不远处的巨量下跌大阴K线，很显然，这是志在必得的强悍体现，而这一天，房地产行业出现重大利好：今年，扩大房产税改革试点城市条件不具备。这条消息让整个房地产行业实实在在松了一口气，也许就这一口气，让重仓房地产板块的机构找到了一个宣泄的口子。天保基建的强势异动走在了消息前面一点点，就是这一点点加上空板跃入重要关口，让我们有了想象的空间，这个空间有个名字——龙头！空板之后，股价高开，早盘宽幅震荡但始终不破上一日的一字板；10点半后，股价再向上攻击，吞掉所有抛盘，强势封住涨停。当天，房地产板块最热火。见图8－33。

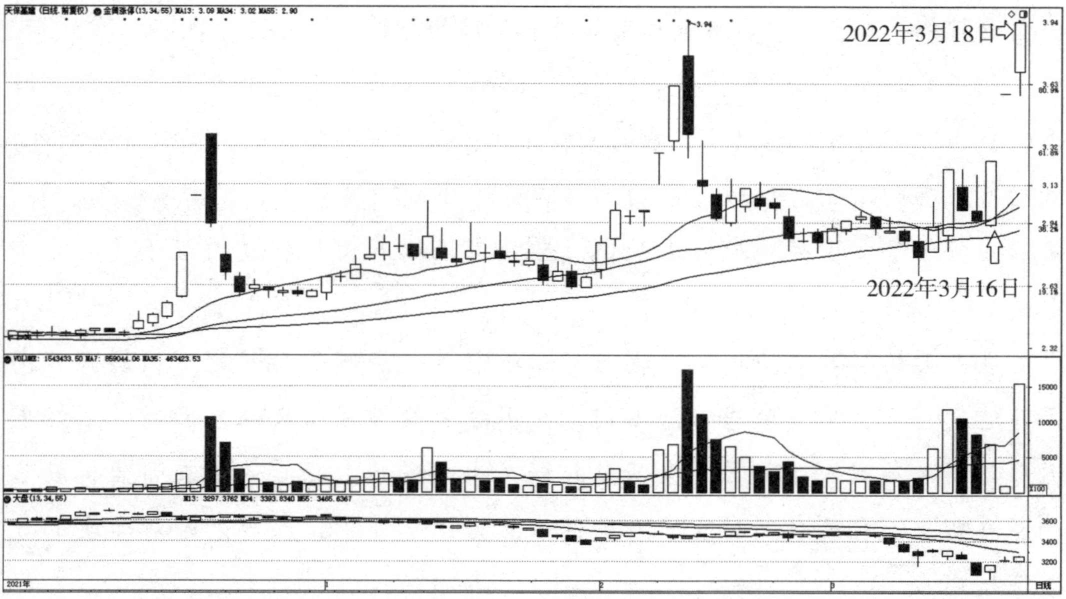

图8－33

重要位置股价反复异动，空间较小，主力没必要费力不讨好，那就极有一种可能：限价震荡大肆收缴筹码。收足筹码是为后期拉升到高位后抛出筹码而大幅盈利。随后，天保基建进入涨停板波段模式，领着房地产板块火热了大半个月行情，同期大盘指数也被带出了底部。

强势的A区与B区是两个具有坚实能量的地方，它们点燃了股市一片片的辉煌，A区B区又如同两只温暖的手，总是充满善意地期待与知己相握，假以时日，若你也能敞开心扉、充满诚意与强势AB区行情结手同行，记得给营造这样机会的主力点赞："万人从中一握手，使我衣袖三年香。"见图8－34。

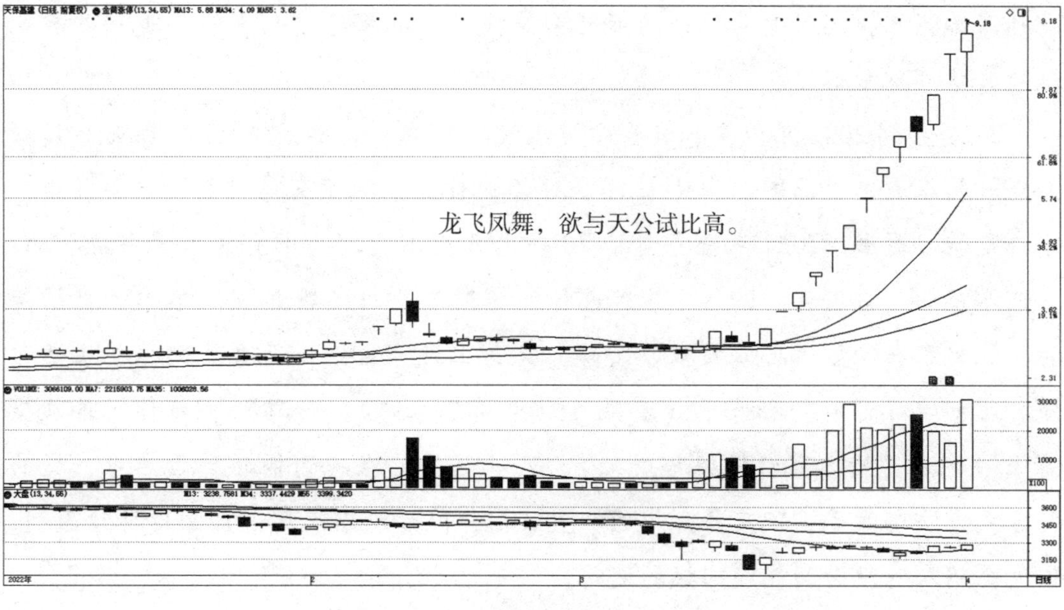

图8－34

交易策略： 关键位置强势启动，即刻跟进，判断简洁明了，出手果断无畏，收获就干脆、丰厚；涨停板出现后，分析其所在板块的整体效应，确定其在板块的作用，做这份工作，是要给随后买得更高以充足理由，以期获得大涨波段的超额利润；大胆介入更强的个股，更强的个股能把整个板块带动起来就大胆持有；中途片刻停歇后的再次进攻可以适当加点儿仓。

经典入心

敬爱的蒋老师:

您好!

欣闻老师在为《股是股非(之二):强势大形态》进行修订,我已迫不及待想捧读了。2022年1月11日收到老师《股是股非(之一):猎取强势股》的修订版,就立即制订了新一轮的学习计划:精读100遍。截至目前已经精读22遍,其间整理书中案例做文件夹17遍,可以说是收获十分巨大,包括知识面也包括交易方面的收获。借此向老师您汇报一下近来的学习心得和交易情况,请老师多加指正,同时也为后来的师兄弟妹提供一些参考,如果能少走一些我走过的弯路那就更好了。

2021年到2022年以来,我在学习上没有懈怠,特别是2022年每天早晨四五点钟起床看书、画图,到晚上10点半准时休息,除了交易时间,只要没事几乎都是学习看书,2021年全年看了70多本各类书籍,其中有关于读书技巧的、如何学习的、心理学、脑科学等,包括多遍精读"股是股非"三本书,目的是为了让自己在学习上思维发散、活跃,交易上遵守规则,甚至改变一些生活习惯。比如学习时不整理被子(凌乱可以提高想象力),一旦到交易时间必须提前保持整洁(整洁可以保持守规矩),可以说是把能想到帮助自己学习、交易的方式方法都做齐;但交易上仍然一直有起伏,可以连续几个月保持持续赢利,但也会陷入一段时间连续回撤的迷茫。

通过近来的读书学习、操盘交易,我逐渐认识到在认知、运用三度过程中,最难的并不是对三度理论和交易技术的理解。因为盘面、经典图形、势道以及龙头五步等这些理论和交易套路,只要多看、多思考、多问,都是可以获得的。最难的恰恰是别人没法帮助我们,却又最容易被忽视的图表基础。只要认真学过三度的理论体系知识的,盘后随便拿一张行情图出来都应该从容地说出它是否经典,有哪些经典形态,为什么会涨,为什么会跌。但是,一到临盘,就会犹豫、怀疑、没底气!这是为什么?因为基础不牢!

大家都在说自己就是不能知行合一,为什么就做不到呢?王阳明的知行合一,"知"与"行"并不是分开理解的,"知"与"行"是一体的,有"知"

就有“行”，“无行”则“无知”。就以我近期的体会来解释“知行合一”，那就是条件反射，也就是老师说的：何为简单？盘中只动眼、动手，不动脑！一旦临盘交易要动脑，大概率就错了！是不是经典？会不会涨停？会不会冲高回落？会不会带动板块？现在低吸，等会儿会不会拉？这些患得患失似曾相识？

老师常说：“基础不牢，地动山摇。”何为基础？基础就是经典入心。如何入心？反复画图做强势经典的文件夹！专注于主流热点，盘中一动，不用想就知道它是哪种经典。一领涨、手就动，做就完了，做错了，“怪”老师！别想、别猜、别如果！看到是什么就是什么！一想就又平添出麻烦，又错了！

之前一直没理解书上老师说的：“心悟自通，禅低首，风尘千里外。”禅低首，不仅仅是交易上买在相对低位，而是告诉我们要埋头苦学，埋头看、埋头写、埋头画，千万不要只是每天抬着头盯着电脑上的连板猛浪看，吞了口水继续抬头看。一定要把头埋下去，静心析图、静心画图、静心解图！重要的事说三遍：三度锅里“熬”理当如此！

过年期间，我向老师讨了四个字作为自己新一年学习的动力和努力的方向：“老师，您见证了那么多最终学而有成的师兄弟，同时还有那么多师兄弟没能稳定下来，没稳定下来的理由千奇百怪，在您心目中阻止我们成功的最大的‘坎’是什么？”没过一会儿，老师回复了我四个字：“聚焦、舍得”。

是呀，长期的学习积累，一到盘中什么都想要，感觉貌似什么都可以做。追涨杀跌，反反复复，到头来一场空。是应该好好反思下了。一千个人有一千个哈姆雷特，学习三度理论同样如此，每个人的性格不同，认识不同。最终适合自己的三度是什么？厚度、力度、速度？K线、均线、量能？位置、能量、盘面？通过不停地思考、反问、制定、尝试、修正。最终我定下了属于自己的三度：做主流、做领涨、做经典！（一定要给自己正向表述，不要说“不做什么”，一定一定要对自己说“要做什么”。比如：不是热点不做，不是经典不做，不符合盘面不做，不是好位置不做，这类话尽量别对自己说！个人成长经验，很有价值的喔。）

自从逐步形成自己的三度交易策略后，隐隐开始有了下单如神助的感觉。比如三月以来我做到了：俄乌事件能源相关对应的几只好股票，俄乌事件芯片相关对应的好股票；疫情反复相关对应的几只好票，等等。把握这些机会也算做到“无缝衔接”。所有交易均符合我认知并熟知的三度：主流热点、领涨以

及经典。【获得这些经典交易机会的案例，均来自《股是股非（之一）：猎取强势股》图表启示】

当经典入了心，发挥好现在水平，做好自己能力圈内的交易，够了！但同时需要不间断自我反省、自我总结、自我提升，这样就能不间断拓展能力圈。

书中说三句古词代表人生三境界，而这也是包括了我的股市人生：

昨夜西风凋碧树，独上高楼，望尽天涯路；

衣带渐宽终不悔，为伊消得人憔悴；

众里寻他千百度，蓦然回首，那人却在灯火阑珊处。

师恩，永不忘！祝您一生安康！

普洱　陈文明

海泰发展（600082）与天保基建属房地产板块，也是同一地区，天保基建步入拉升波段的前阶段，海泰发展正处在均线密集区异动放量并接近前股价平台上沿，一组“量价异动让均线归位”的绝美画面呈现在图中，这也是超常规短资金的最后投入，拉升就在眼前了。2022 年 3 月 24 日，海泰发展以迅雷不及掩耳之势冲向涨停。看来，主力是迫不及待抢时间握住热点行情机会，鉴于板块的属性以及主力极强的欲望，可以预见股价的上涨幅度不会小。见图 8 －35。

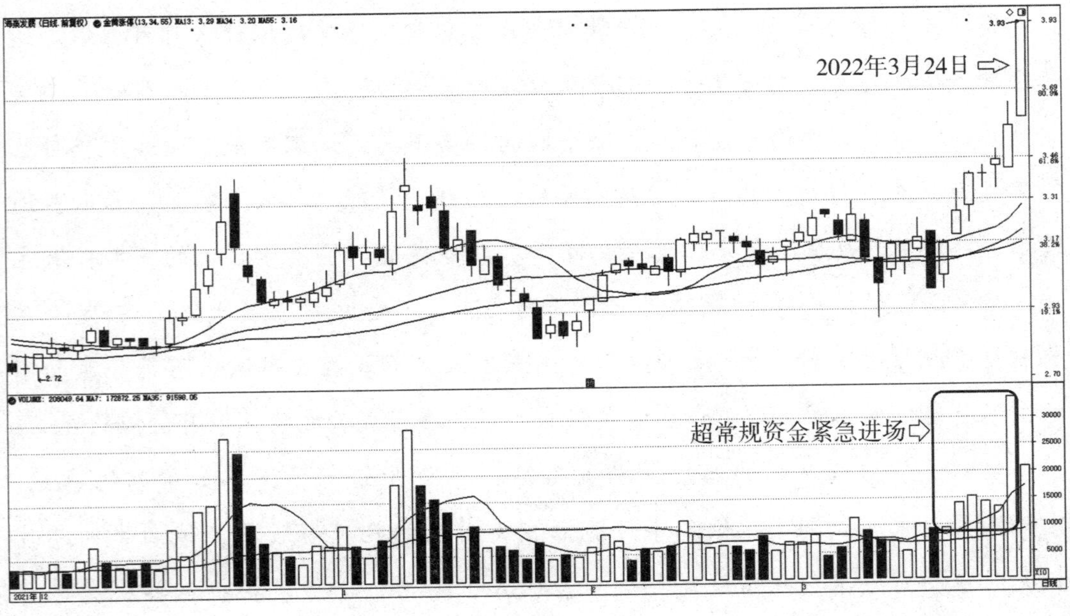

图 8 －35

整个板块群起攻之，此为主流热点，率先启动是为龙头，主流热点不断滚动是为牛市，再大利空，行情翻一下白眼又上行，此为大牛市，相反则是大熊市。再大的牛市也有不动的股票，有大亏的人；再久的熊市也有大涨的股票，有大赚的人。“三度理论”同样讲求重势，“三度交易系统”依然是顺势而为，此势为“强势”。只不过，三度人眼中的牛市有时与指数无多大关系，而与一两个板块极为相关。海泰发展的股价强势突破，精准握住主流热点，与天保基建一道接连涨停，神采飞扬，直冲云霄，行情的终结就是高位巨量阴线时。细心的读者会发现，笔者所列举例子的启动 K 线均是波段强势行情的开始，可能会想，强势行情毕竟是极少数，抓到这些“极少数”似乎很难，能持续做到更是难上加难！的确，常常把握“极少数”，难是一定的。正因为难、不容易，我们就要设定、遵循一些相对较高、相对简单、较经典的一系列条件与体现的图表，严格遵循“强势三度”的条件，操作上即便是与大涨行情无缘，但也一定可以与盈利有缘！

海泰发展的主力抓牢主流热点带来的市场机会，以激进加激进的模式发动闪电攻击，用7天7板演绎了热点板块的“新龙头”行情。有势就借，有力就使，“势”在人为。既然我们不能创造趋势、改变趋势，那么要想赚到钱，最好的方式就是贴近势、跟随势，跟随强势主力。见图 8 - 36。

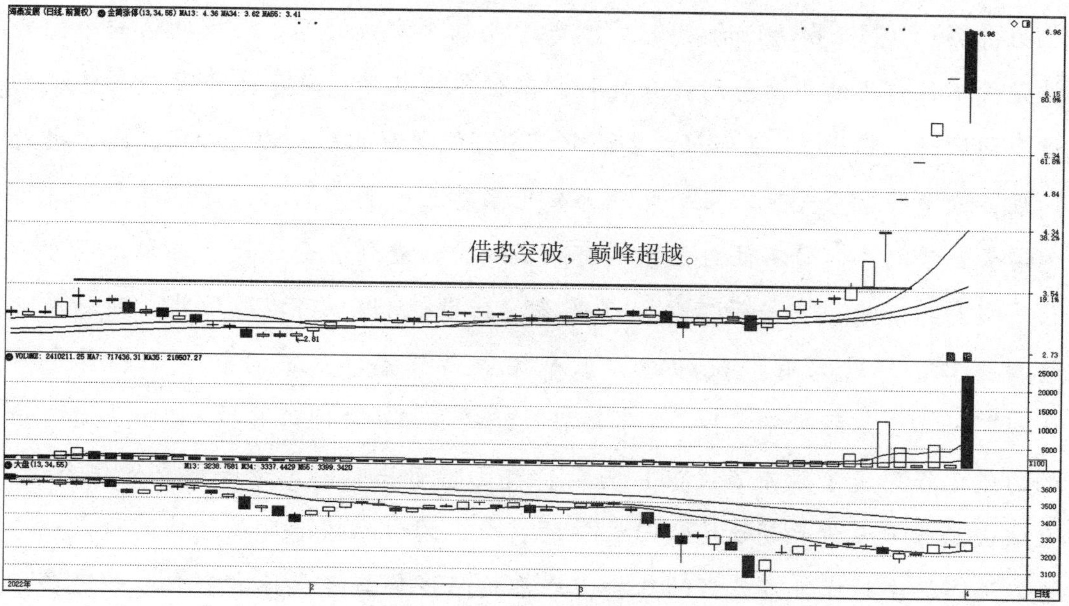

图 8 - 36

交易策略：主力借助市场热点，紧急加大建仓力度并形成大形态与好位置，尤其要引起重视；位置好能量足，可以提前布局些资金；股价强势上攻则第一时间介入。上攻时不管用哪种方式拉升，不管高开多少，少留资金，多要股票，即刻跟进。这种主力最厚道，容得下关键时候顶他的伙伴；股价进入加速段，不要轻易出局，直到板块出现凝重和个股上攻受阻。

九九归一

蒋老师：

您好！

喜闻您的第二本书《股是股非（之二）：强势大形态》正在修订，真感到高兴，又一部经典之作可以为我们指引方向了。《股是股非（之一）：猎取强势股》以大道至简的厚重，为我们铺垫了“强势三度”肥沃的土壤，《股是股非（之二）：强势大形态》肯定又画出了更大、更清晰的轮廓。自从向老师学习后，对于炒股，在认识上，较之前有了天大的改变，在操作上也有了一个说服自己的理由。交易真的是需要一个强大的理由！而这个理由就是刻在我心中的“三度经典操盘模式”，承载经典的就是“量时空稀释过滤风险”“量形态还原主力身影”“量价异动让均线归位”。学习刚回来那段时间，遇到的第一个问题就是管不住自己的手，看到拉升就抑制不住追涨热情，吃了不少亏。与您谈到这个问题时，您说：“股如人，生活中，不可能所有的朋友都是知己，股票也是同理，众多股票每天可以买的也就那么几只甚至一两只而已，你这样去想就可以管管乱动的手。管不住自己，只有赔钱的份，看到资金一天天缩水，还管不住手吗？想清楚，是‘管不住’还是没‘血性’，借口可以随便找，但如果继续找借口，那就只有‘死翘翘’三个字等着你了！以前的经历还想再走一遭?!”一席话惊醒梦中人！“股事癫狂，终将在AB之间落幕！”老师您这句话的力道已经穿透了股市百年啊！随后，自己暗下决心，无论如何先管住自己，至诚去品味“量价异动让均线归位”的真味；用心感悟三度最经典的模式；尽力贴近市场去触摸股市最强的脉搏，严格按照强势与经典标准舍取；一定要让自己稳定下来，让自己一步步走出股市是是非非的泥沼。

“到了我这里，就要听我的，放下以前你那些七八九，先好好听我讲一二三。古人说‘三生万物’，为何不四生万物、九生万物？三是起点也是终点，先弄懂一二三，弄懂后再相互融合，融不了就从一二三开始走！厚度、力度、速度是三度；能量、K形、均线也是三度；位置、题材、盘面还是三度；图表买点、题材热点、领涨印证点也是三度；诚实、踏实、务实更是三度，三度之中有三度！”“磨砺了一段时间，还是以为三度就只是图表技术上的厚度、力度、速度，那你就太低估三度的价值了！”老师你说到三度与相关规则，一改昔日温和，严厉而严谨，让学生佩服！正是遵循老师的教导，严格要求自己，时常保持“无我”状态，减少操作频率，耐心等待经典，慢慢眼睛清亮了，感觉也越来越好，判断也越来越精准。

恒信东方（300081）是我通过“大量形态”配合“超常规短资投入”选出的票，变盘信号经典而清晰，在2014年12月2日介入，随后两天加了点仓。

2014年12月12日这天中铁工业（600528）盘中突发直线涨停，这种气势，结合当时题材点、结合大形态的满足条件，模式上属于“巅峰超越”性质的大突破，判断是暴涨行情开始，次日集结资金出击，股价小幅高开，给了一个绝佳的二板操作模式。以前面对前日众多的涨停板，总是不能确定次日该选择哪只股票操作，买进后，套的占多数，如今，成功的是绝大多数，感激老师的点拨与馈赠。2015年2月，该股调整完毕的“龙腰”行情我也做到了。

老师您说了一句话：“股市里的习惯真是可以养成的，输钱的习惯与赚钱的习惯都可以养成。”当时我听得目瞪口呆！谁愿意养成输钱的习惯呢？经过一段时间的磨砺，我才深深感受到，好的操作习惯与不好的操作习惯的确是可以养成的，坏习惯一旦养成，股市的日子将暗无天日；好习惯一旦养成，股市天天就是艳阳天。在这里，学生有感而发，入门时遇到一个好老师太重要了！老师的观念、观点、真才实干，以及师者的胸怀都会直接影响到学生的股市征途。老师您的“举步宜寻中正路”的教导，以及“行三度，自在大道”的境界，对我的股市人生影响巨大。强势的好习惯我是这样养成的：心中时刻装着强势、装着经典，自己就会主动关注强势、盯住龙头，每天做的就是与强势有关的工作，静下来也是体悟龙头的前因后果。而老师的“龙头五步”更是捅开了股市最大的“秘密”（尽管老师常说股市没有秘密，所谓的秘密是一些人编造出来的)。以前我对龙头感知是抽象的，经老师一笔笔刻画，就简单、鲜活，有节奏、有意境呈现出来。刚入老师的“门”时，是兴奋又寂寞，兴奋的是天天可以见到符合“三度”的强势股从盘中冒出来，偶尔也能牵上一两只；寂寞的是没法给旁边做股票的人说，说了也不信！再后来兴奋逐渐平息，寂寞转化为寂静。或许，这种寂静就是佛家的“空”，抑或是道家的“灵”，也可能是儒家的“静”吧！

老师说：“新股发行实行注册制后，新股发行更集中，容量更大，那么，新股的机会也多，同时风险也多，如何把握其中的机会，有效规避短期风险，值得好好琢磨琢磨！”2015 年 1 月 12 日，中矿资源（002738）收 T 板，结合盘面状况、板块状况，此股的质地及盘中表现，我判断它会是这一波次新股的龙头。次日该股平开、下打、再收回，盘中机会多多，从容介入，最后有接近 7 个涨停板的利润顺利获得。

同样的思维与综合分析，于 2015 年 3 月 30 日巧取了全筑股份（603030）。随后，强势体现也印证了老师当时关于它是此波次新股龙头的判断。

老师在交流时说的振聋发聩的一段话：“主力为何拉股价，这个问题必须搞懂！这是关乎在股市生与死的分水岭，必须率先撕开！马虎不得！盘面要尽量熟知并靠拢，这是顶级高手最后一道屏障，有意识地贴近强势盘面并与之共舞，就会出乎意料地突飞猛进！”随后的操作，我深知，能量才是核心动力，没有正极能量，一切都是空话，有了能量还需要审视位置，最后结合盘面，如此，低吸与追涨相得益彰，低吸与追涨无所谓好与不好，低吸有低吸的规则、有低吸的乐趣，追涨有追涨的规则、有追涨的快乐。股市赚钱才是硬道理。

以前总是搞不明白，同样涨停，为何有的走势一飞冲天，有的却展开长时间调整。同样的位置，同样的形态，同样的量能，同样的均线走势，同样的题材，为何结局有的在天上，有的在地面？感谢老师用“一双温柔的手”抹去我思维上的尘土，没有灰尘的思维看市场异常明亮；感恩老师又给了我一盆可以冲刷灵魂的干净之水，冲刷后的灵魂洁净而明快！2015 年 1 月我开始全仓操作，到给你发这封邮件截止，连续 4 个月做到了每月均翻番的成绩，收益比较好。满仓操作的底气一是来自更加融会贯通“三度系统”后，操盘技能与盘面判断逐步提高，二是与老师电话请教后，对后期大盘以及行情方向走势达成一致看法。

中南股份（000717）股性一直很活跃，挖坑止跌后明显“强势再收集”，均线恰如其分完成A区归位，2015年2月9日再次强势攻击并在当天封停，这一天什么时候都是买点，强势横盘后仍可以大胆加仓，因为这是强势波段的开始。

鹏博士（600804）前期异动，加之三阳控三阴异常明显，我一直在关注。2015年2月10日，股价正好在“可能加速的位置”轻轻冒头，下午在股价重新站稳后陆续介入。

而对游久游戏（600652）（已退市，为保留原文，留下这段文字）的买进操作，完全得益于老师对强势龙头的建仓法则的深度剖析与不吝传授。“几千只股票，凭什么买进的股票可以强势涨停？每天涨停的众多，如何确定它后面还有持续性？如何识别小龙头演变成大龙头？是盲目听消息还是固执只看图表？”通过做这只票，我更深刻理解了老师的“诚实是这个市场中最强大的品格力量”的内涵，以及对“两点印证”的更多思考！

对于一字板、T字板，愚钝的学生是感慨万千。四年前经朋友推荐，碍于面子半推半就花了好几万，去听一个当时名声如日中天的“大师”传授空板操作盈利课程，还外带实盘三个月，利润三七分成。三个月下来，损失不小，大师丢下一句话：“没办法，大盘行情不好，这样的机会不好把握。”大师人走了，结局是我几年都没恢复元气。老师您用了不到20分钟就让我对一字板与T板多年的恐惧感清洗得干干净净，并且还“迷恋”上了它。目前我对一字板与T板操作成功率达到90%以上。

“强势就是最安全的。”

“经典就是最好的。”

“最好的一定是最简单的。”

最初，我没太在意老师您这几句话，更没有深刻去感悟这几句话。直到后来成绩一步步提高，才知道它们是多么至真至纯！股市若没有强势股常常出来表现，股市里还有人待在里面吗？强势才是股市的根本啊！经典才能够体现主力的“匠心”啊！随意的走势哪里是工匠所为呢？再好的东西都是用简单的形式表现出来的，大作、佳作，不都是在简单中得到升华吗？股票也同理啊！

国脉科技（002093）在2015年3月17日竞价跳空高开，属于“顺势”操作法则，位置适当、能量足、热点清晰、多方印证，龙头接力非他莫属，竞价可以买进，盘中一路拉升均可以抢进。正如师言：“在强势面前，在经典面前，在盘面吻合面前，勇气在，世界就在！”同一天，自选股赛象科技（002337）强势再收集后完成几天洗盘，早盘也出现激进拉升，机会易于识别也易于把握，获利相对简单。

“强势异动，动在该动处！该动的地方不敢动，不该动的地方偏要动，这些都不是强势异动。”老师的这番话，引导了我对强势异动的定义！

中远海控（601919）股价在前颈位蠢蠢欲动，2015年4月17日这一起跳的各种特性均符合龙头典范，此时量能体叠加极其完美，集合竞价即开始大胆切入。“一路拉升一路买进，直买到涨停。”这就是老师您在强势异动与龙头面前的态度与教导。当时段的中国一重（601106）也是同样的格局引领核电板块的暴发。

下面这段话，请老师及负责编辑老师尽可能保留下来，这是一个学生对得到来自老师独特鼓励的感激！

敬爱的老师，尽管当时在课堂，在一周的实盘时讲得足够多、足够细，但我还是对自己以后的操作有些疑虑，缺少足够信心。因此，总给老师说：“老师您再鼓励鼓励一下我吧！”而您却一直没出声回应。星期五下午，同学们陆续要离开您，就在送我出您的办公室，送我到电梯门口时，您拽住我，“含情脉脉”地盯住我，一句如天籁般的声音准确地传到了我耳中：“兄弟，你真不错，如果你是一个女性，早些年也许我会用另外一种方式爱上你！”也许，当时老师您说的是违心的话，也许是您想了好几天的话，但您的目的就是要给我建立足够高的信心！这已经足够了！老师，一年以来，带着您的鼓励，我做到了我想要的成绩，找回了属于男人的尊严。

“三度行，行云流水；行三度，自在大道”，这是成都三度教育咨询公司网址上与众不同的一句寄语，书名以“股是股非”做大标题其寓意及用心深刻，老师的胸怀与境界可见一斑！感谢老师能带领我进入七彩的强势三度世界，让我领略股市的浩瀚缤纷。《华严经》七十八曰:“譬如一灯入于暗室,百千年暗悉能破尽。”经常想,老师就是这一盏无尽灯,一灯燃百千灯。感恩点亮我心灯的人!感恩强势三度让我明白九九归一的大道至简。

确定一种理念:半步之间。(不要走在主力前面、趋势前面)

达成一种意识:强势、龙头。(强者恒强、强势最安全)

拥有一种态度:务真求实。(诚实是投资者于股市中最高品格力量)

稳固一种行为:两点印证。(买点与热点、判断与走势、强势与领涨印证)

养成一种习惯:盈利习惯。(严格取舍爱护资金、适可而止守护资金,让盈利成为一种习惯)

看透一种轮廓:量时空稀释风险、量形态还原主力身影、均线归位。

定格一种程序:好位置、正能量、强势盘面、领涨印证。

沉淀一种力量:一路奔行。

达到一种境界:意随盘面舞。(得意忘形,五星自律)

从而完成九九归一,终行三度而自在大道。

一直很喜欢莲,不仅仅是受周敦颐的影响,我幼年躺在莲叶间看天上的太阳时,留下高远印象也颇深,我心中的莲是绝色的。月静风清时可以饱满傲然;古风凛冽,清瘦也风姿飘逸。莲在一阕古词里哪怕瘦到露筋露骨,哪怕天干地裂,依旧可以凌然,可以风骨中溢满空灵!空灵是独到的美,原来,我喜欢莲是喜欢莲的那种空灵境界以及空灵中的高远。喜欢“三度”也该是这种态度吧!

一朵花开到空灵,也就是彻底绽放了;一首诗写到空灵,也就是最高心境了;一支曲弹到空灵,也就真遇到知音了。“股是股非”写到这般模样,该是在等待知音了!

三度学子　牛无忌

章结

本章围绕各种强势大形态找寻最佳交易机会,即“大形之中觅暗流涌动”。

大形态包括大的量形态、大的价线形态;

有底部反转,有高点突破;

有强势短波行情，有持续大波段大行情。

举证了同时满足“安全”“强势”两方面的最佳机会，也阐述了如何借助市场题材把握市场主流机会。

本章友人、学生来信、来稿，代表了大家对“强势三度系统”的认可，也包含对“三度”的中肯建议，是你们成全了“三度”！在此一一谢过！亲爱的朋友，在你们成长、成熟的途中，所承受的重、所受的苦，你知、我也知！一道道坎、一堵堵墙被你们跨过、被你们推倒；艰辛、收获、从容、超越，次第而生，直到巅峰超越！

借此书，我想回应的是：

巅峰，是一个高度；超越，是一种速度。

巅峰超越，没有高度，看不见速度。

不执着聪明是大聪明，最后需要超越的是自己！

万事要妥当均需经营，但这种经营不是纯功利性的，包括友情。

附录

三度操盘教育公信力及创新教育平台展示

一、蒋文辉老师接受央视财经专访

2018 年三度教育咨询有限公司董事长蒋文辉先生迎来了 CCTV 中央电视台《态度》栏目组独家专访，并于 2018 年 11 月 28 日受邀至中央电视台接受著名财经主持人姚雪松老师关于“中国投资与投资教育”的访谈。

对话节目背景引言：

资本市场是国民经济社会发展的重要体制，正是中国经济改革和转轨的内在要求催生了新资本市场，资本市场在不断的探索求进中，始终立足于服务国民经济发展，筚路蓝缕开拓创新，为推动经济体制改革、促进国民经济和社会发展做出了突出贡献。

如何顺应新时代资本市场面临新时代投资趋势的新思想与新定位？如何把握行业投资的正确方向与方法？姚雪松对话成都三度教育咨询有限公司蒋文辉，开启一场关于投资学习与思考的对话。

主持人：大家好，欢迎收看我们今天的节目。

在投资市场上，我们的投资者该遵循一种什么样的投资理念呢？

今天我们请到的这位嘉宾，他专门从事价值投资方向的研究和教育。

他是来自成都三度教育咨询有限公司的董事长蒋文辉先生。

欢迎蒋总来到我们演播室。

蒋文辉： 雪松老师好！

节目对嘉宾介绍：

蒋文辉，成都三度教育咨询有限公司董事长，三度行市场信息研究中心创办人，中国证券投资交易教育界杰出领军人物，证券投资交易三度理论创始人，教育行业杰出创新人物，金融博士，多所高校证券投资理论及实战特聘导师，金融大讲堂及财经投资节目特约嘉宾，擅长于全球金融信息与经济行为博弈的研究及实战运用。其创建的三度理论极高度地契合了证券市场运行规律及经济行为规律。以一路奔行为笔名编著的“股是股非”系列投资专著，已经改变了数以万计投资者的投资理念与投资行为，被业界评为极具智慧、极具良心、极具实战价值的投资作品，也被较多读者誉为中国投资交易书籍中的“圣经”。目前致力于提高中国证券投资交易水平的操盘技能教育。其组建的三度操盘教育，因高水准、高诚信、高影响力获得中国教育行业最佳典范企业、中国教育行业最具影响力品牌、质量服务诚信3A企业，个人也获得教育行业十大杰出创新人物荣誉。

主持人： 刚才说您做的是有关价值投资方面的一些投资者的这种教育，能不能大概给我们介绍一下您所做的这个业务。

蒋文辉： 目前我从事一些关于金融、信息以及这个市场经济行为博弈的一些研究以及实战运用。我更擅长分析一些重大的经济信息对资本市场的一个影响深度以及影响宽度这一块（教育）。

主持人： 您的这套体系是从实践当中来的？

蒋文辉： 首先它是来自实战，然后从实战中提炼一些经验、规律加以总结，从而再应用到市场中去。经过反复的提炼、反复的提升，达到一种实用效果。

主持人： 通过实战经验总结出来的一套理论，然后现在应该是专门做投资者的教育，能这么理解吗？

蒋文辉： 可以。

主持人： 那是什么想法，是什么样的一个契机，让你觉得应该把自己的这套研究理论教给更多的人？

蒋文辉：首先我们自己有一些经历的时候也会去反思一些事。最开始的时候，可能就是一些朋友，听朋友传说，来接触我，但是在接触的时候，我们会看到一些比较残酷的、比较冷酷的一些事实。我发觉我自己除了自己投资以外，也可以花些时间从事这一块，对大家的思维、理念，甚至一些操盘的模式都有一些提高，在这种情况之下，就产生了这种想法。

主持人：所以本身您也是从投资者的这样的一个角色当中转变过来的？

蒋文辉：我一直在从事投资，边投资边从事教育。

主持人：那您的这套理论体系的一个核心是什么呢？

蒋文辉：我们这一套理论的核心就是怎么去顺应市场，然后抓住市场的一些本质，进行一些求真务实，包括一些比较科学严谨的行为，去顺应市场，而不是与市场去做一些无谓的争斗，在这种情况之下，可能我们取得的收益会好一点。

主持人：这里您所说的顺应市场具体来讲是什么概念？

蒋文辉：举个例子，我们谈基本面这一块，基本面就是所谓的价值投资，目前流行的一些价值投资可能就是一些偏理论派的、偏数字型的一些研究，以及一些推广。我觉得价值投资这一块当然无可非议，但是我们也必须要结合市场资金的认可度，因为这个市场啊，它本身有两个方面，一个是政策方面，另一个是资金方面，股市它也是资本市场一个重大的组成部分，如果脱离了资本，光谈基本面，我觉得效果不太好。

主持人：嗯，您觉得中国的股市是价值投资的市场吗？

蒋文辉：不完全是。如果认为单单用价值投资能够解决股市的一些问题，我觉得可能有失偏颇。

主持人：偏颇在什么地方？

蒋文辉：与价值相背离的可能就是一个投资的概念。投资的概念对投机好像有一种排斥，我个人是这么认为的，所谓的价值投资它是存在的，但是价值投资里面它也包含一个投机的价值，因为我们没有看到一个不懂投机的价值投资高手，所以价值里面应该包容价值投机这一块。

主持人：嗯，所以这应该是诞生于中国投资市场的一套全新的理论？

蒋文辉：因为我们的国家是一个具有中国特色的社会主义国家，那么我们的资本市场它也是一个具有中国特色的证券资本市场的股市，对我们老百姓而言，就多了一条投资选择的道路，也让我们有机会第一时间能够分享到政策红利，分享到行业发展的红利。但同时股市它又是一个风险多、是非多、诱惑多，三多的地方，因此机会与风险是如影随形的。

主持人：嗯。我知道其实价值投资这个理念是诞生于20世纪30年代，美国大萧条之后，经济危机之后才在市场上被大家逐渐认可，才开始流行的，所以说单纯从价值投资这样的一个概念来说可能不太适应中国的股票市场，那您这套体系有没有借鉴国外市场的一些理论体系的构架呢？

蒋文辉：有！三度理论除了具有我们中国文化元素的一些东方智慧以外，它也包含了西方的一些哲学、西方的一些文明在里面。也就是说这整个证券资本市场的发展，它应该离不开我们东方文明智慧的推动。证券市场400年以来，以前一直是以欧美的理论主导这个市场，我们中国的理论包括东方的文明智慧在这方面是较为缺失的。

主持人：解读一下您的这套理论体系，先从名字上解读。

蒋文辉：三度理论的第一个字是“三”，我们中国人对“三”很感兴趣。这“三”里面它就有很多，我们举个简单的例子，人的称呼是“你我他”，还有“天地人”，甚至连方位都是“上中下”。所以我们有一位老人说“三生万物”，没有说七生万物、八生万物，所以“三”它就是一个开始，也是代表一种结束。说白了就是一个起因—经过—结果，资本市场它也有一个起因—经过—结果，它就是一个因果轮回在里面。

三度的“度”，我们可以理解成一种力度，也可以理解成一种恰当的模式。在这个地方的“度”，我们只是说去代表资本市场里面的一些厚度、力度、速度，因为一个资本市场或者说一段行情的发展，除了一个深厚的底蕴、深厚的能量以外，它也要包含一些经典、一些意志在里面。这个厚度就代表我们蕴含的一些能量。这个力度就代表一些经典强势的存在，而这个意志就代表力度。

主持人：好，这是从名字上的一种解读，那么在具体的使用上和整个这套理论的构成上，有哪些内容？

蒋文辉：三度理论，它首先解决了这个资本市场资金的一个问题，资金对于政策题材有一个选取的模式，说白了就是说资本市场的发展本身离不开两条腿的支撑，其中一条腿就是政策，另外一条腿就是资本，厚度就解决了政策的有效性，包括资金的一种响应程度。力度是资金进入这个市场之后，它会做简单的一些调整、一些运作模式，在这个地方就会出现一些经典的，甚至一些我们可以追溯到的东西，我们就把它称为力度。那么这个速度呢，是一个市场的引爆点。比如为什么有的消息，一个政策推广了很久，但是始终这个行情没有起来，为什么在一定的时候它就会起来？也就是说一些市场资金它一定会在关键的时候起到关键性的作用。这就是我们的三度。

主持人：这套理论可以说是一个数据模型吗？

蒋文辉：它有数据模型，但是它已经远远超越了数据模型，为什么呢？因为在这个股市里面投资，可能说我们看到的都是一些表象，表象的东西永远不能指导我们怎么去投资，这个里面一定要包含人的因素在里面，包括人的投资思想、投资逻辑，甚至投资信念，都要包含在里面。也就是说一定要存乎于心。

除了用一些正确的方法、技术，也要包括一些正确的理念，一些价值投资方面的比较核心的想法。人占主要因素，因为运用理论的人不同，它可能结果都不一样，但是最终它一定要包含技术这一块，包括基本面这一块，更重要的是包括人后面这一块，所以三度理论已经超越了数据模型这一块。

主持人：那人们该怎样使用呢？

蒋文辉：在使用三度的时候，我们先从交易成功这一块来说，证券交易投资的成功，它本身有三个重要的影响因素。第一就是对价格价值的判断。第二就是对政策题材的领会。第三就是对时机的把握。这三方面它有分歧也有统一，但是我们就要避开这个分歧产生的风险，抓住契合时、统一时的一些良机。

关于三度理论的正确使用，我在 2014 年的时候，陆续编著了“股是股非”系列书籍，关于三度理论以及结合三度理论进行的一些实际操作，在书里面有一些描述，这个应该对广大的投资者有一些帮助。

三度理论它有一些经典的东西在里面，包括投资思想、投资逻辑与一些哲理。

在具体运用的时候，在操作层面上，我们有一些半步之间的操作模式。对于这个风险过滤这一块，我们又有量时空理论模式。尤其是对题材有效性的过滤、衡量，我们有两点印证这么一种理论。同时对于说我要追求一种比较稳健的模式，我们有一个最佳交易区的模式，而这些理论呢，它有一些具体的实战指导、一些策略以及具体手段。

总之用这些理论除了用正确的方法以外，一定要有一种诚实、务实的态度，去面对市场真实发生的情况，这一点我觉得比前面这些技术更重要，也即是说我们所有的设想只是鉴于我们对技术的追踪，而重要的是当下市场发生的情况，给我们的一些启示。

主持人：好的，关于这套理论的一些具体的应用和一些启发，现场有很多您的学生，我们可以现场问一下几位吗？

大家学过这套理论之后有过什么样的启发？能不能给我们举手示意一下，现场分享一下呢？

首先请您谈一谈您对这套理论的认识是什么，您觉得这套理论能帮助到您哪些方面？

学生1：我是一位服装企业的企业主，也拥有工商管理博士和金融学博士双学位。

在接触到三度理论以后，给我的最大的启发就是，它颠覆了我以前对投资理念的一些认识，它启发我们最直接的就是顺应了这个市场，顺应了强势，截取到了市场的一些题材，让我们做到了、把握了主流的行情，顺势去操作，最直接的就是让我们赚到钱了，这是最实在的。

主持人：好，谢谢您。您把话筒递给旁边的这位先生。您做股票做了多少年了？

学生2：我做股票有十几年了吧，也算是个老股民了。

主持人：是吧？你个人应该也有一套理论体系了吧？

学生2：不能说是理论体系，是方方面面为了赢利嘛，想尽各种办法去学习呀，去研究啊，都是为了达到一个赚钱的目的，但是这所有的付出，最后都是以亏损告终。这是在接触三度以前。但是我接触了三度以后，完全就改变了。可以说是颠覆了我整个过去所有的一切。三度带给我什么呢？带给我的就是一种稳稳当当的赢利，这是看得见的。给我最大的启发是什么呢？这一套理论给我最大的启发就是原来所谓的做股票、炒股票，那真的就是没有根没有底，买进了股票就等于买进了噩梦，天天买进股票以后就是吃不下坐不下，不知道它明天该如何，但是学习了三度以后，完全改变了。

我学习三度后，突然觉得自己知道什么是做股票了，我会买股票了，我买进来它就可以涨了，这是最实在的。因为我要的是什么？我就要这个，别的什么我也不要。

主持人：所以你这十年都交了学费了是吧？

学生2：都是学费，而且都是血泪，所以说三度给了我最大的启发就是蒋老师告诉我们，三度第一章开始告诉我们风险在哪儿，他给我们讲述的是风险，不是像其他的所有的理念告诉我们全都是机会，唯独三度跟别人不一样，首先告诉我们风险，在我知道了风险以后，然后排除风险找出机会，所以现在稳定赢利的机会我都抓住了。

主持人：谢谢，也恭喜你哈。

那话筒是不是应该给旁边的这位女士啊？

来，我看您一直在频频点头，两位先生的观点您也同意？

学生3：对，同意。

主持人：那您对这套理论，跟蒋老师传授给您的这套理论，您的感受是什么？

学生3：我的感受是只有三度现在能让我赚钱，在我身上其他的技术都不好使。因为我觉得三度它是顺应市场，然后顺应盘面，顺应强势。

自20世纪30年代的美国，在经历了1929年大萧条的残酷打击后，价值投资理念开始萌芽。

格雷厄姆关注价值成长股为主流的投资理念应运而生，投资类教育在资本市场中究竟有何作用？普通投资者在政策、社会利益等综合因素下，如何建立一套鱼和熊掌兼得的保守方法？

主持人：中国的股民好像数字又刷新了，快两个亿了，今天在座的各位是两个亿当中的冰山一角，只占很小很小的一部分。

股市中有一句话叫割韭菜，把普通投资者都叫作韭菜了。

您觉得现在目前的这个中国股市当中普通投资者的生存状况是一个什么样子？

蒋文辉：我国的股民数量分布结构，的确是以中小投资者为主体，这是我们的国情所致。这种情况在很长时间之内得不到改变，并不是说一定要像欧美国家那样以机构为主，是因为我们的国情不一样，所以这种情况很难改变。我们的中小投资者，如果能够长久生存下去，稍微好一点地生存下去，我觉得首先一定要有风险意识。

刚才一个学生也谈到风险，风险意识很多人不具备，刚进来的时候可能忽略掉这些东西。

规避风险最好的模式就是全面地认知风险。你想一下，如果第一没有风险意识，第二又不知道市场的风险在哪里，那么一定是输多赢少。我们完全可以想象一下嘛，一个人什么都不懂，或者懂得很少的人，急冲冲地、兴致勃勃地走进一个非常诡异甚至多变的市场，亏钱是一定的。所以一定要有风险意识。

主持人：这是对于我们普通的中小投资者的一种忠告。其实现在两个亿庞大的股民基数，投资者教育市场，这也应该是一种中国特色的市场现象了。那您作为这个投资教育机构，该怎么样顺应这种市场的变化，未来我们的市场该怎么样？一直这样下去吗？

蒋文辉：现在的情况逐渐在发生改变，有可喜的一面。我们都知道，中国的绝大多数投资者进入股市的时候都是抱着发财梦，抱着幻想进来的，在这个市场赚钱效益非常好的时候进来的，其实风险在这个时候都已经埋下。

因为大家对这个市场认知不足，对机会与风险又不能正确地把握，同时对人性也不能很好地把控。因此资金被股市吞噬的情况很严重。中国每一两年有上千计的中产阶级家庭的财富被股市吞噬，更多的中小账户被吞噬的情况更加严重，这是一个非常残酷的现实。

面临这种现实，大家对这个教育的需求就会提高很多。我们作为教育投资企业，我觉得应该做到如下三点。

第一，目的就是为了更好地服务于大家。就是一定要加强自身水平，不管是理论水平还是实战的水平，都能够做到一个高品质的教学。

第二，加强自身的体系建设，尽量能够做到一个面、线、点全方位的教学。

第三，积极创建自己的品牌文化。因为一个优良的品牌文化，它一定代表一个企业的优质高质的态度，态度决定高度。我相信，当我们的行为与态度能够高度统一的时候，市场一定会给我们抛出橄榄枝。这样我们就能够诚心诚意地为投资者做一些有真知灼见的服务。

主持人：可能说到这里就涉及我们的投资者该如何选择当下市场上存在的这些投资教育平台的问题了。

蒋文辉：对的，投资者选择教育平台的时候，要尽量选择那些口碑好的，当然我们也看到很多这些教育企业、一些机构，一些有实力的，有信誉的，他们给众多的投资者提供了一些技能上的、知识上的帮助，但是同时我们也看到一些教育的乱象在不断发生，某些人包括某些团体，抓住投资者急于致富，尤其是急于扭转亏损、走捷径的心理，打着教育培训这么一个旗号，对投资者进行一些敷衍、欺骗甚至欺诈的行为。

大家选择教育平台的时候，尽量要选一些口碑好的，有系统培训的，有真知灼见的一些培训机构，一定要提防那种信誓旦旦打包票的，抵御互联网上卖什么大师秘籍、卖神奇指标、卖赢利绝招等这些唯利是图行为的诱惑，一定要警惕我们受不当教育而造成资金上的第二次亏损，资金受到第二次亏损，这个事很可怕，但是它是确实存在的。

主持人：嗯，很好的一个概念，资金二次亏损。

蒋文辉：因为受到不当教育造成的第二次亏损，这个事情是因为以前一个比较上年纪的学生，他跑过来给我说了一些事情，比较沉痛的事情，由此我认为，不当教育在股市里带来的伤害有可能比股市对我们造成的伤害更严重一点。

主持人：就像医疗事故一样，医疗事故对于患者的伤害是一样的。好的，跟我们分享一下您对未来的计划。

蒋文辉：三度公司 2014 年创建以来，我们一直保持一个高品质、高诚信、高服务的经营理念。同时在教育方面保持一种热情，高品质、高专业、高成长，这么一种教育热情。

在教育方面，我们以“正心、正念、正行”的一种模式对投资者进行思维启迪，开阔视野以及全方位提升操盘技能。

三度操盘教育有一个信念就是：我们始终相信责任心远比教育本身带来的收入更重要一些。

三度操盘教育也将始终保持这种初衷，按照这种经营理念以及热情，做出贡献。

目前我们正在筹办三度金融操盘学校，希望借助这个平台能够更广泛地帮助到有需求的投资者，我们一定会保持初衷，为整体提高中国股民的投资水平，做一些力所能及的工作。

主持人：好，谢谢蒋先生能够来到我们演播室接受采访，讲述了伴随着中国股市发展应运而生的投资教育这样一个很庞大的市场，希望您在这个市场上能够越走越好。对于我们中国的股民来说还是那句老话，“股市有风险，投资需谨慎”，而在这个当中我们要认清人性，认清自己。

感谢大家关注今天的节目，再见！

微信扫一扫可观看原视频

二、让世界看见三度

北京时间2018年10月1日至10月7日，国庆节日连续7天。中国证券投资交易教育杰出领军人物、三度理论创始人及实战导师蒋文辉先生，在万众瞩目下登上纽约时代广场纳斯达克大屏！这是以“致敬改革开放40周年、祝福祖国69周年华诞”为主题，在美国纳斯达克大屏联合进行的“绽放改革之花，献礼40周年”杰出创新企业展映活动。

作为中国首位在纳斯达克证券交易所上宣传东方证券投资理论的先行者，蒋文辉先生不仅展现了三度操盘教育作为中国股票投资交易教育的典范精神，也是向世界展示中国经典投资理论的风采。三度投资理论作为烙有中国文化印记的投资交易理论典范，不仅高度蕴含了千年东方文明智慧的结晶，也蕴含了现代西方哲学文明的精髓。

展示报道内容如下：

蒋文辉先生，三度投资交易理论创始人，金融博士。中国教育行业十大杰出创新人物。

蒋文辉先生长期致力于股票、期货、外汇等强势行情的研究以及实战。

在中国出版的“股是股非”系列证券投资专著，被业界评为极具智慧、极具良心、极具实战价值的投资作品。

三度理论完整而精准地剖析了股市本质，揭示了风险源头以及强势行情的根本，是一套求真务实、科学严谨、实用高效的交易投资理论。

三度投资理论作为烙有中国文化（元素）的投资交易理论典范，不仅蕴含了千年东方文明智慧的结晶，也蕴含了现代西方哲学文明的精髓。

世界资本证券投资理论的发展，离不开东方文明智慧的推动，来自中国的三度理论必将让世界眼前一亮并从中受到重大启示。

微信扫一扫可观看原视频

三、三度力量——央视著名主持人以传媒力量赋能三度操盘教育

背景引言：

党的十九大报告指出，推进国际传播能力建设，要讲好中国故事，展现真实、立体、全面的中国，提高国家文化软实力。

2020 年 5 月 10 日，云上 2020 年中国品牌日活动拉开帷幕。

中共中央政治局常委、国务院总理李克强对活动做出重要批示。

批示指出：加强品牌建设，不断提升中国产品和服务的质量与影响力是坚定实施扩大内需战略、推动高质量发展的重要方面。

坚持质量第一、效益优先，在全社会进一步增强品牌意识引导企业弘扬专

业精神工匠精神，打造更多名优品牌，以更强的竞争力拓展市场空间，更好满足群众消费升级和国家发展的需要。

一直以来，三度操盘教育——

秉承“正心、正念、正行、正教”的教育作风实施教学；

保持“高品质、高诚信、高服务”的严格标准推进业务发展。

为整体提高我国股民投资交易水平，贡献卓越三度力量！

央视主持人赋能三度操盘教育寄语：

主持人李雨霏：

正确理性投资，点亮精彩人生。

祝三度教育培养更多的投资人才，为国内经济带来更多的突破。

希望三度操盘教育不忘初心，为整体提高我国股民投资水平贡献新的力量。

主持人韩非：

三度行　行云流水　行三度　自在大道

希望三度教育能够为众多有需求的投资者提供更专业系统的教育培训。

祝愿蒋文辉先生创建的三度投资理论保持初衷，带领企业稳步向前发展，专注为整体提高中国股民的投资交易水平贡献力所能及的力量。

主持人顾倩：

三度行　行云流水　行三度　自在大道

投资的顺利和成功来源于正确投资理念加上正确投资方向和正确投资行为。

行投资之道历事练心，细观毫厘得天契，使之精放在精微。

祝三度教育培养更多的投资人才，为国内经济带来更多的突破。

主持人竞戈：

祝蒋文辉先生创立的“三度投资理论”唱响中国经典证券资讯投资理论的智慧乐章。

祝三度操盘教育这个“民族品牌”更加辉煌。

希望三度操盘教育不忘初心，为整体提高我国股民投资水平贡献新的力量。

品牌顾问李光斗：

三度教育致力于发展民族品牌，培养我国投资人才。

希望让每一位投资者，在股市中不再流浪，直挂云帆济沧海！

微信扫一扫可观看原视频

四、北京卫视投资者说

2017 年 7 月 7 日至 9 日以及 2017 年 9 月 20 日至 21 日蒋文辉老师应邀做客北京卫视《天下财经》节目“投资者说”，为广大投资者朋友开展了 5 期关于“三度理论及三度强势交易系统”的解读，并配以当时段的精彩实战案例逐一举证剖析，给投资观众朋友拧开市场玄机见真章！

内容大纲：

第一讲：三度系统之强势行情“根脉”

第二讲：三度系统之最佳交易区

第三讲：三度系统之“星象战法”

第四讲：三度系统之见证“强势缺口”之一

第五讲：三度系统之见证“强势缺口”之二

微信扫一扫可观看原视频

五、三度看盘宝

三度看盘宝，是三度教育 & 乾隆科技联合打造的综合性功能看盘软件及教育平台。三度看盘宝遵循三度投资理论，结合三度投资理念、实战方法以及交易逻辑，将重要行情信息，以经典形式植入到看盘界面，为投资者带来极佳的看盘体验以及复盘导向。三度看盘宝是蒋文辉老师全程跟进精雕细琢完成的一款高品质看盘工具，于 2022 年 9 月上市并服务于广大投资者。

三度看盘宝功能提纲：

（1）三度看盘版面：多视野察看盘面同市场动向。

（2）三度云数：追踪一只股票主力异动资金有效成交，查看主力资金进驻、停留、出局情况。

（3）三度关注股：圈定市场主流，框定强势、经典股票。

（4）三度监控预警：对重要价位重要单子有效成交、重要换手等及时预警。

（5）三度定制教程：不定时更新学习视频，助力投资者投资交易水平整体快速提升。

三度看盘宝

后记

迎接五星　人股合一

《股是股非（之二）：强势大形态》（修订版）终于定稿了，审视全稿后，自己也长舒了一口气。“股是股非（之一）”上市后引起了巨大反响，读者反响热烈，再编写“股是股非（之二）”就多了些责任与担当，唯恐这一本的内容让读者失望，因此在陈述过程中甚感压力。尽管书稿已完结，总感觉还有太多的话想说，尤其是对以“三度”为友、视“三度”为师的爱好者。

证券市场，资本织出一张网手段五花八门，皆为逐利；股市交易，人们熙熙攘攘皆为利来。资本逐利，横冲直撞；股是股非，机会瞬间即风险。

既然选取了股市，就该把交易当一回事来做。做事就得讲程序、讲规则，还要明事理、明机缘。程序涉及的是效率，规则涉及的是风险管理，事理涉及的是常识，机缘涉及的是机会。没有清晰而科学的程序、不遵循规则、不明事理、不循机缘，交易行为就没任何主心骨，所谓的投资结果终是一团糟。

如何提高学习与操盘效率？

风险如何防范？

机会如何把握？

风险与机会如何衡量？

思不思量，这些问题都会摆在每位投资者面前，躲不掉！一些股票的股价走势，图表上既无资金入驻、无能量异动，也无位置承担、无均线系统护航，尽管题材炫目至极，好消息漫天飞舞，股价趋势却不见成气候。为何成不了气候？“不厚其栋，不能任重。”务实想想，如此瘦薄的淤泥怎可开出莲花？而一些看上去无可挑剔的形态，只要能找出来的上涨技术条件它都具备，股价就是不涨，涨也是一点点，更多的时间是轻仓重仓都不讨好的结局。图表形态是投资者买卖的一个切入点，但也要明白，“点”不能代表“线”的长度，更不能取代“面”的宽度。股市的内涵很深，过于纠结、沉迷于“形态”“必涨形态”“非涨不可形态”，就会陷入物极必反的泥潭。“一片白云横谷口，几多归鸟尽迷巢。”要安全盈利、稳定盈利、强势盈利，对于某些一面之词，不摆脱，何处立定身？不挣脱，何时是期？

如何摆脱？摆脱后又当如何？

用诚实的态度摆脱！之后用可用之资源进行“量能体叠加”！

辉煌，一定离不开苛刻加上全力以赴；“三度强势系统”精准出击机会一定离不开“五星”条件。用五星态度去迎接五星股票，则会真正做到人股合一，无往而不胜。

一星：好位置。好位置是好主力运作股票形成的好运势。没有位置，均是空谈。

二星：正能量。没有积极的量能支撑，单一的价线构建也只是空架子，不是好位置；好位置必须有好量来搭配。

一二星构成“量价异动让均线归位”的技术大基石，无此基石，一切都是海市蜃楼。

三星：强势盘面。强势盘面是现阶段一批最强势主力精准判断大势，并志同道合投入资金后的集中爆发拉升。好位置、正能量在强势盘面引领下就能更好发挥效果。

四星：领涨龙头。切中领涨龙头，可永远站在强者之列。龙头不涨，还有什么可涨？龙头跌，还有谁可以不跌？真有谁不跌，看是否是龙之雏。

五星：强势主流。强势主流是市场绝对优势资金介入的大板块，大题材。主流板块中的四星等暴涨行情的先驱力量。亦是资金、梦想一路奔行的大道。

大多数的五星股是诞生在满足一二三星或符合一二三四星条件下的，主力也是一步步酝酿后才能走向巅峰。

驾驭五星股，需要塑造和具备五星人品、人性、人格。

一星：踏实、勤奋。

该做的一定要做，一步一个脚印坚实前行。盘后选股选什么？竞价选股选什么？盘中选股选什么？预测选股选什么？所有依据是什么？记清楚、问明白、理解透、有程序、铸反射……这些都是该做的。不愿意去做，天天看经典启动的行情，念念有词，那是空口对天，这是最具风险的市场，在二级市场不勤奋哪有前途啊！

二星：诚实、冷静。

诚实面对自己所有不知、不足；诚实面对行情的真实变化起落；放低自己，不要把自己置于股市之上。股价的上涨不是吹上去的，股价下跌也不是想下去的，面对股市之中没有章法的上蹿下跳而看不清楚轮廓时，要保持冷静，冲动的结果多数结局不妙。

三星：积极、乐观。

困难是用来克服不是用来压迫我们的！灰尘不扫越积越厚，困难不解决会成大山。乐观面对前进的挫折，没有挫折哪还有成功一词呢？要积极发现、解决、克服造成困难的因子；没有困难叫成事吗？忧伤片刻之后，心要清醒明觉，忧伤过后还是悲伤，还是当初的你吗？

四星：谦虚、坦荡。

谦受益满招损，这是千年不变的古训。行情还是这种行情，是狂傲的心蒙蔽了眼睛，太把自己当回事是看不到好风景，也听不到好声音的。把浮躁的心绪强制按下去，胸怀自坦荡，股市自宽广。

五星：细致、勇敢。

机会源于严格过滤、细致慎重地挑选，在星级机会面前仍不敢出手，佛祖也帮不了。

佛教中有“四念处”——

观身不净——执着身心是干净的。

观受是苦——执着世间有快乐。

观心无常——执着世间有一个永恒的我。

观法无我——执着有一个我。

观身不净，观受是苦，观心无常，观法无我，是在明示“常乐我净”这四念处的修行。然而，“四念处”只是修炼的过程，最终是要把自己心念、感官、举止行为等觉察到“了了分明”。

一个研究宇宙的伟大科学家说“时间、空间、物质是人类认识的错觉”，一位世人敬仰的交易大师最后否定了自己的毕生研究——我一生是失败的。他们感知到了什么?

修炼，无处不在。“竹密岂妨流水过，山高怎阻野云飞。”按五星股的标准去操作，一步步铸造五星的人性魅力，你将成为自己的佛!

一路奔行于峨眉山